CB049805

MODUS
OPERANDI

Carol Moreira
e Mabê Bonafé

MODUS OPERANDI

GUIA DE TRUE CRIME

intrínseca

Copyright © 2022 by Carol Moreira e Mabê Bonafé

Revisão
Iuri Pavan
Luiz Felipe Fonseca
Thais Entriel

Checagem
Rosana Agrella da Silveira

Revisão técnica
Bruno Quintino de Oliveira
(capítulo 3)
Sabrina Lasevitch (capítulo 8)

Pesquisa
Joana Lima Galvão

Consultoria
Cleodon Pedro Coelho

Projeto gráfico e diagramação
Tereza Bettinardi
Lucas D'Ascenção (assistente)

Capa
Anderson Junqueira

Imagens de capa
shutterstock.com | Arvitalyaart (silhueta) / hxdbzxy (sombras sob janelas) / S_E (sombras) / Gorodenkoff (presidiário) / Musa_Studio (digitais) / thebigland (homem com faca)

CIP-BRASIL. CATALOGAÇÃO NA PUBLICAÇÃO SINDICATO NACIONAL DOS EDITORES DE LIVROS, RJ

M837M
    Moreira, Carol
       Modus operandi : guia de true crime / Carol Moreira, Mabê Bonafé. - 1. ed. - Rio de Janeiro : Intrínseca, 2022.
       400 p.

    Inclui índice
    ISBN 978-65-5560-433-7

       1. Criminologia. 2. Homicidas em série. 3. Homicidas - Psicologia. 4. Homicídios em série - Investigação. I. Bonafé, Mabê. II. Título.

22-77396
                              CDD: 364.15232
                              CDU: 364.6:343.611

Meri Gleice Rodrigues de Souza - Bibliotecária - CRB-7/6439

[2022]
Todos os direitos desta edição reservados à
EDITORA INTRÍNSECA LTDA.
Rua Marquês de São Vicente, 99, 6º andar
22451-041 — Gávea
Rio de Janeiro — RJ
Tel./Fax: (21) 3206-7400
www.intrinseca.com.br

AGRADECIMENTO CAROL

A Luçânia, Woxthon e Camilla, que me apoiaram.
À minha terapeuta, Ligia, por motivos óbvios
e por não ter me deixado matar a Mabê.
À Mabê, porque sem ela eu jamais teria escrito um livro.

AGRADECIMENTO MABÊ

A Celha, Marílha e Nana, por acreditarem em mim.
Ao Tiago P. Zanetic, não teria conseguido sem você
(teria sim, mas não teria sido tão divertido).
À Vó Clera, por ter uma coleção da Agatha Christie.
À Carol Moreira, por não ter me
matado durante a escrita deste livro.

*A todos os operanders, que transformaram
as quintas-feiras no dia oficial
da faxina e são a razão de tudo isso aqui.
Obrigada por tanto.*

10   Apresentação: Breve história do *true crime*

26   CAPÍTULO 1: Polícia
56   CAPÍTULO 2: Tipos de crimes
80   CAPÍTULO 3: Transtornos mentais
122 CAPÍTULO 4: *Serial killers*
154 CAPÍTULO 5: Perfis de criminosos
214 CAPÍTULO 6: Investigação
258 CAPÍTULO 7: Sistema judicial
288 CAPÍTULO 8: Sistema carcerário
328 CAPÍTULO 9: Casos arquivados

357 Glossário
363 Lista de filmes, séries, livros e podcasts
367 Créditos das imagens
369 Bibliografia
381 Índice remissivo

BREVE, HISTÓRIA DO TRUE CRIME

CHARLES MANSON sonhava em ser músico, mas subverteu toda a filosofia hippie de paz e amor e criou uma seita que matou sete pessoas em dois dias, um dos crimes mais bárbaros da história americana. E tudo isso tem a ver com uma música dos Beatles.

David Berkowitz é um assassino em série que matou seis pessoas. Ao ser preso, disse que o cachorro do vizinho — um labrador preto, caso você esteja se perguntando — era um DEMÔNIO DE TRÊS MIL ANOS que o mandou matar as vítimas. Você deve conhecê-lo como O Filho de Sam.

Steven Avery foi preso por estupro e tentativa de homicídio. Um dia fizeram testes de DNA e descobriram que ele era inocente. Só que isso aconteceu apenas dezoito anos depois que ele já estava preso. Ele foi solto e, alguns anos mais tarde, acabou condenado pelo assassinato de outra mulher. Ele afirma que é inocente dos dois crimes e que a polícia armou para cima dele.

O que essas histórias têm em comum? Elas estão inseridas no universo do *true crime*.

Se você está lendo este livro, provavelmente já sabe o que significa *true crime*. Em português quer dizer "crime real" e faz parte de um gênero cada vez mais inserido na cultura pop. Essa categoria se tornou fonte de entretenimento — parece um pouco bizarro falando assim —, e já existem filmes, documentários, séries, podcasts, programas de rádio, livros, blogs e muitos outros tipos de produtos culturais sobre crimes, sendo o homicídio o tipo que em geral atrai mais atenção.

Se você tem curiosidade em saber tudo sobre crimes — o que aconteceu, onde, como, qual o motivo, quem é o assassino, se ele é *serial killer*, como a polícia investigou, se o acusado foi preso, como foi o julgamento, se o caso foi arquivado —, este livro é para você.

As histórias de crimes bizarros estão aos montes por aí e não cansam de despertar enorme curiosidade. O documentário de 2015 que conta a história do já citado Steven Avery (*Making a Murderer*), por exemplo, teve mais de dezenove milhões de espectadores nos Estados Unidos só no mês de estreia. O podcast norte-americano *Serial* virou um fenômeno mundial — um dos mais baixados de todos os tempos, com mais de trezentos milhões de downloads enquanto escrevemos este livro — e recebeu vários prêmios. *Serial* conta a história do jovem de origem paquistanesa Adnan Syed, de 17 anos, acusado de assassinar a ex-namorada, Hae Min Lee, estudante de origem coreana de 18 anos, que desapareceu em Baltimore, nos Estados Unidos, no dia 13 de janeiro de 1999.

Quase um mês depois, o corpo da jovem foi encontrado em um parque da região. Adnan Syed foi preso e acusado de tê-la assassinado. Ele jurou inocência, mas foi condenado à prisão perpétua. A história intrigou a jornalista Sarah Koenig, que decidiu investigar o caso e refletir sobre como Syed tinha sido representado no tribunal. Ela transformou esse trabalho em um podcast documental de doze episódios. Apesar de não chegar a uma conclusão sobre a inocência ou não de Adnan, o podcast chamou atenção da sociedade o suficiente para que o caso fosse reaberto e o condenado ganhasse uma nova chance de liberdade no tribunal. Apesar disso, Adnan Syed, hoje com 40 anos, permanece preso.

As podcasters americanas Karen Kilgariff e Georgia Hardstark, do *My Favorite Murder* — que conta crimes reais com um toque de humor —, fizeram muito dinheiro falando do tema. Elas já faturaram mais de quinze milhões de dólares com o podcast e derivados e, em 2020, acabaram ficando em segundo lugar na lista da *Forbes* de podcasters que mais lucraram com seus programas!

Além de muita audiência, produções de *true crime* podem ainda ajudar a solucionar crimes. Filho de um magnata do mercado americano de Nova York, Robert Alan Durst foi acusado de matar a esposa, uma amiga e um vizinho. O documentário em série sobre a vida do bilionário, *The Jinx: The Life and Deaths of Robert Durst*, acabou ajudando a polícia a finalmente prendê-lo. Mas como? Então...

A esposa de Robert desapareceu em 1982, mas o corpo nunca foi encontrado. Em 2000, as investigações foram reabertas, e uma amiga de Robert, Susan, foi morta logo antes de dar seu testemunho sobre o caso. Como ela era filha de mafiosos, a polícia concluiu que tinha sido morta pela máfia.

Mas a história não acaba aí. Um tempo depois, Robert se fingiu de mulher para se esconder e matou um vizinho, jogando o corpo na baía de Galveston em sacos de lixo. A cabeça da vítima nunca foi encontrada. Apesar disso, seus advogados alegaram legítima defesa e ele foi absolvido.

Antes de filmar o famigerado documentário, o diretor Andrew Jarecki tinha feito um filme de ficção sobre a vida de Durst chamado *Entre Segredos e Mentiras* (2010), com Ryan Gosling e Kirsten Dunst no elenco. Depois de assistir ao filme, o bilionário ligou para o diretor oferecendo uma entrevista. Essa conversa se somou a várias outras e acabou virando o documentário *The Jinx*, que estreou na HBO em 2015.

E agora vem o mais doido dessa história, que é o motivo de o documentário ter ajudado a finalmente prender Robert Durst. Durante um intervalo de gravação, depois de pressionado a falar mais sobre os crimes, Durst foi ao banheiro e, sem saber que continuava com o microfone funcionando preso à roupa, disse: "Que diabos eu fiz? Matei todos eles, é claro." SIM, ELE CONFESSOU sem saber que estava sendo ouvido e gravado.

Assim, em 2015, aos 71 anos de idade, antes de o último episódio ir ao ar, Robert Durst foi preso. Entretanto, só três anos depois o juiz considerou ter provas suficientes para que ele fosse a julgamento pela morte de Susan.

No dia 22 de outubro de 2021, durante seu julgamento, Robert confessou todos os crimes — segundo ele, matou a melhor amiga, Susan, e o vizinho em legítima defesa. Foi condenado à prisão perpétua, sem possibilidade de liberdade condicional.

Aqui no Brasil, o podcast *Projeto Humanos* ficou muito famoso com a temporada do "Caso Evandro", que conta a história do desaparecimento do garoto Evandro Ramos Caetano, de 6 anos.

Na cidade de Guaratuba, no início dos anos 1990, sete pessoas foram denunciadas por supostamente terem participado de um ritual para matar uma criança. Na época, alguns suspeitos alegaram que a confissão tinha sido feita sob tortura, mas isso nunca havia sido provado. Até que no dia 10 de março de 2020, o jornalista e podcaster Ivan Mizanzuk soltou o 25º episódio da temporada — chamado "Sete Segundos" —, que mudaria essa história para sempre. Novos áudios com gritos de dor, ameaças e respiração ofegante revelaram que de fato a confissão foi coagida. O podcast acabou virando um livro e até uma série de TV, no Globoplay.

❋ ❋ ❋

O SUCESSO de todos esses produtos culturais expõe uma verdade simples: somos atraídos por mistérios. Mais do que entender como alguém pode ter sido tão cruel ou o que leva uma pessoa a cometer atos tão horríveis, talvez a gente queira vivenciar a experiência e compreender melhor o caso, mas sem a parte de efetivamente correr perigo — claro.

Apesar de os programas citados serem atuais, essa obsessão não é novidade. Existem registros de que no século XVIII o pessoal já gostava de um crime real. E a gente desconfia que a galera das cavernas também já curtia, só era mais difícil juntar todas as informações.

Um dos registros mais interessantes de produção cultural de *true crime* de antigamente são uns panfletos, chamados *execution broadsides*, que eram vendidos antes da execução de criminosos. Nessas folhas impressas apenas em um dos lados, geralmente havia uma ilustração do criminoso, uma imagem e um texto com a descrição do crime cometido e, às vezes, um resumo do julgamento ou até uma confissão. Alguns ainda contavam com uns versinhos com uma lição de moral, para que o leitor não seguisse o exemplo do criminoso e acabasse como ele. Conteúdo de crime real junto com a execução do criminoso, tudo ali para o "deleite" do público.

Caso o sujeito perdesse o momento da execução por conta de algum grande compromisso do século XVIII, era possível adquirir o seu *execution broadside* depois. Ufa! Que alívio.

> Entre os anos de 1735 e 1868, mais de nove mil pessoas foram executadas na Inglaterra por cometerem crimes capitais. Entre os crimes estavam: roubos e assaltos, sodomia (sexo anal), provocar incêndio, falsificações e traição ao país! **Bizarro, né?**

Mais tarde, o Império Britânico expandiu suas colônias para a África e a Ásia e se tornou a nação mais poderosa do mundo. As grandes transformações econômicas e culturais originadas da Revolução Industrial, juntamente com o crescimento populacional, trouxeram consigo uma intensa desigualdade.

Enquanto a burguesia chafurdava na arte e na moda, a classe trabalhadora morria em situações de insalubridade.

Foi justamente nessa época que surgiram publicações de ficção e terror que ficaram conhecidas como *penny dreadful*. Sim, tem uma série de TV com esse nome, e é justamente em referência a esses livretos. As obras custavam um centavo, por isso o *penny*. E elas contavam casos de crimes, detetives, assassinatos, envenenamentos, mortes, tortura — algumas até falavam de vampiros e outros seres sobrenaturais —, por isso *dreadful*, que significa "terrível". A tradução de *penny dreadful* seria algo como *centavos do terror*. As histórias contadas podiam ser completamente inventadas, baseadas em mitos ou até em acontecimentos reais. Sim, a galera já era fanfiqueira naquela época.

No fim do século XIX, surgiram umas revistas impressas em papel barato, com muitas histórias bizarras — de autores que vieram a ficar muito famosos depois — e que tinham substituído de certa forma as *penny dreadfuls*, pois tratavam dos mesmos temas. Essas revistas, que se popularizaram muito entre 1920 e 1940, ficaram conhecidas como *pulp magazines*, e as histórias impressas nelas, como *pulp fictions*. Foi daí que Quentin Tarantino tirou a referência para o seu filme de 1994 que se tornou um clássico.

As *pulp fictions* eram uma espécie de entretenimento rápido, não tinham grandes pretensões. As revistas eram conhecidas por trazerem histórias sensacionalistas e capas apelativas, com bastante violência gráfica. A expressão *pulp fiction* durante um tempo significou histórias de qualidade inferior, mas elas faziam muito sucesso. Alguns super-heróis das histórias em quadrinhos, por exemplo, vieram da literatura pulp. O Zorro, um dos personagens mais famosos da cultura pop, nasceu aí.

Em 1924, começou a ser publicada nos Estados Unidos a revista *True Detective*, que vendeu milhões de cópias e depois de alguns anos em circulação virou uma publicação totalmente voltada para crimes reais. (Também existe uma série com esse nome.)

Na década 1930, a famosa revista *New Yorker*, que existe até hoje, começou a publicar uns perfis de criminosos, para tentar competir com todo esse material sobre crimes.

O fascínio por crimes reais sempre foi tão impressionante que, no final do século XIX e início do século XX, alguns autores se renderam ao tema e ficaram muito famosos escrevendo sobre crimes ficcionais, com personagens que ganharam bastante notoriedade. *Ora, Ora, será que temos um Xeroque Rolmes aqui?* Não tem como não citar o mais famoso deles: Sherlock Holmes, o grande personagem de ficção da literatura britânica criado pelo médico e escritor Sir Arthur Conan Doyle. O autor se inspirou no Dr. Joseph Bell, seu professor de medicina da Universidade de Edimburgo, na Escócia, para criar o personagem. Holmes, que talvez seja o detetive mais famoso da cultura pop, já apareceu em diversos livros, filmes, séries e inspirou muitos outros personagens. O próprio Doutor House, da série de ficção *House*, foi inspirado em Sherlock Holmes. O médico que não mede esforços para diagnosticar seus pacientes é ótimo na arte da observação e investigação — mesmo que isso às vezes signifique invadir uma propriedade privada!

E não podemos deixar de citar a Rainha do Crime: Agatha Christie. A autora britânica é até hoje uma das maiores escritoras do mundo, famosa por seus romances policiais e histórias de suspense e mistérios. Escreveu mais de setenta livros, que resultaram em dois bilhões de exemplares vendidos no mundo inteiro.

Você sabia que Agatha Christie já ficou onze dias desaparecida e foi a primeira vez que os ingleses usaram aviões para procurar alguém? No fim, ela estava hospedada num hotel de luxo usando um nome falso — o mesmo sobrenome da amante do seu marido. Icônica!

Voltando ao *true crime*, um dos primeiros livros a tratar de forma específica um crime real foi o A sangue-frio, do americano Truman Capote. Fruto de uma intensa investigação, a obra foi publicada originalmente em 1965 e conta a história verídica da chacina da família Clutter, em uma fazenda no Kansas, nos Estados Unidos. A família era formada por Herb Clutter, o pai, Bonnie Clutter, a mãe, e dois filhos do casal, Kenyon e Nancy, ainda adolescentes.

No dia 15 de novembro de 1959, dois homens invadiram a propriedade e amordaçaram todos os membros da família, que em seguida foram assassinados com tiros de espingarda. Poucos meses depois, Richard Hickock e Perry Smith foram presos e condenados à morte na forca, o que ocorreu em 1965. A obra, publicada logo depois, ficou conhecida no mundo inteiro.

Após o crime, Truman se mudou para Holcomb, a cidade em que os assassinatos ocorreram, e investigou o caso de perto. Entrevistou familiares, pesquisou documentos oficiais, leu cartas e conheceu os acusados. Ele se dedicou tanto ao caso que existe um boato de que teria se envolvido romanticamente com um dos assassinos, Perry Smith. Se é verdade, nunca saberemos, mas no dia em que os assassinos foram enforcados, Capote passou muito mal e só assistiu à execução de Hickock.

Hoje o gênero de *true crime* já é considerado "infotenimento", que é um nome chique que andam usando para dizer que algo é informação com entretenimento. Quando assistimos a uma série sobre um crime, realmente nos distraímos e, ao mesmo tempo, aprendemos muitas coisas. As produções culturais sobre crimes são consideradas atualmente uma forma de entretenimento válida, o que nos leva à seguinte questão: será que hoje em dia Truman Capote teria levado o prêmio? A gente acha que sim!

Em 1974, o livro *Helter Skelter*, de Vincent Bugliosi, também foi um sucesso. Bugliosi foi o promotor do caso Tate-LaBianca, como ficaram conhecidos os crimes da seita de Charles Manson. Segundo a pregação de Manson, logo haveria uma grande guerra racial, em que os negros venceriam, mas ficariam perdidos porque, segundo ele, seriam incapazes de exercer seu domínio.

Ou seja, ele era líder de uma seita que pregava amor livre, paz e amor, mas só para quem fosse branco. Ele chamou a guerra de Helter Skelter, por causa de uma música do Álbum Branco dos Beatles, cuja letra, segundo ele, fazia essa previsão. Só que essa guerra nunca acontecia... Talvez porque ela só existia na cabeça racista de Manson?

Enfim, a guerra não rolou, então eles acharam que seria melhor que eles mesmos a começassem. Os seguidores da seita invadiram duas casas e mataram todas as pessoas presentes. Na casa da atriz Sharon Tate morreram cinco pessoas e, depois, no lar da família La Bianca, um casal foi assassinado.

No livro *Helter Skelter*, o promotor destrincha a investigação que terminou com a prisão de Manson e dos membros da Família, como o grupo se autodenominava. A obra é até hoje o primeiro best-seller de crime real, deixando o livro do Capote em segundo lugar.

A indústria cultural norte-americana de certa forma molda nossos interesses e curiosidades, e é por isso que a gente acaba ficando familiarizado com siglas que não significam absolutamente nada no Brasil, como FBI e CSI. (Se você não sabe, pode deixar que vamos explicar.)

Um dos maiores sucessos cinematográficos que retratam como funciona o FBI é a ficção *O Silêncio dos Inocentes*, de 1991. Nesse famoso filme de suspense, uma jovem estagiária do FBI chamada Clarice Starling (Jodie Foster) pede ajuda a um prisioneiro — o famoso canibal Hannibal Lecter (Anthony Hopkins) — para prender outro *serial killer* conhecido, Buffalo Bill.

O filme conta com uma série de referências bem conhecidas de quem ama *true crime*. Logo no início, Clarice chega a uma sala do FBI em que há um quadro cheio de fotos de um *serial killer* e post-its com informações que a polícia conseguiu reunir até ali. Capas de jornal, fotos de cena de crime, informações sobre o *modus operandi*: a cena clássica.

Sabe-se que o filme foi uma adaptação do livro homônimo de Thomas Harris, que, por sua vez, se inspirou nos famosos John Douglas e Robert Ressler, membros da Unidade de Ciência Comportamental do FBI. (Tanto Douglas quanto Ressler lançaram obras contando como era entrevistar criminosos como Ted Bundy, Ed Kemper, Charles Manson, entre outros. *Mindhunter*, da Netflix, por exemplo, é baseada no livro de Douglas.) Ou seja, o FBI já estava testando essa técnica de aprender com o criminoso, e talvez *O Silêncio dos Inocentes*, mesmo de forma ficcional, tenha sido a primeira obra a mostrar a importância desse trabalho.

Para interpretar o canibal, Hopkins estudou diversos arquivos de assassinos, visitou prisões e até participou de algumas audiências de *serial killers*.

Nos anos 1990, a apresentadora de TV Martha Stewart estava saindo com Anthony Hopkins. Na época do lançamento do filme, surgiram vários rumores de que ela ficou tão perturbada com a caracterização de Hannibal Lecter que foi incapaz de dissociar a imagem do personagem da do seu namorado e TERMINOU O RELACIONAMENTO. Depois ela disse que não foi bem assim, que eles só tinham saído poucas vezes para jantar, mas confessou que não conseguia parar de pensar em Hannibal Lecter enquanto comiam. Bizarro, né?

O canibal Lecter se tornou um dos personagens mais assustadores do cinema, apesar de nesse filme ele só aparecer em tela durante dezesseis minutos.

O filme faz muitas referências a *serial killers* conhecidos. Buffalo Bill, o assassino que Clarice Starling está perseguindo, retira a pele das vítimas tal qual Ed Gein, que matava as mulheres, tirava suas peles e costurava partes delas em objetos e móveis de sua casa. Em uma das cenas que Buffalo ataca uma vítima, ele tem o braço engessado e finge que precisa de ajuda, algo que havia sido feito por Ted Bundy, outro famoso *serial killer*.

O *Silêncio dos Inocentes* recebeu cinco Oscars e arrecadou 272,7 milhões de dólares de bilheteria no mundo todo. O diretor, Jonathan Demme, e o elenco foram até o FBI para se preparar para as filmagens. O ator Scott Glenn, que antes acreditava na reabilitação e na bondade das pessoas, ao ser levado para uma salinha cheia de fotos de crimes e gravações dos assassinos matando suas vítimas, chorou e saiu de lá convencido da necessidade da pena de morte. Ele disse que não tinha noção de que existiam pessoas capazes de fazer coisas tão horríveis.

Entre as décadas de 1980 e 2000, muitos programas de TV de crime tiveram grande audiência. Nos Estados Unidos, havia o *Mistérios sem Solução, Forensic Files e Dateline NBC* (este último ainda no ar). No Brasil, havia o *Linha Direta,* que foi exibido entre 1999 e 2007 na Rede Globo e mostrava casos sem solução ou cujos criminosos estavam foragidos da polícia, sempre com reconstituições. No fim do episódio, divulgavam um número de telefone (e posteriormente um site) para, caso o espectador soubesse de alguma informação relevante, fazer uma denúncia, com anonimato garantido. Quase quatrocentos criminosos foram presos. Em um presídio do Recife, três presidiários ganharam os apelidos de Linha Direta 1, 2 e 3.

A partir dos anos 2000, o número de filmes e séries sobre crimes reais aumentou consideravelmente, e, logo depois, quando começou a onda dos podcasts com essa temática, muitos jornalistas resolveram investigar crimes antigos usando o formato.

Finalmente chegou a hora de falar da nossa ídola, Michelle McNamara! Em 2006, Michelle criou um blog chamado *True Crime Diary* para falar sobre vários crimes reais, sobretudo os casos sem solução, nos quais era viciada. E ela escrevia de forma tão sensacional que o blog bombou muito rápido. Uma das coisas que chamam atenção no estilo dela é como ela fugia do sensacionalismo, a maneira como conversava com as famílias das vítimas e respeitava suas histórias. Não se tratava apenas do caso em si, mas também dos sentimentos dos envolvidos.

Em determinado momento, ela ficou obcecada com o *serial killer* Golden State Killer (O Assassino do Estado Dourado), apelido dado pela própria Michelle. Esse criminoso foi responsável por treze assassinatos e pelo menos cinquenta estupros, todos cometidos entre as décadas de 1970 e 1980, na Califórnia, mas o caso nunca tinha sido resolvido. E isso tirava o sono de Michelle mesmo décadas depois.

Ela pesquisava tudo que podia: viajou para conhecer o local em que ele atuou, conversou com pessoas e detetives envolvidos no caso... Esse material se transformou em artigos para a *Los Angeles Magazine* — o mais famoso, publicado em março de 2013, se chama "Nas pegadas de um assassino". A matéria explodiu, foi um sucesso, e ela recebeu um e-mail do agente literário Daniel Greenberg para escrever um livro sobre o caso.

Michelle foi ficando cada vez mais obcecada e só pensava nisso e falava disso o tempo todo enquanto escrevia o livro *I'll Be Gone in the Dark* (lançado no Brasil com o título *Eu terei sumido na escuridão*), uma frase que o criminoso tinha dito para uma de suas vítimas.

Com o manuscrito ainda sendo redigido, no dia 21 de abril de 2016, aos 46 anos, Michelle morreu enquanto dormia. Na autópsia, descobriram que ela tinha um problema no coração. Contudo, o laudo afirmava que não havia sido apenas essa a causa da morte, mas a combinação dessa condição com o efeito de vários medicamentos. O manuscrito foi finalizado pelos escritores de crimes reais Paul Haynes e Billy Jensen e pelo marido da própria Michelle, o ator Patton Oswalt.

O livro foi publicado em fevereiro de 2018 e, dois meses depois, no dia 24 de abril, o nome por trás do Golden State Killer foi descoberto: Joseph James DeAngelo Jr., um homem de 72 anos. O trabalho de Michelle McNamara foi muito importante para que houvesse uma pressão para a conclusão do caso.

Em 2019 surgiu um podcast chamado *Modus Operandi*! (Sim, estamos falando de nós em terceira pessoa). O *Modus Operandi* é o podcast de *true crime* mais ouvido do Brasil!

Caso você não faça ideia de quem a gente é, muito prazer! Nós contamos várias histórias de crimes reais, uma por episódio. Tem desde aqueles mais famosos, como Ed Kemper e Ted Bundy, até os mais desconhecidos ou recentes, como a história da Eloá, que foi mantida em cativeiro na própria casa junto da amiga Nayara. Além dos episódios com os casos, a gente tem dois programas dentro do podcast: o "Caso Bizarro", em que a Mabê conta histórias sem solução, sobrenaturais e coisas estranhas em geral, e o "FAQ", em que a Carol tira dúvidas comuns do público, às vezes trazendo especialistas de determinadas áreas.

E eis que agora a gente também tem um livro! Agora, mais do que contar casos (vamos contar vários, não se preocupe), o objetivo é esmiuçar cada uma das peças que formam o quebra-cabeça de um *true crime*. Desde o crime, propriamente, passando pelo processo de desvendá-lo, até a investigação. Há também a análise dos criminosos e tudo que acontece depois que eles são presos, além do labirinto que é um caso sem solução.

E no final você vai encontrar umas coisas bem legais, como um glossário — com alguns termos do mundo do *true crime* que usamos e que sempre aparecem nas séries e podcasts, para você não se perder em nenhuma parte do processo — e uma listona de filmes, séries, livros e podcasts — para você ir marcando quais desses conteúdos já viu ou ainda quer ver, *superinstagramável*.

✳ ✳ ✳

Esperamos que este livro tenha muito *infotenimento* e, para você ter certeza de que seu dinheiro foi bem investido, já damos uma dica fundamental: nunca fale com a polícia sem a presença do seu advogado.

Boa leitura!

PO, 1. LÍ CIA

NA GRÉCIA ANTIGA, a investigação criminal era feita pelos cidadãos e quem era usado como agente de polícia eram as pessoas escravizadas. Já na China Antiga, quem investigava e aplicava as leis era um funcionário do governo chamado de *prefeito*! Com o tempo, as civilizações perceberam que a proteção não deveria ser só externa, contra invasões e outros desafios, mas também interna, porque os conflitos também aconteciam entre os cidadãos.

A origem da palavra *polícia* é greco-romana — *politeia*, da Grécia e *politia*, de Roma. Em 1667, surge um conceito novo de polícia na França, que ia além de gerenciar conflitos, mas também "assegurar a paz e a tranquilidade pública e privada dos indivíduos, livrar a cidade dos distúrbios e garantir que todos possam viver de acordo com o seu estatuto e deveres".

O interesse pela polícia e seus serviços acabou dando origem ao gênero que hoje chamamos de policial. Ele é um dos mais populares na literatura e no cinema, e é praticamente impossível que você nunca tenha lido um livro ou visto um filme policial. O conto "Os Assassinatos da Rua Morgue", de Edgar Allan Poe, é considerado a primeira história de detetive moderna. Publicado em abril de 1841, o conto narra os casos de duas mulheres assassinadas na rua Morgue, em Paris, ambos solucionados pelo detetive Auguste Dupin, um personagem cujo raciocínio afiado é crucial em suas investigações. Esses elementos se tornaram fundamentais para as ficções policiais que vieram depois, como o personagem Sherlock Holmes, do escritor britânico Arthur Conan Doyle.

"Ficou plenamente provado no processo — disse ele — que as vozes que altercavam não eram as das duas mulheres. Isto nos liberta de qualquer dúvida a respeito da questão de saber se a velha poderia ter antes matado a filha e depois resolvido suicidar-se. Se me refiro a esse ponto é apenas para agir com método, pois a força da Sra. L'Espanaye teria sido insuficiente para a tarefa de meter o cadáver da filha chaminé adentro, tal como foi encontrado; e a natureza dos ferimentos em sua própria pessoa exclui por completo a ideia do suicídio. O crime, portanto, foi cometido por terceiros, cujas vozes foram ouvidas a discutir."

"Os Assassinatos da Rua Morgue", Edgar Allan Poe

Seja nas geniais histórias com o personagem Sherlock Holmes, na lógica tão bem empregada pelo detetive Hercule Poirot, nas ficções de Agatha Christie, ou no campo do crime real, como *A sangue-frio*, de Truman Capote, o gênero nunca deixou de chamar atenção.

Desde o final dos anos 1990, temos também as séries, como *Law & Order: Special Victims Unit*, em que acompanhamos o trabalho de detetives da Unidade de Vítimas Especiais que investigam crimes sexuais. Ambientado em Nova York, o seriado conta com mais de vinte temporadas.

Um dos personagens dessa série, Dr. George Huang, é um psiquiatra forense do FBI, que também é *profiler*, ou seja, cria perfis criminais que orientam o esquadrão a compreender melhor o infrator. O interessante é ver que nem sempre os detetives concordam com essas análises e muitas vezes debatem e discutem caminhos contrários, o que torna tudo mais verossímil.

Outra série que fez bastante sucesso foi *Criminal Minds* (2005-2020), que acompanha um esquadrão de elite do FBI responsável por analisar os criminosos de acordo com o *modus operandi*, com o objetivo de antecipar seus próximos movimentos antes que voltem a agir. Cada membro do esquadrão possui alguma habilidade diferente: Penelope Garcia, por exemplo, é uma exímia hacker que sempre obtém ótimas pistas nos bancos de dados. Cada episódio conta um caso.

Já *Dexter* (2006-2013) é uma série que narra a história de um psicopata fictício que desenvolve com o pai uma espécie de "código de ética do homicídio": uma dinâmica em que ele se acredita livre para continuar praticando sua vontade — matar — escolhendo vítimas de acordo com o "código". Apesar de esse ser o foco principal da série, Dexter também é um especialista forense em análise sanguínea na polícia de Miami. Então dá para ter uma noção bem legal do trabalho policial, pois acompanhamos, pelo ponto de vista do personagem, diversas investigações criminais, cenas de crime, policiais sendo promovidos, os analistas de laboratório, legistas e muito mais.

Esses são só alguns exemplos das mais variadas séries policiais que existem, que na maioria das vezes são procedurais — quando um caso se inicia e é solucionado no mesmo episódio. Porém, por mais que a gente ame maratonar essas séries, a verdade é que elas estão muito longe de retratar a realidade dos profissionais que lidam com crimes.

Nem todos os crimes são resolvidos com ajuda do DNA, nem toda equipe de polícia tem acesso ilimitado a recursos básicos ou laboratórios de alta tecnologia. Nem sempre eles conseguem trabalhar tantas horas em uma ocorrência, já que muitas vezes é preciso lidar com dezenas de casos ao mesmo tempo, visitar mais de uma cena do crime por dia, e mal conseguem dar conta da demanda.

Nas séries parece que, para toda investigação, é criado um perfil — uma técnica forense em que o especialista tenta prever ou compreender o comportamento futuro de um criminoso com base no comportamento anterior ou elementos do crime; vamos abordar esse assunto no capítulo 5. Só que na verdade os perfis, quando desenvolvidos, não são tão utilizados assim.

Assim como nas séries, quando falamos sobre *true crime*, um dos papéis mais importantes é o da polícia, que está presente em todos os momentos: geralmente é ela a primeira a chegar na cena do crime, é quem entrevista possíveis testemunhas e suspeitos, garante a segurança e a proteção dos envolvidos trabalhando no caso, além de ser crucial na hora do interrogatório ou mesmo na detenção do suspeito quando o crime é solucionado. De um jeito ou de outro, a polícia sempre está presente no processo.

Mas como funcionam as instituições na vida real?

No Brasil, a segurança pública é dever do Estado e é garantida através da Polícia Federal, da Polícia Rodoviária, da Polícia Ferroviária, da Polícia Civil, dos policiais militares e corpos de bombeiros militares e da Polícia Penal. Vamos nos ater às instituições que lidam mais com os crimes que a gente vê nas séries.

POLÍCIA FEDERAL

A Polícia Federal (PF) exerce a função de polícia judiciária da União: faz investigações e apura crimes civis. Geralmente as operações da PF são planejadas por meses ou anos e são focadas em grandes grupos criminosos ou situações de apelo nacional. Também são responsáveis por proteger as fronteiras do Brasil, investigando quem entra e quem sai.

É a PF que combate terrorismo, lavagem de dinheiro, violação de direitos humanos, desvio de recursos públicos. É ela também quem entra em ação em casos de tráfico de drogas entre o Brasil e outros países, além de exercer as funções de polícia marítima, aeroportuária e de fronteiras.

Aeroporto (*Airport Security* ou *Border Security*, a depender do país), da National Geographic, é uma série que acompanha o trabalho de agentes federais em aeroportos pelo mundo, cada país com sua versão. É claro que existe a brasileira. *Aeroporto: São Paulo* (2018) mostra o Aeroporto Internacional de Guarulhos, um dos maiores da América Latina. O terminal, onde transitam mais de quarenta milhões de pessoas por ano, é um ponto estratégico no tráfico internacional de drogas. A Polícia Federal prende traficantes, apreende drogas e detém imigrantes estrangeiros que tentam entrar ilegalmente no país.

A PF também é conhecida pela criatividade nos nomes das operações — escolhidos pela própria equipe de investigação. O nome costuma fazer alguma referência sutil ou direta ao caso, e eles sempre informam no site a explicação dos nomes das operações.

OPERAÇÃO SENHOR DOS ANÉIS (2009) Foi quando o Ibama e a PF se uniram para acabar com uma quadrilha que contrabandeava pássaros, alguns em risco de extinção. O que o Frodo tem a ver com isso? As aves registradas possuem anilhas, como anéis, que as identificam. E é isso.

OPERAÇÃO QUE PAÍS É ESSE? (2015) Nome usado na décima fase da Operação Lava Jato, que fazia alusão à frase do ex-diretor da Petrobrás em conversa com seu advogado.

OPERAÇÃO GOOD VIBES (2007) Levou à prisão de traficantes de ecstasy em Belo Horizonte.

OPERAÇÃO CARNE FRACA (2017) Investigava alguns dos maiores frigoríficos e empresas de processamento de carnes do Brasil, acusados de crimes como lavagem de dinheiro e venda de produtos estragados e com data de vencimento adulterada.

OPERAÇÃO ARCA DE NOÉ (2002) Essa operação realizada no Mato Grosso resultou na prisão de um acusado de chefiar o jogo do bicho na região.

POLÍCIA RODOVIÁRIA

Ainda na esfera federal, temos a Polícia Rodoviária, que, assim como a PF, é subordinada ao Ministério da Justiça e Segurança Pública. Sua principal função é patrulhar as rodovias federais do Brasil, além de monitorar e fiscalizar o tráfego de veículos. Algumas vezes exerce trabalhos fora de sua competência, como atuar dentro de cidades e matas brasileiras em conjunto com outros órgãos de segurança pública.

POLÍCIA CIVIL

A Polícia Civil é o órgão responsável pela segurança pública e é chefiada por delegados gerais da Polícia ou chefes de Polícia. Sua principal função é prevenir, reprimir e apurar os crimes. Os profissionais que nela atuam podem ser delegados, investigadores e escrivães.

    O investigador faz operações policiais, procura indícios e provas de crimes e executa mandados de prisão e de busca e apreensão.

    O escrivão cuida de toda a parte burocrática do escritório. Ele acompanha o inquérito policial, desde a coleta dos relatos até o encerramento do caso. E o delegado coordena todas essas operações e as investigações policiais, preside os inquéritos, que têm como intuito a apuração dos fatos envolvidos na infração penal, elabora relatórios, toma depoimentos, entre outras coisas.

POLÍCIA TÉCNICO-CIENTÍFICA

A Polícia Técnico-Científica é um órgão estadual. Em vários estados, sua autonomia ainda não foi concedida e ela continua subordinada à Polícia Civil. Em alguns, como São Paulo e Tocantins, são subordinadas à Secretaria de Segurança Pública. Apesar de não fazer parte da Segurança Pública, por ser autônoma e independente, a Polícia Técnico-Científica é talvez ==uma das mais importantes quando se trata de crimes reais==.

Especializada em produzir a prova pericial, sua principal função é coordenar as atividades do Instituto de Criminalística, do Instituto Médico-Legal e do Instituto de Identificação. Em alguns casos, desenvolve estudos e pesquisas na área de atuação.

As funções dos peritos oficiais são inúmeras: médico-legista, odontolegista, perito criminal, perito forense digital, químico-legal, perito em balística e toxicologista. Tem também auxiliar de perícia oficial, com as funções de auxiliar de necropsia e auxiliar de perícia.

==Médico-legista== Examina tanto pessoas vivas quanto cadáveres e produz documentos técnicos que podem ser utilizados para corroborar algum processo. Muitas vezes, o relatório pode servir de base para aumento da pena, como por exemplo em uma situação em que se descobre que o cadáver apresenta marcas de tortura. Foi o que aconteceu no caso do homicídio de Marcos Matsunaga, cometido pela sua esposa Elize Matsunaga. A acusação, por meio de um laudo técnico, afirmou que o herdeiro da empresa alimentícia Yoki estaria vivo quando foi esquartejado. A defesa então trouxe um perito, que alegou que a vítima teve morte cerebral antes do esquartejamento, logo não estava viva quando se deu o ato. Essa prova foi importante para ser desconsiderada a qualificadora cruel no caso. Vamos falar mais de qualificadoras em breve!

Odontolegista Profissional que faz o reconhecimento e a identificação de indivíduos por meio da arcada dentária, quando o corpo está irreconhecível (como em casos de corpos carbonizados ou desfigurados). Pode também periciar agressões, traumas e marcas de mordida.

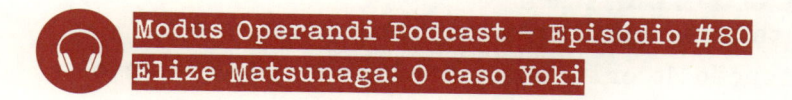

🎧 Modus Operandi Podcast – Episódio #80
Elize Matsunaga: O caso Yoki

Perito criminal Tem como função principal ir até o local das ocorrências e coletar provas que depois serão analisadas em laboratórios. Investiga crimes de todo tipo, como assassinatos, estupros e até fraudes em computadores. O trabalho envolve análises minuciosas, às vezes utilizando luminol e reagentes, para descobrir manchas de sangue não visíveis, testes de DNA, provas de registro telefônico, impressões digitais e diversas outras.

Químico-legal Seu trabalho é analisar as amostras colhidas dos locais de crimes. Quando um perito vê uma mancha, mas não tem recursos para provar que é sangue, por exemplo, deve descrever a mancha até que um teste de laboratório possa comprovar que se trata mesmo sangue. Isso talvez pareça meio óbvio, mas é fundamental usar a ciência para formular os relatórios.

Toxicologista A toxicologia é uma ciência que estuda os efeitos tóxicos de um agente químico em decorrência de sua interação com o sistema biológico. Grosso modo, pode atuar para comprovar suspeitas de homicídios com venenos ou drogas, ou até casos menos graves, como atestar o uso de doping em competições esportivas.

Perito forense digital Analisa sites, mídias, computadores, celulares, rastreia hackers e a localização de criminosos on-line e tudo que envolve perícia digital e informática. Tem sua atuação destacada em casos de pornografia infantil, que envolve apreensão de HDs que precisam ser periciados.

Perito em balística Responsável por entender a origem e o papel das armas de fogo e munições nos contextos criminais. Diversos casos são resolvidos comparando-se os projéteis utilizados.

Apesar de todos esses profissionais serem essenciais, nem sempre estarão disponíveis no quadro, e é mais comum que a polícia técnico-científica conte com técnicos em laboratórios, peritos criminais e médicos-legistas. Mas as polícias costumam se ajudar, então, às vezes, o departamento especializado em DNA de uma das instituições colabora, enquanto a balística é feita por outra, gerando um intercâmbio de evidências visando solucionar os casos.

As polícias científicas estão presentes em grande parte dos estados brasileiros e trabalham em parceria com as Polícias Civil e Militar.

Na franquia *CSI: Crime Scene Investigation* (Investigação da Cena do Crime), acompanhamos um grupo de cientistas forenses do laboratório de criminalística da polícia; se o *CSI* se passasse no Brasil, provavelmente se chamaria PTC e seria sobre os peritos da polícia técnico-científica!

> O personagem Dexter, da série de mesmo nome, é um perito criminal do Departamento de Polícia de Miami especialista na análise de manchas de sangue — além de *serial killer*, claro. Essa profissão também existe no Brasil, embora ainda seja rara por aqui. Em 2019, a perita Carolina Rodrigues Linhares se tornou a primeira pessoa da Polícia Civil do Rio de Janeiro especialista no estudo de manchas de sangue. O estudo ajuda o perito a concluir a posição da vítima e do criminoso na hora do crime, bem como a avaliar contradições em depoimentos.

BATALHÃO DE OPERAÇÕES POLICIAIS ESPECIAIS (BOPE)

Existem mais de vinte BOPES espalhados pelos estados do Brasil, mas o mais famoso é o do Rio de Janeiro, que ficou conhecido principalmente depois da estreia do filme *Tropa de Elite* (2007). O filme de José Padilha foi inspirado no livro de Rodrigo Pimentel, ex-capitão do BOPE que atuou como roteirista do filme e seria o Capitão Nascimento da vida real.

O batalhão foi criado em 1978 e tem um dos mais rigorosos treinamentos do país. É considerada a força mais temida no Brasil e atua em operações contra terrorismo, tráfico e crime organizado. Diversas ONGs criticam a ação do BOPE e os acusam de um grande número de mortes de civis e abuso dos direitos humanos.

Um dos casos mais famosos em que eles atuaram foi o do sequestro do ônibus 174, que teve ampla cobertura da mídia e foi noticiado ao vivo.

No dia 12 de junho de 2000, Sandro sequestrou um ônibus numa rua importante de uma das regiões mais ricas da cidade do Rio de Janeiro. Os veículos de mídia logo se aglomeraram ao redor da cena e ficaram transmitindo tudo em tempo real. Passaram-se algumas horas, com Sandro e os reféns dentro do ônibus, enquanto a polícia ficava a postos esperando para tomar uma decisão. Ele fez pedidos, fingiu que tinha matado uma pessoa e que mataria mais uma, mas a polícia não cedeu.

Até que, em um dado momento, Sandro saiu do ônibus com a arma apontada para uma refém, a professora Geísa Firmo Gonçalves, e foi um choque. Os reféns não esperavam, a polícia também não, mas um dos policiais foi na direção de Sandro, sem que ninguém percebesse, e disparou duas vezes. Sandro se virou e um dos tiros acertou o queixo da Geísa de raspão.

O impacto fez os dois caírem no chão. Enquanto caía, Sandro atirou em Geísa. Um dos policiais se jogou em cima de Sandro, achando que ele estava morto, mas só percebeu que tinha se enganado quando Sandro conseguiu dar mais tiros na refém. O corpo da professora foi carregado por um bombeiro, e os policiais correram para pegar Sandro antes que a população que assistia em volta o linchasse. E tudo isso foi televisionado em tempo real! Sandro, aos 21 anos, morreu na viatura.

A operação toda, que resultou na morte de uma refém e do sequestrador, foi considerada um desastre pelas autoridades de segurança da época, que disseram que, para além das muitas decisões erradas, eles também não tinham os recursos necessários para lidar com uma situação daquelas. Depois desse caso, o BOPE inclusive mudou suas estratégias e treinamentos.

🎧 Modus Operandi Podcast – Episódio #54
Sandro Nascimento: O sequestro do ônibus 174

RONDAS OSTENSIVAS TOBIAS DE AGUIAR (ROTA)

É uma tropa do Comando Geral da Polícia Militar do Estado de São Paulo. Em 1970, o primeiro batalhão Tobias de Aguiar foi convertido nas Rondas Ostensivas Tobias de Aguiar para cumprir funções de ronda contra assaltos a banco e guerrilha. A ROTA é uma das polícias mais letais do país. Ela é acionada em casos como roubos a bancos e também atua contra quadrilhas especializadas no tráfico de drogas e de armas.

AGÊNCIA BRASILEIRA DE INTELIGÊNCIA (ABIN)

A Agência Brasileira de Inteligência (Abin) é um órgão da Presidência da República, vinculado ao Gabinete de Segurança Institucional (GSI), responsável por fornecer ao presidente da República e aos ministros informações estratégicas e relevantes para a tomada de decisões. O profissional da Abin protege o país principalmente em relação a segurança das fronteiras e segurança interna, relações exteriores, lavagem de dinheiro, terrorismo e espionagem, motivo de a agência ser chamada de CIA brasileira.

Segundo a Abin, suas principais atribuições são: planejar e executar ações, inclusive sigilosas, relativas à obtenção e análise de dados para a produção de conhecimentos destinados a assessorar o presidente da República; planejar e executar a proteção de conhecimentos sensíveis, relativos aos interesses e à segurança do Estado e da sociedade; avaliar ameaças, internas e externas, à ordem constitucional e promover o desenvolvimento de recursos humanos e da doutrina de Inteligência; e realizar estudos e pesquisas para o exercício e aprimoramento da atividade de Inteligência. Apesar disso, a Abin não tem autonomia para prender pessoas, colocar em custódia, interrogar nem colocar escutas telefônicas.

POLÍCIA NO MUNDO

Agora que já sabemos sobre o Brasil, vamos partir para o mundo! Afinal, a gente assiste a tantas séries e filmes estrangeiros que precisamos falar um pouco sobre algumas instituições famosas.

A POLÍCIA BRITÂNICA E A SCOTLAND YARD

Em 1829 o Parlamento britânico estabeleceu a criação da Polícia Metropolitana de Londres, que viria a ficar conhecida pelo nome de sua sede, Scotland Yard. Serviu de modelo para corporações de outros lugares, como os Estados Unidos, que haviam sido colônia da Inglaterra. Em 1878 foi criado o Departamento de Investigação Criminal, uma pequena força de detetives à paisana que coletava informações sobre atividades criminosas.

Atualmente, a força policial londrina conta com um moderno sistema de vigilância e seus membros não utilizam armas de fogo. A maior parte trabalha apenas com cassetete, algemas e sprays de pimenta, e, caso se sintam inseguros e haja necessidade, é possível chamar apoio e acionar oficiais com armas de fogo.

A Metropolitan Police (MET) é a instituição policial mais antiga do mundo ainda em atuação.

DEPARTAMENTO DE POLÍCIA AMERICANO

Veja se reconhece esta situação: você está lendo ou assistindo a um filme, e de repente um policial fala com o detetive; daí surge o chefe de polícia e, do nada, um xerife. Então, bate o desespero: quem é chefe de quem?

Isso acontece porque os departamentos americanos de polícia não seguem um padrão único, e estados e cidades têm autonomia para estabelecer a própria estrutura organizacional, mas em geral as funções são as que estão listadas abaixo, que têm como base um modelo militar.

* **Police commissioner (comissário de polícia):** responsável por diversos departamentos, é um dos cargos de mais importância em uma polícia metropolitana. Em muitas cidades, não usa uniforme e é indicado pelo prefeito ou um conselho da cidade.
* **Chief of police (chefe de polícia):** é o líder do departamento, que administra e cuida de toda a operação. Em algumas cidades sua escolha precisa ser aprovada. Coordena todos abaixo dele.
* **Assistant chief (chefe assistente):** em cidades grandes, como Nova York, existem diversos chefes assistentes para cada divisão policial.
* **Deputy chief (subchefe):** cuida de escritórios específicos, como a divisão de assuntos internos ou a de detetives. Gerencia as atividades e o pessoal da sua divisão, cuidando das investigações, promoções de funcionários e treinamento.
* **Captain (capitão):** cuida de patrulhas, treinamentos, segurança e trabalha próximo aos líderes das comunidades.
* **Lieutenant (tenente):** supervisiona as investigações, indica os policiais para cada caso. Também pode comparecer a cenas de crimes de casos mais graves, como homicídios.
* **Sergeant (sargento):** quem realmente cuida do dia a dia nas unidades de polícia ou nos esquadrões. Cuida de questões mais burocráticas com relação aos veículos e relatórios, investiga questões internas etc.
* **Detective (detetive):** investigador de crimes, como assassinatos e tráfico de drogas, supervisiona policiais e mantém contato com informantes. Prepara casos para julgamentos e depõe no tribunal

quando necessário. É preciso fazer uma prova e ter pelo menos dois anos de atuação como policial.

* **Police officer (policial):** é o posto mais baixo. Normalmente é o primeiro a comparecer à cena do crime, entrevista suspeitos, atende chamadas, monitora atividades suspeitas, coordena o tráfego de veículos, transporta suspeitos e evidências, responde as dúvidas dos cidadãos e visitantes, prepara relatórios de atividades de campo, participa e coordena reuniões de vigilância de bairro, atividades relacionadas ao policiamento comunitário, entre outras.

Existem também as polícias locais, como o Sheriff's Department (Departamento do Xerife), que funcionam nos condados (áreas administrativas menores em que são divididos os estados). Em localidades pequenas ou rurais é a única força policial e por isso pode realizar investigações e prisões. Nas maiores, o departamento pode existir só para fazer o transporte de prisioneiros e oferecer segurança para procedimentos judiciais, como julgamentos. O chefão do departamento é o xerife.

Ainda temos a polícia estadual, que, entre outras atribuições, cuida das fronteiras entre os estados, chamada de *State Patrol* ou *Highway Patrol*. Ela também é organizada com base no modelo militar, então se parece um pouco com o que acabamos de ver.

Você já deve ter ouvido falar ou visto algum filme com cachorros policiais, certo? Eles podem procurar drogas ou explosivos, encontrar pessoas desaparecidas ou evidências, e ainda atacar pessoas apontadas pelo policial. O filme *K-9* (1989) conta a história de um policial e seu parceiro cachorro. O nome vem do apelido que esses cães têm em inglês, *canine*, que significa canino e parece muito o som em inglês da letra K junto com o número 9.

FBI

No início do século XX, a população dos Estados Unidos crescia desenfreadamente, e o país passava por um grande desenvolvimento tecnológico, ferroviário e industrial. Cresceram também a pobreza, as tensões raciais e a violência.

Naquele momento, existiam poucas leis federais contra a criminalidade e cada estado era responsável pela criação de suas forças policiais, que eram mal treinadas e mal pagas. Em 1901, após o presidente William McKinley ser assassinado, o vice Teddy Roosevelt, de 42 anos, se tornou a pessoa mais jovem a assumir a presidência do país.

Em 1906, Teddy nomeou o sobrinho-neto de Napoleão Bonaparte (sim!), Charles Bonaparte, como procurador-geral, e sua principal função era garantir a fiscalização e aplicação das leis.

Bonaparte percebeu que não havia um grupo de investigadores e que o Serviço Secreto ajudava em algumas coisas, mas eles respondiam ao chefe do Serviço Secreto. Resolveu então criar sua força de investigação e, com o apoio do presidente, contratou nove investigadores do Serviço Secreto e 25 outros para formar uma *special agent force* — uma força de agentes especiais que conduziriam as investigações para o Departamento de Justiça. Assim, em 26 de julho de 1908, surgiu a agência que seria a semente do Federal Bureau of Investigation, também conhecido como FBI.

O FBI já atuou em diferentes frentes e sempre buscou na investigação uma relação de compartilhamento de informações com outras agências de inteligência e polícias federais, internacionais, estaduais e locais.

A Unidade de Análise Comportamental do FBI (Behavioral Analysis Unit) está entre os vários grupos de especialistas que dão apoio à polícia local na investigação das mortes. Esse é o nome atual de uma unidade da Divisão de Treinamento do FBI em Quantico, na Virgínia, formada em resposta ao aumento de casos de agressão sexual e homicídio na década de 1970, a antiga Unidade de Ciência Comportamental, tão citada nos episódios do nosso podcast.

A Unidade de Análise Comportamental é um departamento do Centro Nacional de Análise de Crimes Violentos (NCAVC) que usa analistas para auxiliar nas investigações criminosas e fornecer apoio investigativo ou operacional aplicando a experiência de casos, pesquisa e treinamentos a crimes complexos e urgentes, geralmente envolvendo atos ou ameaças de violência. Hoje é dividida em cinco unidades, cada uma com um foco específico, mas a Unidade de Análise Comportamental 2 é onde os recursos se concentram em crimes incomuns, como assassinatos em massa, casos de estupro em série e sequestros.

Ao longo das décadas, o FBI passou por uma série de mudanças, sendo a mais importante delas logo após os ataques de 11 de setembro, quando se transformou gradualmente em uma agência de inteligência, que busca informações relacionadas a possíveis ameaças à segurança do Estado. Atualmente, o FBI é considerado uma organização de segurança nacional, focada no terrorismo, como dissemos, mas também em ataques cibernéticos, corrupção pública, espionagem e outras ameaças criminosas de grande alcance. Apesar de atuar sobretudo com ameaças à segurança nacional, ainda desempenha um papel fundamental no combate a crimes violentos em grandes cidades, como, por exemplo, em casos de atiradores em massa.

AGÊNCIA CENTRAL DE INTELIGÊNCIA (CIA)

Faz parte do imaginário de quase todos nós aqueles agentes secretos poliglotas que viajam para vários países, ficam infiltrados por anos e fazem descobertas incríveis. Alguém como, ele mesmo, James Bond. Um espião que se veste com cores sóbrias, usa óculos escuros e tem um codinome. Mas será que é assim mesmo na vida real?

A Agência Central de Inteligência (Central Intelligence Agency, CIA), criada em 1947 pelo presidente Harry Truman, cuja principal missão por muitos anos era proteger os Estados Unidos do comunismo da União Soviética, atualmente foca em ameaças terroristas de todo o mundo. A CIA é uma agência que fornece inteligência objetiva sobre países estrangeiros e questões globais ao presidente, ao Conselho de Segurança Nacional e a outros formuladores de políticas para ajudá-los a tomar decisões de segurança nacional.

Muitos confundem o trabalho do FBI e da CIA e, embora eles possam fazer intercâmbio de algumas informações, de modo geral o FBI atua dentro dos Estados Unidos, enquanto o trabalho da CIA é externo e não tem função de aplicação da lei.

O número de funcionários é sigiloso, mas a variedade de carreiras é imensa, sendo alguns deles cientistas, engenheiros, economistas, linguistas, matemáticos, contadores, especialistas em informática, desenvolvedores, cartógrafos, psiquiatras, bibliotecários e muitos outros. O cargo mais próximo do que chamamos de agente secreto é o de agente de operações.

Ou seja, nem todos que trabalham lá são agentes ou espiões e, ainda que existam sim os policiais que atuam disfarçados, essa não é a realidade da maioria dos funcionários da agência, que, apesar de lidarem com informações sigilosas, são pessoas com vidas normais.

Diversos filmes e séries retratam a CIA, como por exemplo: *Homeland* (2011-2020), *Covert Affairs* (2010-2014), *Chuck* (2007-2012). A série *The Americans* (2013-2018) conta a história de um casal da KGB — a agência de inteligência da União Soviética — infiltrado nos Estados Unidos durante a Guerra Fria. Para ficar mais emocionante, o vizinho deles é um agente do FBI. A série é boa demais, ganhou Emmy e Globo de Ouro e agora você pode assistir com tranquilidade e entender quem faz o quê.

Um dos casos mais famosos da CIA foi a captura do líder da Al Qaeda e responsável pelos atentados de 11 de setembro, Osama Bin Laden. Em 2011, dez anos após o atentado, a CIA desconfiava que ele estivesse escondido em uma casa no Paquistão, então os agentes resolveram criar uma falsa campanha de vacinação do país, que coletaria o sangue de uma das crianças da casa e faria o mapa genético. O resultado seria comparado ao DNA da irmã de Bin Laden (eles já tinham esse dado). Não se sabe se o sangue foi de fato coletado ou não, mas a campanha fake rolou e, em maio do mesmo ano, o Comando de Operações dos Estados Unidos, junto à CIA, planejou a operação que invadiu o local e matou o terrorista. A atuação foi muito criticada, principalmente por ter usado como subterfúgio uma campanha de vacinação.

AGÊNCIA DE SEGURANÇA NACIONAL (NSA)

A Agência de Segurança Nacional (National Security Agency, NSA) foi criada em 1952 e é a líder mundial em criptologia — a prática de codificar e decodificar dados. Por meio de sua experiência em tecnologia e recursos, a NSA busca descobrir os segredos que ameaçam os Estados Unidos e proteger os direitos de privacidade dos norte-americanos.

A agência é ligada ao Pentágono, que é a sede do Departamento de Defesa, e é responsável por garantir a segurança das comunicações governamentais contra todo tipo de intrusão, atividades de monitoramento, processamento de informação e serviços de inteligência doméstica e estrangeira. De acordo com a NSA, eles precisam saber o que os adversários estão fazendo e quais suas capacidades, para assim tomar decisões políticas mais conscientes. Precisam ter uma forma segura de comunicação interna para que os oponentes não saibam dos planos — protegendo segredos nacionais — e ainda devem ser capazes de superar os adversários no mundo virtual.

Will Hunting, personagem de Matt Damon em *Gênio Indomável* (1997), é um jovem rebelde com enorme aptidão para matemática que precisa fazer terapia com o Dr. Maguire (Robin Williams). Will recebe uma oferta de emprego na NSA, que ele recusa.

SERVIÇO SECRETO (USSS)

Muito conhecido de filmes e séries, o United States Secret Service (USSS), também conhecido como Serviço Secreto, é uma agência federal que tem a função de proteger líderes políticos, suas famílias e visitantes internacionais importantes, como presidentes de outros países. Mas conhecemos o serviço secreto principalmente por proteger o presidente norte-americano, ou seja, em qualquer série ou filme sobre a Casa Branca, lá está o Serviço Secreto, desde *The West Wing* (1999-2006) até *Scandal* (2012-2018).

Mas é claro que isso vai muito além de ficar vigiando o chefe de Estado. O grupo cuida de questões táticas, segurança de grandes eventos nacionais, correspondências, crimes eletrônicos, investigação de crimes contra o sistema financeiro americano e muito mais.

E depois que trocam o presidente? Todos os ex-presidentes ainda têm direito à proteção do Serviço Secreto, bem como seus cônjuges (ex-mulher e ex-marido não valem!) e seus filhos menores de 16 anos. Ah, quem está se candidatando para eleições presidenciais tem direito a pedir proteção.

Pessoas em cargos tão importantes realmente correm perigo. Vários presidentes americanos já sofreram ataques, como por exemplo John F. Kennedy, assassinado em público em 1963. No momento em que os tiros foram disparados, o agente do serviço secreto Clint Hill, que estava no carro que seguia o casal Kennedy, saltou do seu automóvel e foi até o do presidente. Ele conduziu a primeira-dama, Jacqueline, que tentava sair do veículo, de volta para dentro e serviu de escudo humano ao casal até que chegassem ao hospital, mas infelizmente o presidente não sobreviveu. Enquanto isso, em outro carro, o agente Rufus Youngblood saltou na frente do vice-presidente Lyndon B. Johnson, protegendo-o com seu próprio corpo. Apesar do heroísmo dos dois agentes, o

Serviço Secreto teve que lidar com diversas críticas por causa do ataque e mudou vários tipos de treinamento desde então.

UNITED STATES MARSHALS SERVICE (U.S. MARSHALS)

A U.S. Marshals é uma agência de aplicação da lei federal que pertence ao Departamento de Justiça. Fundada em 1969, é responsável por garantir o funcionamento do sistema judicial e a integridade da Constituição dos Estados Unidos.

Cuida da segurança dos tribunais, é encarregada pelo transporte dos presos, além de cumprir mandados de prisão. Atua também nas investigações para capturar e apreender foragidos.

No filme de ação U.S. Marshals: Os Federais (1998), Tommy Lee Jones interpreta um agente U.S. Marshal que investiga o personagem de Wesley Snipes, um fugitivo federal. O filme foi muito bem de bilheteria no primeiro fim de semana, mas ficou em segundo lugar. Sabe o motivo? O primeiro lugar era Titanic (1997).

SPECIAL WEAPONS AND TACTICS (SWAT)

Em 1967, depois de vários incidentes com atiradores contra civis e policiais, a primeira unidade da SWAT foi criada dentro da polícia de Los Angeles. É uma unidade de elite, treinada para atuar em situações de alto risco. Além de táticas especiais e técnicas militares, dispõem de equipamentos, como armas de fogo, granadas, óculos de visão noturna e veículos blindados.

Incapaz de suprir todas as demandas, o Departamento de Polícia conta com a ajuda de times da SWAT, que atuam no resgate seguro de reféns e na prisão de suspeitos violentos ou criminosos de alta periculosidade, além de terroristas. A unidade de Los Angeles é uma das mais conhecidas, mas existem repartições em diversas grandes cidades dos Estados Unidos.

A série mais conhecida sobre o grupamento leva o nome da instituição, *S.W.A.T.* (2017-atual). Inspirada em uma série dos anos 1970, narra a história de um sargento que é escalado para liderar uma nova unidade em Los Angeles.

DRUG ENFORCEMENT ADMINISTRATION (DEA)

Criado em 1973, é um órgão de polícia federal do Departamento de Justiça encarregado exclusivamente da repressão e do controle de narcóticos, atuando em crimes relacionados a drogas, muitas vezes em colaboração com o FBI.

Um dos maiores casos em que o DEA atuou foi o do chefe do cartel colombiano Pablo Escobar, um dos criminosos mais ricos da história, que foi morto em 1993. Ele foi o maior fabricante e distribuidor de cocaína do mundo, chegando a ser responsável por 80% do comércio mundial da droga.

A série *Narcos* (2015-2017) narra a história de dois policiais da agência antidrogas americana, interpretados por Boyd Holbrook e Pedro Pascal, e como foi a caçada a Escobar, interpretado por Wagner Moura. Os verdadeiros agentes que inspiraram os personagens Steve Murphy e Javier Peña foram consultores da série da Netflix.

Já no campo da ficção, se você assistiu a *Breaking Bad* (2008-2013), vai lembrar de Hank Schrader (Dean Norris), agente do DEA e... cunhado de Walter White (Bryan Cranston), que, por acaso, está fabricando metanfetamina. Hank passa grande parte da série investigando os crimes sem nem fazer ideia de que o culpado frequenta os churrascos em sua casa.

> No documentário do Amazon Prime Video *O Último Narc* (2020), vemos uma história chocante. A morte de um agente do DEA, Kiki Camarena, leva à descoberta de que várias pessoas do governo estavam envolvidas com o narcotráfico, inclusive agentes da CIA. O investigador do DEA Héctor Berrellez corre risco de vida ao contar tudo nessa minissérie de quatro episódios. Vale a maratona.

🎧 Modus Operandi Podcast – Episódio #112
O cartel de Guadalajara e Kiki Camarena

INTERPOL (ICPO)

Como o nome já indica, trata-se da polícia internacional, que tem por objetivo ajudar as polícias de cada país a se comunicarem e colaborarem entre si, além de prevenir e suprimir crimes internacionais. A abreviatura vem do nome em francês, *Organisation Internationale de Police Criminelle*, e a sua sede fica em Lyon, na França.

Tudo começou em 1914 com a ideia de que a polícia poderia trabalhar internacionalmente para um mundo mais seguro. Aos poucos, vários países foram entrando, e hoje a Interpol possui 194 países membros. Em cada país existe um *National Central Bureau* (NCB), um escritório nacional. O nosso fica em Brasília.

Sabemos que é muito possível que alguém que esteja fugindo da polícia tente escapar para outro país, e por isso foi criado o *Red Notice* (alerta vermelho), um tipo de comunicado que a Interpol envia para os países alertando sobre fugitivos internacionais. Esse documento é um pedido de prisão preventiva, caso o foragido seja encontrado. Além desse, existe todo um sistema de cores, cada cor significando um tipo de aviso. O amarelo é para pessoas desaparecidas, o preto, para cadáveres não identificados, o laranja, para ameaças iminentes à segurança pública, e o mais curioso: o roxo, que é sobre *modus operandi*! O *Purple Notice* dá ou busca informações sobre o *modus operandi*, objetos, dispositivos e métodos usados por criminosos. Vamos explicar melhor o que é *modus operandi* no capítulo 4.

Depois dos atentados de 11 de setembro de 2001, a Interpol se dedicou ainda mais a combater o terrorismo, mas a organização também atua em crimes contra crianças, tráfico de pessoas e, hoje em dia, crimes cibernéticos, além de corrupção, crimes ambientais, entre outros. Foi criada uma sede em Singapura — *Interpol Innovation Centre* — com o objetivo de pesquisar, desenvolver e implementar novas ferramentas e abordagens para combater o crime internacional.

O conhecido caso do desaparecimento de Madeleine McCann foi investigado pela Interpol em diversos países e foi lançado um *Yellow Notice*, alertando que a menina de quase 4 anos havia sumido em Portugal em 2007. Falaremos mais desse caso no capítulo 9.

No filme de ficção *Truque de Mestre* (2013), um agente do FBI (Mark Ruffalo) se une a uma agente da Interpol (Mélanie Laurent) para encontrar um grupo de ilusionistas (Jesse Eisenberg, Woody Harrelson, Isla Fisher e Dave Franco) que roubou um grande banco em Paris — mesmo estando em Las Vegas!

2. TIPOS DE CRIMES

NÃO SÓ DE HOMICÍDIOS são feitas as histórias de *true crime*. Às vezes elas vêm acompanhadas de outros crimes, como ocultação de cadáver, estupros e roubos.

Em casos muito específicos, pode nem haver homicídio, como é o caso da história de Anatoly Moskvin, conhecido como Senhor das Múmias. Em 2011, a polícia da cidade russa de Nizhny Novgorod desconfiou de um historiador e o prendeu quando tentava vandalizar um túmulo. Quando fizeram buscas no apartamento dele, descobriram algo muito mais perturbador. Anatoly roubava cadáveres do cemitério e com eles criava as próprias bonecas. A polícia recuperou ao todo 26 corpos de meninas de 3 a 12 anos na casa de Anatoly. Ele mumificava os corpos e os enchia com tecidos e outros itens. Ele recebeu 44 acusações, como violação de cadáver, mutilação e profanação de túmulos.

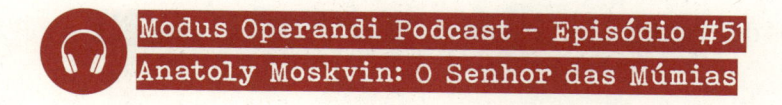

> Modus Operandi Podcast – Episódio #51
> Anatoly Moskvin: O Senhor das Múmias

Neste capítulo, você vai encontrar os tipos de crimes mais comuns nas histórias de crimes reais, com um breve panorama e exemplos com casos famosos ou inusitados.

HOMICÍDIO

Assassinato é como se chama o ato ilegal de tirar uma vida humana. Já homicídio é um termo jurídico e dentro dele existem várias categorias.

Por exemplo, é considerado homicídio culposo quando quem comete o ato o faz por imprudência, negligência ou imperícia, o famoso "foi sem querer". Em inglês diz-se *manslaughter*. O homicídio doloso, por sua vez, é aquele no qual a pessoa teve intenção de matar. Em inglês é o que chamam de *murder*. Se esse homicídio é cometido por motivo considerado fútil, com uso de tortura, emboscada, por dinheiro, para ocultar outro crime, ele pode ser considerado um homicídio qualificado, o que aumenta a pena. Falaremos mais a respeito das penas no capítulo 7, sobre o sistema judicial.

Um caso de homicídio que ficou muito famoso no Brasil foi o da família Richthofen. Manfred e Marísia von Richthofen foram assassinados na madrugada do dia 31 de outubro de 2002 pelos irmãos Daniel e Cristian Cravinhos. O casal estava dormindo quando foi atacado e morto com golpes de barra de ferro e asfixiado com uma toalha molhada e sacos de lixo. Após investigação, a polícia descobriu que os pais não aprovavam o relacionamento da filha, Suzane, com Daniel Cravinhos, e que os irmãos haviam cometido os assassinatos a mando da própria Suzane, que tinha participado da autoria e do planejamento do crime. Os três foram considerados culpados do duplo homicídio triplamente qualificado.

* duplo porque duas pessoas morreram no mesmo ato
* qualificado por três motivos:
  a. motivo torpe (desaprovação do relacionamento e interesse na herança)
  b. meio cruel (golpes com barra de ferro e asfixia com toalhas e sacos plásticos)
  c. impossibilidade de defesa das vítimas (que estavam dormindo)

FEMINICÍDIO

O homicídio contra uma mulher, cometido por sua condição do sexo feminino, envolvendo violência doméstica ou menosprezo à condição de mulher, é considerado um feminicídio. Uma mulher que morre em um assalto não seria considerado feminicídio, por exemplo.

A Lei do Feminicídio (Lei nº 13.104/15) alterou o Código Penal brasileiro, incluindo o feminicídio como qualificadora do crime de homicídio. Algumas pessoas não entendem o motivo de essa distinção entre homicídio e feminicídio ser necessária, mas infelizmente a violência contra mulheres no Brasil tem números assustadores e é preciso que haja atenção específica para esses casos.

Segundo o Fórum Brasileiro de Segurança Pública, mais de 1.300 mulheres são mortas por feminicídio anualmente no Brasil. De acordo com o Atlas da Violência divulgado em 2020, em 2018 a cada duas horas uma mulher foi assassinada no país, totalizando 4.519 vítimas — dessas, 68% eram mulheres negras. Um estudo feito nos Estados Unidos sobre 307 vítimas de feminicídio constatou que 70% delas já haviam sofrido algum tipo de violência física do parceiro antes do assassinato. O feminicídio é o resultado extremo da violência a que essas mulheres são submetidas diariamente pelos parceiros, muitas vezes dentro de casa.

O primeiro caso que aconteceu no estado do Pará após a lei do feminicídio entrar em vigor foi em abril de 2015, com a universitária Ingred de Kássia Israel, de 28 anos. Ingred levou 31 facadas do namorado, Antônio Eduardo Souza Nascimento, dentro da própria casa. De início, ao confessar o crime, Antônio alegou legítima defesa. Mais tarde, seu advogado disse que Antônio teve um surto psicótico devido a uma briga do casal e não se lembrava de nada. Dois anos depois do crime, em 2017, Antônio foi julgado e condenado a quarenta anos e quatro meses de reclusão por homicídio triplamente qualificado (motivo torpe, feminicídio e dificuldade de defesa da vítima).

INDUZIMENTO, INSTIGAÇÃO OU AUXÍLIO A SUICÍDIO

O ato de induzir, instigar ou ajudar uma pessoa a cometer suicídio.

Era 2012 quando Michelle Carter, 15 anos, conheceu Conrad Roy, um ano mais velho, num clube que a família frequentava na Flórida. Ele morava em outra cidade, mas os dois começaram a namorar mesmo assim. Era um namoro praticamente virtual, porque eles só se viram cinco vezes em dois anos, e trocavam mensagens de texto o tempo todo.

Conrad passou a adolescência toda lutando contra depressão e ansiedade, e Michelle também tomava remédios para depressão. Em 2012, os pais de Conrad se divorciaram e ele tentou tirar a própria vida, e por causa disso foi internado em um centro psiquiátrico. Ele dizia para Michelle que ouvia vozes mandando ele se afogar ou ter uma overdose e dividia tudo com ela, sempre dizendo que queria tirar a própria vida.

Em 2014, os dois — ela aos 17, ele aos 18 — continuavam conversando por mensagem, e um dia ela o encorajou a tirar a própria vida, e ainda deu instruções de como ele poderia fazê-lo. No dia 13 de julho, Conrad Roy foi encontrado morto dentro do seu carro em Massachusetts, nos Estados Unidos. Ao investigar o caso, a polícia teve acesso às mensagens de Michelle, e ela foi considerada culpada por homicídio involuntário. Em 2017, recebeu a sentença de dois anos e meio de prisão. Em janeiro de 2020, foi solta por bom comportamento, tendo cumprido onze meses no total.

🎧 Modus Operandi Podcast – Episódio #29
Conrad Roy e Michelle Carter:
Uma trágica história de amor

CRIME DE INCÊNDIO

Um crime de incêndio é quando uma pessoa causa um incêndio colocando em risco a vida, a integridade física de outras pessoas ou o patrimônio.

No ano de 2010, um rapaz de 18 anos ateou fogo em uma mata nas imediações da rodovia TO-080, na cidade de Araguacema, Tocantins. A investigação concluiu que ele havia dado início ao fogo para "limpar" a área e as chamas saíram do controle. O resultado foi um incêndio gigantesco que demorou muito tempo para ser dominado. O fogo acabou destruindo vários hectares de mata nativa e causando outros prejuízos materiais. O homem, que estava foragido, foi condenado em 2016, mas capturado apenas quatro anos depois.

CRIME DE EXPLOSÃO

Expor a perigo a vida, a integridade física ou o patrimônio de outrem, mediante explosão, arremesso ou simples colocação de engenho de dinamite ou de substância de efeitos análogos.

No capítulo sobre perfis criminais, contamos o caso do bombardeador americano Ted Kaczynski, que ficou conhecido como o Unabomber.

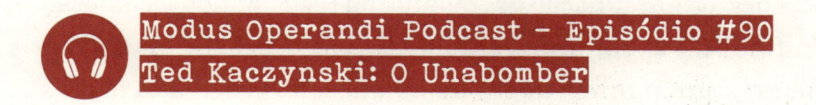

🎧 Modus Operandi Podcast – Episódio #90
Ted Kaczynski: O Unabomber

SEQUESTRO E CÁRCERE PRIVADO

Privar alguém de sua liberdade, seja cometendo sequestro (rapto) ou cárcere privado, isto é, trancando a pessoa em um local de que ela não consiga sair.

Em 2021, um homem de 31 anos foi condenado pela Justiça do Paraná a 48 anos de reclusão em regime fechado por tortura e cárcere privado da companheira e dos três enteados — com idades de 7, 5 e 1 ano.

A mãe era mantida separada dos filhos e ficava trancada em casa e sob ameaças constantes. As duas crianças mais velhas sofriam agressões e eram obrigadas a tomar banho com água gelada. O mais novo acabou falecendo em decorrência das torturas, já que o homem dava banho nele com água extremamente quente — o que causou queimaduras — e o mantinha sozinho, sem roupas, em um quarto por horas, negando-lhe os cuidados necessários.

Um dos casos mais famosos a envolver sequestro e cárcere privado é o da austríaca Natascha Kampusch, que foi sequestrada aos 10 anos e mantida mais de oito anos em cativeiro.

🎧 Modus Operandi Podcast – Episódio #95
Natascha Kampusch: Sequestrada por anos

REDUÇÃO À CONDIÇÃO ANÁLOGA À DE ESCRAVO

Submeter alguém a trabalho forçado ou jornada exaustiva, seja colocando a pessoa em situação degradante ou restringindo locomoção.

No final de 2020, uma notícia chocou o Brasil. Madalena Gordiano, uma mulher negra de 46 anos, foi resgatada depois de 38 anos vivendo trancada na casa da família para quem era obrigada a prestar serviços. Trancada pelos patrões desde os 8 anos, sem salário e sem direitos, Madalena foi vítima de uma exploração racista.

Ainda criança, a menina negra bateu na porta da casa de uma família para pedir comida. Maria das Graças Milagres Rigueira, conhecida como Dona Gracinha, atendeu e disse que daria comida e que poderia adotar a garotinha. A mãe de Madalena aceitou que a família adotasse a filha, mas isso nunca aconteceu.

Madalena passou a "trabalhar" na casa e assumiu as tarefas domésticas sem nunca ter férias, folga ou sequer salário. Ela dormia em um quarto pequeno, sem ventilação e sem janelas.

Como se não bastasse, aos 27 anos, Madalena foi obrigada a se casar com um familiar de 78 anos dos Rigueira, que acabou morrendo dois anos depois de oficiada a união. Madalena passou a receber uma pensão de R$ 8.000,00, mas ela nunca viu a cor desse dinheiro. Mais tarde, Madalena ainda foi "cedida" a outro filho da família, Dalton Milagres Rigueira, professor de veterinária, como se fosse um produto.

Ela foi resgatada em 27 de novembro de 2020 com a ajuda de um vizinho do prédio, que estranhou seus bilhetes pedindo dinheiro para comprar produtos de higiene pessoal. Agora livre, Madalena teve os direitos trabalhistas garantidos pela Justiça, além do acesso à pensão do marido falecido.

Ela também moveu um processo administrativo e criminal contra vários membros da família responsáveis pela exploração, mas o caso ainda está aberto.

Segundo o Índice Global de Escravidão 2018, 40,3 milhões de pessoas em todo o mundo foram submetidas a atividades análogas à escravidão em 2016. Só no Brasil, esse número chega a quase 370 mil pessoas.

Apesar de ser um número bastante alto, outros países, como Índia, China, Coreia do Norte, Nigéria, Irã, Indonésia e República do Congo, possuem mais de um milhão de pessoas nessas condições.

TRÁFICO DE PESSOAS

O ato de agenciar, recrutar, comprar, alojar pessoa mediante ameaça, violência, coação, fraude ou abuso, para remover órgãos ou partes do corpo, submeter a trabalho em condições análogas à escravidão ou servidão, adoção ilegal ou exploração sexual.

Segundo relatório da ONU de 2020, de cada dez vítimas, cinco são mulheres adultas e duas são meninas. O estudo indica que 50% dos casos de tráfico de pessoas acontecem por exploração sexual, e as vítimas em sua maioria também são mulheres e meninas. Em segundo lugar, 38% das pessoas traficadas são vítimas de trabalho forçado.

Cerca de 36% dos processados por esse crime eram mulheres, ou seja, mulheres traficando mulheres. No mundo inteiro, o tráfico de pessoas é o terceiro negócio ilícito mais rentável, depois do tráfico de drogas e armas.

Em setembro de 2020, a revista *Marie Claire* publicou a história de Kelly Borges Almeida. Aos 22 anos, à época trabalhando em um supermercado, Kelly foi convidada por uma mulher para trabalhar em um restaurante na França. A mulher disse que o primo, que era dono do restaurante, cuidaria dos documentos e já adiantaria algum dinheiro para a família dela. ==Kelly foi seduzida pela promessa de que ganharia muito dinheiro== e poderia dar uma vida melhor aos três filhos. Acreditando que era uma grande oportunidade, ela decidiu arriscar.

Ao chegar na França, Kelly foi instalada no porão de uma mansão, com cerca de vinte outras mulheres, de todos os lugares do mundo. Foi mandada para o quartinho de uma boate com outras mulheres e lhe informaram que deveria ter relações sexuais com pelo menos oito clientes por noite. Essa seria a forma pela qual ela pagaria tudo que devia: passagem, documentação e o dinheiro adiantado. Se uma delas contasse algo a qualquer cliente, suas famílias seriam mortas. Dessa maneira, Kelly se viu presa em um país estrangeiro, em situação de prostituição contra sua vontade.

Depois de dois meses, Kelly conquistou o afeto de um cliente importante, que, cinco meses mais tarde, a convidou para jantar na casa dele. Ela foi liberada para o "passeio" desde que fosse acompanhada de dois seguranças, que ficariam vigiando na porta. A jovem conseguiu embebedar o cliente, que dormiu após a relação sexual, e escapou pela porta dos fundos. Após alguns percalços, Kelly conseguiu fugir para Lisboa.

Um tempo depois conseguiu emprego, abrigo, conheceu uma pessoa especial e construiu uma família.

ESTUPRO

Constranger alguém, mediante violência ou grave ameaça, a ter conjunção carnal ou a praticar ou permitir que com ele se pratique outro ato libidinoso.

São palavras um pouco difíceis do Código Penal, mas basicamente significam obrigar alguém a fazer qualquer ato sexual não desejado.

Crimes de abuso sexual em geral têm mais a ver com poder do que com sexo. Por isso tantas pessoas idosas e crianças são estupradas, por serem mais vulneráveis. Existem, é claro, diferentes tipos de estupradores: há aqueles que acham que não estão forçando nada — como quando mulheres são coagidas a ter uma relação sexual em um encontro —; existem os sádicos, que querem ver a outra pessoa sofrer; os que praticam o estupro como vingança contra a pessoa atacada ou contra um terceiro.

Em 2015, um caso de estupros em série ficou conhecido nos Estados Unidos e foi reportado no artigo "An Unbelievable Story of Rape", publicado no site *The Marshall Project*. A matéria recebeu um prêmio Pulitzer e depois foi transformada em série da Netflix com o título em português de *Inacreditável* (2019).

Uma jovem de 18 anos, que na reportagem é chamada de Marie, acordou em agosto de 2008 com um homem em sua casa, na cidade de Lynnwood, estado de Washington. Ele a amarrou e a estuprou. Mais tarde, interrogada diversas vezes sobre a história pela polícia, devido ao trauma, às vezes se esquecia de um detalhe ou outro. Mas um comentário de sua mãe adotiva ficou na cabeça dos interrogadores: ela poderia estar inventando tudo para chamar a atenção. Os detetives pressionaram a jovem a admitir, e ela acabou assinando uma confissão em que dizia que havia de fato inventado tudo. No entanto, ela só assinou o termo para ter paz, já que não aguentava mais falar sobre a violência que tinha sofrido e ser desacreditada.

O estuprador continuou atuando e só foi preso em fevereiro de 2011 graças a duas mulheres, as detetives Stacy Galbraith e Edna Hendershot, que correlacionaram as histórias. O estuprador era Marc O'Leary, um veterano do Exército de 32 anos. Ele foi considerado culpado e condenado a 327 anos e meio de prisão, pena máxima permitida no Colorado, e mais 68 anos e meio em Washington.

DESTRUIÇÃO, SUBTRAÇÃO OU OCULTAÇÃO DE CADÁVER

O ato de destruir, subtrair ou esconder um corpo ou parte dele.

Um crime em que houve ocultação de cadáver e ficou bastante conhecido no Brasil foi o caso Eliza Samudio. Eliza era modelo e conheceu o famoso goleiro — e à época capitão do Flamengo — Bruno Fernandes. Ela ficou grávida, e assim que ele soube disso pediu que ela abortasse, mas ela se recusou. Em 13 de outubro de 2009, Eliza prestou uma queixa de que havia sido mantida em cárcere privado por Bruno e dois amigos dele, Macarrão (Luiz Henrique Romão) e Russo (Anderson Rocha da Silva). Ela disse também que, enquanto esteve presa, foi espancada, teve uma arma apontada para seu rosto pelo próprio Bruno e foi obrigada a tomar substâncias abortivas.

O filho deles nasceu em fevereiro de 2010, e Eliza passou a viver de favor na casa de amigos. Ela exigiu que ele assumisse a paternidade da criança e pagasse pensão, mas Bruno não aceitou porque, segundo ele, Eliza tinha um passado de prostituição e ele não sabia com quem ela poderia ter se envolvido.

Em 4 de junho de 2010, Eliza teria sido convidada para um encontro com Bruno supostamente no Rio, mas acabou sendo levada para o sítio do goleiro em Esmeraldas, no interior de Minas Gerais, e depois disso desapareceu.

A polícia investigou o caso e conseguiu a confissão de um primo de Bruno, de 17 anos. O rapaz contou que deu uma coronhada na cabeça de Eliza, antes de ela ser levada para Minas Gerais. Ainda de acordo com o primo, no sítio, a mando de Bruno, ela foi morta e esquartejada por Macarrão e Bola, amigos do goleiro. Seus restos mortais foram dados para cachorros rottweilers e o seu corpo nunca foi encontrado.

Bruno e os outros homens que tiveram participação no crime foram julgados e condenados. Bruno foi tido como mandante e sentenciado a dezessete anos e seis meses em regime fechado por homicídio triplamente qualificado (motivo torpe, asfixia e uso de recurso que dificultou a defesa da vítima), três anos e três meses em regime aberto por sequestro e cárcere privado e um ano e seis meses por ocultação de cadáver. Ele passou oito anos e dez meses preso pelo assassinato e desde 2019 cumpre pena no regime semiaberto.

> "A supressão de um corpo humano é a derradeira violência que se faz com a matéria, num ato de desprezo e vilipêndio."
> Juíza Marixa Fabiane Rodrigues,
> durante o julgamento do goleiro Bruno

LEGÍTIMA DEFESA

Existem casos em que, mesmo a pessoa tendo cometido um crime, pode não ser punida, por ter atuado em legítima defesa, ou seja, ter usado moderadamente dos meios necessários para repelir injusta agressão, atual ou iminente, direcionada a si mesma ou a outro. Resumindo: se você comete um crime contra alguém para se defender ou defender outra pessoa, o crime pode se enquadrar como legítima defesa. Mas no Código Penal existem algumas regras para esses casos.

A primeira é o "uso moderado dos meios necessários", ou seja, teoricamente a defesa deve ser proporcional à gravidade da ação. Claro que, ao se defender, em um momento de muita adrenalina, ninguém vai ficar pensando se está agindo moderadamente, né? O negócio é que a vítima pode se defender ==até que acabe a ameaça==. Se algo for feito depois disso, talvez não seja mais considerado legítima defesa. Outro ponto é a "injusta agressão, atual ou iminente". Alguém realmente precisa estar te atacando, colocando você, uma outra pessoa ou até uma propriedade em risco. O último ponto é "direito seu ou de outrem", que significa que você pode alegar legítima defesa em casos de agressão a um bem jurídico seu ou de outra pessoa.

Até aí, tudo bem. Mas você deve ter notado que são linhas bem tênues que temos que observar. Até que ponto posso me defender? Pois é, depende.

Em casos de estupro, por exemplo, pode dar uma grande confusão se a vítima acaba matando o estuprador. Em um julgamento, a acusação pode alegar que matar o ofensor teria sido um excesso, que o ato não era necessário para se defender. Mas muitas doutrinas defendem que matar um estuprador em situação de violência sexual atual ou iminente se enquadra em legítima defesa. O que realmente não se encaixa como legítima defesa é algum tipo de vingança posterior, como matar dias depois de a violência acontecer. Se uma pessoa está sendo violentada, pega uma faca ao seu lado e fere o estuprador, isso pode ser considerado legítima defesa. Mas se a pessoa é violentada e, dias depois, resolve se vingar amarrando e ateando fogo no estuprador, aos olhos da lei é bem diferente.

EXECUÇÃO DA PENA DE MORTE

Em alguns lugares do mundo, ainda há pena de morte. De acordo com a Anistia Internacional, 56 países ainda mantêm leis de pena de morte e realizam execuções (ou as autoridades não fizeram uma declaração oficial de não execução). Dito isso, é válido lembrar que o agente que comete a execução não é considerado um criminoso.

Jerry Givens foi um executor americano responsável por mais de sessenta execuções, durante seus dezessete anos de trabalho (1982-1999). Mas olha que reviravolta: depois de seus anos de serviço, ele passou a ser ativista contra a pena de morte, ajudando a visibilizar os traumas psicológicos que a profissão traz.

No Brasil, já faz 145 anos desde que a última pessoa foi executada por pena de morte. Francisco era uma pessoa escravizada e havia matado um dos homens mais respeitados da cidade alagoana de Pilar e sua esposa. Por isso, ele foi condenado à forca.

Francisco recorreu a Dom Pedro II, que era imperador, mas ele negou seu pedido de clemência.

Atualmente, a legislação brasileira prevê pena de morte apenas em caso de guerra declarada.

OUTROS TIPOS DE CRIME

O tipo mais comum em filmes e séries de *true crime* é o homicídio sexual. Nesse tipo, algum elemento ou atividade sexual é o início de uma sequência de atos antes da morte. Pode haver realmente estupro (ou algum tipo de contato sexual) ou qualquer violência que tenha conotação sexual para o ofensor.

Você já deve ter ouvido falar em duplo homicídio, triplo homicídio e talvez não saiba exatamente o que significa... Quando apenas uma pessoa é assassinada, é um caso de homicídio simples, se são duas pessoas mortas no mesmo evento, é duplo, três, triplo. Quando há quatro ou mais vítimas no mesmo acontecimento já é considerado um assassinato em massa.

ASSASSINO EM SÉRIE (SERIAL KILLER)

Assassinos seriais, ou *serial killers*, são ofensores que matam mais de duas vezes, em eventos diferentes, com algum intervalo entre os crimes. Em geral, têm motivações sexuais, querem satisfazer algum tipo de fantasia.

Existem definições diferentes para assassinatos em série. Alguns autores consideram que é necessário haver mais de três mortes, outros, só duas. Alguns estudiosos ainda acham que o crime deve ter motivação sexual, mas há os que não pensam assim... Aqui no livro, o capítulo 4 é dedicado a *serial killers* — é óbvio que vamos contar alguns casos! —, e nós optamos por adotar a classificação do FBI:

* duas ou mais vítimas
* tempo e espaço diferentes
* intervalo entre os crimes
* um ou mais assassinos

ASSASSINO EM MASSA (MASS MURDERER)

É um tipo de homicídio que envolve a morte de quatro ou mais vítimas durante um evento único em um mesmo local em um curto período. Se difere do *serial killer* porque o assassino em massa age em um local, uma vez só.

* quatro vítimas ou mais
* um único local
* um único evento
* não há intervalo entre os crimes

Assassinos em massa não costumam ter motivações sexuais, e geralmente são pessoas que têm nível alto de desorganização mental. De acordo com o autor Harold Schechter, costumam ser homens cuja vida está fora de ordem, e eles se sentem sem controle em função de uma traição, de uma demissão ou algum outro acontecimento que considerem humilhante. Essas pessoas são como uma bomba-relógio, e a qualquer momento podem sofrer de um surto de violência.

Na maioria dos casos, o assassino em massa usa armas de fogo, para matar o máximo de pessoas em menos tempo. Em geral, não tem objetivo de sair vivo do ataque: a ideia é cometer um grande ato antes de morrer e levar o máximo de pessoas consigo. Costuma ter planos de cometer suicídio, ou deixar que a polícia o mate, fato também conhecido como "suicídio pela polícia".

Um tipo de assassinato em massa comum é o tiroteio escolar. Um caso americano que lançou luz ao problema e o tornou conhecido mundialmente foi o tiroteio que aconteceu na escola de Columbine, em 20 de abril de 1999. Os adolescentes Eric Harris e Dylan Klebold mataram doze estudantes, eles mesmos e um professor, e deixaram mais 23 pessoas feridas.

> Modus Operandi Podcast – Episódio #23
> O Massacre de Columbine: Tiros dentro da escola

Em inglês americano, a expressão "*going postal*", que em tradução livre seria algo como "indo ao correio", significa ficar louco, enraivecido, perder o controle a ponto de cometer um homicídio, e em geral é usada em casos de estresse no ambiente de trabalho. Curioso, né? A origem da expressão é bem inusitada também. Em 1986, em Edmond, no estado de Oklahoma, um funcionário de uma agência dos correios matou quatorze colegas e feriu outros seis antes de cometer suicídio. Esse foi o primeiro de quinze casos de tiroteio em massa envolvendo funcionários dos correios entre 1986 e 1999. Por isso, os jornais começaram a usar a expressão "going postal". Claro que o serviço de correios dos Estados

> Unidos tentou impedir o uso da expressão, mas sem sucesso: na década de 1990 ela já havia caído na boca do povo.

ANIQUILAÇÃO FAMILIAR (OU FAMILICÍDIO)

A aniquilação familiar — o homicídio de mais de dois familiares por um membro da família, que em geral tira a própria vida depois — é um tipo de assassinato em massa.

No Reino Unido foi realizada uma pesquisa que analisou quem foram os aniquiladores familiares do país entre os anos de 1980 até 2012. Descobriu-se que o que conectava a maioria dos casos era a ameaça à masculinidade e à necessidade de poder e de controle. Por exemplo, um pai que sofre um grande fracasso financeiro.

Esse provavelmente foi o caso da família Dupont de Ligonnès — história contada no terceiro episódio da primeira temporada da série da Netflix *Mistérios sem Solução*. Quase toda a família, com exceção do marido, Xavier Dupont, foi encontrada morta: os quatro filhos do casal, a esposa Agnès e os dois cachorros. A polícia rastreou os passos de Xavier, mas ele nunca foi encontrado, e permanece como principal suspeito até hoje.

> 🎧 Falamos desse caso no episódio #2 da nossa minissérie no YouTube da Netflix, a *Além do Crime*

ASSASSINO RELÂMPAGO (*SPREE KILLER*)

Homicídio cometido em um único evento estendido em , com mais de duas vítimas. O autor desse tipo de crime psicologicamente se parece muito com o assassino em massa: costuma ser um indivíduo prestes a explodir, que sente ódio da sociedade, mas que em geral desconta em pessoas específicas, como um chefe que o demitiu.

O assassino em massa vai até um local determinado e ali mata várias vítimas. Já o assassino relâmpago sai fazendo uma trilha de mortes por onde passa. Ele pode até querer realizar um *grand finale* em algum local específico, mas já sai matando aleatoriamente pelo caminho até chegar lá. Schechter o define como um assassino em massa itinerante.

* mais de uma vítima
* dois ou mais locais
* um único evento
* não há intervalo entre os crimes

A Caminhada da Morte foi como ficou conhecida a rápida jornada de assassinatos cometidos por Howard Unruh no dia 6 de setembro de 1949. O veterano do Exército de 28 anos caminhou por treze minutos pela Rua Camden, em Nova Jersey, e no trajeto matou treze pessoas com tiros, sendo três delas crianças.

Três meses antes de cometer os crimes, Howard estava desempregado, vivendo com a mãe, e tinha se tornado bastante recluso. Depois de alguns problemas com os vizinhos, ele ficou paranoico e achava que todos viviam falando mal dele. Howard inclusive mantinha um diário em que anotava o que pensava que estavam falando a seu respeito.

Certo dia, Howard ficou arrasado por perder um encontro depois de ter ficado preso no trânsito. Para piorar, quando chegou em casa, às três da manhã, percebeu que o portão que ele tinha acabado de construir havia sido quebrado. Isso foi a gota d'água. Às sete da manhã, ao acordar, ele vestiu um terno e tomou café com a mãe. Às 9h20, saiu de casa e começou a atirar pela rua. Dezesseis pessoas foram atingidas, treze morreram e três ficaram feridas. Quando ouviu as sirenes, voltou para casa, mas a polícia o convenceu a se entregar.

Ele foi considerado insano pela justiça e passou o resto de seus dias no Hospital Psiquiátrico Trenton.

Em 2005, o FBI realizou o Serial Murder Symposium, um evento de cinco dias com 135 especialistas em assassinatos em série. Nessa ocasião, o termo *spree killer* gerou muita discussão e ficou decidido que não seria mais utilizado, já que a única diferença entre um *spree killer* e o *serial killer* seria o intervalo entre os crimes. Isso acabou sendo desconsiderado, uma vez que os especialistas compreenderam que essa diferenciação não trazia qualquer benefício prático para a polícia.

Um caso que gerou muito debate nesse sentido foi o do norte-americano Andrew Cunanan. Num período de menos de três meses, Andrew assassinou cinco homens, incluindo o estilista Gianni Versace. Seu caso se encaixaria tanto como assassinato relâmpago quanto em série.

Com algumas de suas vítimas, Andrew usou muita brutalidade, em outros ele usou arma de fogo, como no caso de Versace. Mas o que realmente causou confusão é que houve um intervalo entre os crimes. Foi curto? Sim. Mas não o suficiente para o crime ser considerado como ocorrido em um único espaço e tempo.

O FBI acabou definindo Andrew como *serial killer*, porque houve um intervalo entre os homicídios.

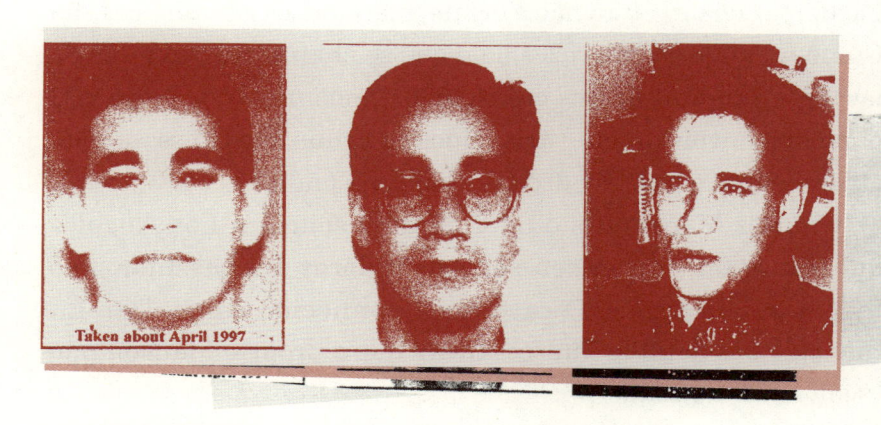

> 🎧 Modus Operandi Podcast – Episódio #02
> Andrew Cunanan: O assassino de Gianni Versace

CULTOS

Definidos como grupos de pessoas reunidas em torno de alguma causa ideológica — como religião, política ou autoaperfeiçoamento —, sob o controle de um adorado líder carismático, em geral os cultos possuem uma estrutura autoritária. Os seguidores devem cumprir determinadas regras (de vestimentas, por exemplo), muitas vezes têm expressões e linguagem próprias, abdicam da própria vida pelo grupo e costumam acreditar que são os únicos que enxergam a verdade.

Essa renúncia do mundo pode ser caracterizada como um isolamento, já que os participantes de cultos se afastam das pessoas que estão fora deles. Inclusive, esse afastamento costuma ser uma regra do culto, para que os membros não tenham contato com opiniões conflitantes.

Cultos têm uma forma específica de recrutar novos membros, sendo que as pessoas mais vulneráveis costumam ser o alvo. Participar de um culto não é crime, mas abusos ritualísticos são. Como na maioria das vezes há o que se chama vulgarmente de lavagem cerebral nesses cultos, não é incomum que os participantes se envolvam em vários tipos de crime, como assassinato, abuso sexual e infantil, drogas, roubo, incêndio.

Charles Manson foi o líder de uma seita em Los Angeles que, em 1969, convenceu seus seguidores a assassinar pelo menos sete pessoas. O caso ficou conhecido como Tate-LaBianca e um detalhe interessante é que o próprio Manson não tocou em ninguém!

O diretor de cinema Quentin Tarantino contou sua versão dessa história no filme *Era Uma Vez Em... Hollywood* (2019), com Brad Pitt, Leonardo DiCaprio e Margot Robbie — que interpretou uma das vítimas da família Manson, a atriz Sharon Tate — no elenco.

🎧 **Modus Operandi Podcast – Episódio #03**
Charles Manson: Seita assassina e crimes brutais

Em junho de 2019, Keith Raniere, líder do grupo NXIVM, foi condenado e em 2020 sua sentença foi de 120 anos de prisão por exploração sexual infantil e posse de pornografia infantil, tráfico sexual, conspiração para trabalho forçado, extorsão, entre outros crimes. A seita transformava mulheres em "escravas sexuais", e o líder abusava delas. Entre seus seguidores, destacava-se Allison Mack, a atriz que ficou conhecida por seu papel na série *Smallville* (2001-2011). A própria Allison tinha suas "escravas sexuais", como se fosse um esquema de pirâmide. A atriz e outros participantes do grupo também foram acusados de crimes.

O caso gerou duas séries: *The Vow*, na HBO, que conta todo o processo da NXIVM, e *Seduced*, do Starzplay, que narra a história do ponto de vista de India Oxenberg e traz o lado das vítimas.

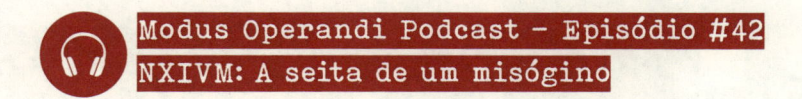

🎧 `Modus Operandi Podcast – Episódio #42`
`NXIVM: A seita de um misógino`

3. TRANSTORNOS MENTAIS

O RENOMADO DIRETOR DE CINEMA Alfred Hitchcock marcou a história dos suspenses com o filme *Psicose* (1960), em que Marion Crane (interpretada por Janet Leigh) é uma secretária que, depois de roubar o chefe, foge com o dinheiro e passa a noite em um hotel de estrada bem macabro. Anthony Perkins interpreta Norman Bates, gerente do hotel, um homem que adora taxidermia — empalhar animais — e é constantemente reprimido pela mãe autoritária. A cena em que Marion decide tomar um banho e é esfaqueada no chuveiro marcou a história do cinema para sempre.

O filme na época dividiu a crítica, mas foi um incrível sucesso de bilheteria, ou seja, realmente causou um grande impacto. Cinquenta anos depois, inspirou uma série de TV, *Bates Motel* (2013-2017), com Freddie Highmore e Vera Farmiga nos papéis principais. A trama se passa antes dos acontecimentos do filme e tem cinco temporadas.

O filme em inglês se chama *Psycho*, forma reduzida de *psychopath*, psicopata, e é baseado no livro homônimo de Robert Bloch. O título acabou traduzido como *Psicose*, mas psicose e psicopatia são termos com acepções bem diferentes. Será que Norman Bates poderia ser considerado psicótico?

American Psycho (2000) é um filme que usa o mesmo *psycho* no título, só que nesse caso foi traduzido no Brasil como *Psicopata Americano*. Nessa obra, baseada em um livro homônimo de Bret Easton Ellis, Christian Bale interpreta Patrick Bateman, um homem de negócios metrossexual que finge para a sociedade que é apenas isso, mas na verdade é machista e invejoso. Como o próprio personagem diz no filme, seus únicos sentimentos humanos são a cobiça e o descontentamento. Mas o pior mesmo é que ele sente um desejo louco de matar. E aí? Será que Patrick Bateman é realmente um psicopata?

> O sobrenome "Bateman", de *Psicopata Americano*, foi inspirado pelo personagem Norman Bates, de *Psicose*.

Neste capítulo vamos tratar desses e de outros transtornos mentais e suas implicações para a investigação. Muito estigmatizados pela sociedade e alardeados pela mídia, transtornos como psicopatia e esquizofrenia costumam estar associados a crimes horrendos. Mas é isso mesmo? Como identificar esses transtornos? Quem é responsável por isso? Essas e outras perguntas serão respondidas aqui. Primeiro, listamos os principais transtornos e depois, claro, contaremos dois casos muito conhecidos de *serial killers* que colocaram policiais, psiquiatras e a população de cabelo em pé.

TRANSTORNOS MENTAIS E COMPORTAMENTO CRIMINOSO

Nem toda pessoa que comete crimes sofre de transtornos mentais. O índice de pessoas com transtornos mentais que cometem crimes graves é bem baixo. Conversamos com o dr. Antônio de Pádua Serafim, coordenador do Núcleo de Estudos e Pesquisas em Psiquiatria Forense e Psicologia Jurídica (NUFOR) do Instituto de Psiquiatria do Hospital das Clínicas da Faculdade de Medicina da USP. Ele comentou sobre esse mito de que todos assassinos e criminosos são doentes mentais.

De acordo com ele, a sociedade sente que é preciso separar o comportamento grave daquele considerado dentro da normalidade:

"Para que se estabeleça uma diferença entre mim e o outro, o outro precisa ter algo que não tenho, no caso uma doença mental. Quando na verdade esse outro pode não ter nenhuma doença mental. E isso afeta as pessoas, porque, se eu tiro o anteparo, a blindagem do transtorno mental, eu no fundo sou igual àquela pessoa, eu poderia agir daquela maneira. Essa dinâmica acaba resultando em um grande preconceito com as pessoas portadoras de transtornos mentais."

Segundo um estudo do psiquiatra norte-americano Michael Henry Stone de 2001 com uma amostra de 99 assassinos em série, 91% deles se encaixavam como psicopatas, 81% com transtorno de personalidade antissocial, 47% com transtorno de personalidade esquizoide — transtorno encontrado em cerca de 1% da população.

E é importante a gente já explicar que **insanidade** é um termo usado no meio jurídico, instaurado sempre que houver dúvida sobre a saúde mental do acusado e para verificar se, à época dos atos, ele era ou não inimputável, ou seja, se pode ou não ser responsabilizado pelos próprios atos. De acordo com a lei, o réu não pode ser considerado culpado se sua condição mental o impede de saber a gravidade de suas ações, de diferenciar o certo do errado. Mas como disse Park Elliot Dietz, psiquiatra forense que prestou consultoria e testemunhou em muitos dos mais importantes processos criminais dos Estados Unidos, isso é mais raro de acontecer, e o capítulo 7, que trata dos tribunais, fala sobre isso.

TRANSTORNOS DE PERSONALIDADE

São padrões de comportamento inflexíveis, considerados em desarmonia para a própria pessoa ou outros, causando um acentuado sofrimento psíquico e prejuízo social. Ou seja, quando a pessoa tem padrões de comportamentos que fogem da expectativa social, é possível avaliar se ela tem um transtorno de personalidade. A mudança de comportamento costuma se manifestar na adolescência ou no início da idade adulta e pode estar associada a conflitos que ocorreram na infância.

Existem dez tipos de transtornos de personalidade de acordo com o *Manual diagnóstico e estatístico de transtornos mentais/ DSM-5* (2013):

Transtorno de personalidade	Padrões de sintomas/comportamentos
Paranoide	Desconfiança extrema e suspeita constante de que as motivações dos outros são ruins. Sente-se frequentemente prejudicado nas relações interpessoais.
Esquizoide	Há um padrão de distanciamento das relações sociais e pouca expressão emocional, agindo assim de forma indiferente com o outro.
Esquizotípica	Desconforto nos relacionamentos íntimos, distorções cognitivas ou perceptivas e excentricidades no comportamento e na aparência.
Antissocial	Insensível, sem empatia, cruel, inconsequente e mente de forma recorrente.
Borderline	Instabilidade nas relações interpessoais, conflitos referentes à identidade, sentimentos intensos de vazio, muita impulsividade.
Histriônica	Busca de atenção em excesso, acentuada dramatização e facilmente sugestionável.
Narcisista	Sente-se muito superior em relação a outras pessoas, necessidade constante de admiração.
Evitativa	Inibição social, sentimentos de inadequação e muita sensibilidade a avaliação negativa.
Dependente	Comportamento submisso, dificuldade de tomar decisão e necessita muito agradar o outro.
Obsessivo-compulsiva	Preocupação com ordem, perfeccionismo e controle de si e dos outros.

Alguns desses transtornos de personalidade são mais comuns entre criminosos, e é neles que vamos nos concentrar. Mas é importante lembrar que nem todas as pessoas que possuem transtornos de personalidade cometem crimes, e nem todos que cometem crimes possuem algum transtorno.

TRANSTORNO DE PERSONALIDADE ANTISSOCIAL

Quem tem transtorno de personalidade antissocial apresenta um padrão de comportamento de não ligar muito para os outros, desrespeitando seus direitos, suas vontades e seus sentimentos. Como consequência disso, engana e mente com facilidade, pois não tem empatia.

De acordo com o manual *DSM-5*, para que uma pessoa seja diagnosticada com esse transtorno, ela precisa ter mais de 18 anos (mesmo que muitos dos traços apareçam antes) e apresentar no mínimo três das seguintes características:

* desacordo com as normas sociais legais, não se ajustando ao esperado da sociedade
* dissimulação, com facilidade para mentir (para ganho ou prazer pessoal)
* impulsividade, não conseguindo fazer muitos planos para o futuro
* irritabilidade e agressividade, muitas vezes decorridas de inúmeras brigas
* desprezo pela própria segurança e a de outros
* ausência de remorso, marcado pela indiferença com os sentimentos dos outros ou racionalização em relação a ter ferido ou roubado outras pessoas

Por causa de suas características, esse transtorno pode ser confundido com o transtorno de personalidade narcisista (falta de empatia, superficialidade e exploração de outros) e histriônica (impulsividade, superficialidade, sedução e manipulação). Mas a razão dos comportamentos nesses transtornos muda bastante. Por exemplo, uma pessoa narcisista precisa de mais atenção dos outros do que uma pessoa antissocial. Uma pessoa histriônica manipula os outros pela atenção recebida, já o antissocial quer alguma gratificação material, poder ou lucro. E se alguém sentir tudo isso junto? Essa pessoa será diagnosticada com os três transtornos, uma vez que um mesmo indivíduo pode ter vários transtornos de personalidade.

PSICOPATIA

O termo "psicopata" é muito usado pelos veículos de comunicação, nas notícias e nos filmes, e de maneira geral está na boca do povo, às vezes até de forma banalizada. Nessa confusão, até participante de reality show é chamado de psicopata! Mas devemos ter calma, porque o diagnóstico de psicopatia é mais complexo e exige alguns critérios clínicos.

Segundo o dr. Robert Hare, psicólogo criminal especialista em psicopatia, psicopatas são predadores sociais que encantam, manipulam e impiedosamente aram seu caminho pela vida, deixando um amplo rastro de corações partidos, expectativas despedaçadas e carteiras vazias. Sem qualquer consciência ou empatia, eles egoisticamente pegam o que querem e fazem o que desejam, violando as normas e as expectativas sociais, sem qualquer culpa ou arrependimento.

Vale ressaltar que o conceito de psicopatia não está presente na nomenclatura psiquiátrica. Já o transtorno de personalidade antissocial aparece nos manuais de psiquiatria e é uma derivação do conceito de personalidade psicopática. No meio científico ainda não há um consenso e por essa razão há diversas ressalvas no que se refere a possíveis confusões do diagnóstico. E é bom lembrar que um psicopata não necessariamente se torna um assassino. Mas, quando um psicopata vai para o mundo do crime, em geral está entre os mais perigosos.

De qualquer forma, aí vão as características que geralmente classificam a psicopatia:

* mentira patológica
* manipulação
* falta de remorso ou culpa
* falta de empatia
* recusa a se responsabilizar por seus atos
* delinquência juvenil
* desrespeito pelo direito dos outros

Hoje não se usa mais o termo sociopata. O que há é uma divisão dentro da psicopatia entre primária e secundária. O psicopata primário é uma pessoa mais insensível, irresponsável, tem mais risco de dar vazão a comportamentos violentos, como o assassinato. No psicopata secundário, a ansiedade está presente de uma forma acentuada. É uma pessoa que pode burlar regras, mas não de forma tão grave. Nesse caso, existem mais chances de interferência e redução do comportamento. Costuma ser mais voltada para corrupção, fraude e enganação. Pode entrar para a política, ser diretor de empresas, líder de uma seita etc.

De acordo com artigo do *The New York Times* de Daniel Goleman, entre 2% e 3% da população são psicopatas. A maioria acaba cometendo delitos menores, como vandalismo e furto, mas é sempre importante lembrar que o comportamento criminoso se dá por diversos fatores.

Os psicopatas são responsáveis por mais de 50% dos crimes graves cometidos, de acordo com Hare. A combinação de alguns fatores, como querer levar sempre vantagem nas situações e falta de consciência, acaba aumentando o potencial interesse pelo crime. A maioria dos *serial killers* possui traços de psicopatia.

Por outro lado, vários criminosos não são psicopatas. Alguns ofensores conseguem seguir algumas regras, de gangues por exemplo, ou cometem crimes por causa de uma traição, brigas... Já os psicopatas cometem crimes por prazer ou lucro material.

PSICOSE

Um conflito neurótico pode ser considerado qualquer sofrimento mental que cause angústia. A pessoa vai tentando lidar com traumas ou questões inconscientes ao longo da vida e, quando não é bem-sucedida na tarefa, o resultado pode ser uma neurose. Um sintoma comum da neurose é a ansiedade. Ou seja, todo mundo é neurótico, só que algumas pessoas sofrem de neuroses mais graves, outras menos.

A psicose é uma condição psíquica em que se observa um acentuado prejuízo de pensamento, percepção e julgamento. Existem diferentes teorias sobre o conceito específico da palavra "psicose". No *DSM-5*, entende-se a psicose em uma perspectiva mais próxima do sintoma tido como psicopatológico, porém muitos profissionais ainda a consideram um transtorno.

Os principais sintomas psicóticos são:

* pensamento e discurso desorganizados
* perda de contato com a realidade
* alucinações
* delírios

Esses sintomas podem ter várias causas: esquizofrenia, transtornos psicóticos, bipolaridade, depressões graves, traumas, doenças fisiológicas responsáveis por alterar a percepção da realidade (ex.: tumor no cérebro, Alzheimer), uso abusivo de drogas, transtorno dissociativo, entre outros.

Quando a pessoa tem um surto psicótico, o contato com a realidade é perdido, ela age e percebe o mundo de uma maneira muito distorcida. Um surto pode durar de um dia até meses, podendo ocorrer em intervalos ou não.

O agente do FBI John Douglas afirma que pessoas psicóticas em geral não cometem crimes. E, quando o fazem, são pegas rapidamente, porque são desorganizadas e se esforçam pouco para não serem encontradas, já que não têm muita ideia do que estão fazendo.

Alguns transtornos psicóticos são:

* **transtorno delirante**
* **transtorno psicótico breve**
* **transtorno esquizofreniforme**
* **transtorno psicótico induzido por substância/ medicamento**
* **transtorno psicótico devido a outra condição médica**
* **esquizofrenia**
* **transtorno esquizoafetivo**
* **transtorno de personalidade esquizotípica (presente nos transtornos de personalidade)**

Deve-se sempre lembrar que os sintomas não podem ser considerados separadamente, mas no contexto de vida de cada indivíduo, histórico, traumas, vivências e cultura. Por exemplo, se alguém diz que ouviu vozes em um ritual religioso, não se encaixaria necessariamente em um surto psicótico, já que nesta circunstância, naquela cultura, isso seria considerado normal.

Delírios, alucinações, pensamento e discurso desorganizado, além de comportamento motor alterado ou tido como anormal, são sintomas comuns nos transtornos psicóticos.

Delírios são crenças fixas que não mudam, mesmo com a realidade apontando para outra coisa. Por exemplo, Richard Trenton Chase (o Vampiro de Sacramento) acreditava que os nazistas o perseguiam porque (achava que) tinha uma estrela de davi na testa. Contamos mais sobre esse caso no capítulo 5. Ele tinha delírios persecutórios, ou seja, acreditava que estava sendo sempre perseguido. Existem também outros tipos, como quem tem delírios de referência (acreditar que gestos ou estímulos ambientais são direcionados a si), de grandeza (crenças de que possui habilidades fora do comum), os erotomaníacos (acreditar que alguém está apaixonado por ele), os niilistas (estar certo de que acontecerá um grande desastre) e os somáticos (acreditar que a saúde está em risco por algum motivo não existente).

Os delírios podem ser divididos em dois tipos, os bizarros e os não bizarros. Quando alguém crê em algo completamente implausível, que não teria como acontecer de fato, é um delírio bizarro. Como acreditar que seu sangue foi substituído, que existe um chip em seu corpo que o controla, tal qual o personagem esquizofrênico Tarso, interpretado por Bruno Gagliasso, da novela *Caminho das Índias* (2009). Quando a crença é em algo que até seria possível de ocorrer, o delírio é considerado não bizarro. Como acreditar que alguém está te seguindo na rua, por exemplo.

A alucinação é a percepção clara e definida de um objeto (voz, ruído, imagem) sem a presença do objeto estimulante real. São ilusões muito semelhantes à percepção que se tem da vida real.

Podem ser auditivas, visuais, olfativas, de tato ou até mesmo em todos os órgãos dos sentidos simultaneamente.

A desorganização do pensamento pode ser observada pelo discurso. A pessoa pode mudar de assunto bruscamente, ter uma fala muito confusa e incoerente, e suas respostas podem não ter sentido, fazendo com que ela se torne incompreensível para os outros à volta.

O comportamento motor grosseiramente afetado ou anormal é observado na dificuldade de realizar tarefas cotidianas. Isso inclui a catatonia, que é quando a pessoa não reage às coisas ao redor, às vezes ficando completamente parada, com o olhar fixo e sem resposta verbal.

TRANSTORNOS PARAFÍLICOS

Um transtorno parafílico ocorre quando há interesse sexual intenso e persistente em elementos que não necessariamente são os órgãos genitais ou carícias preliminares com parceiros humanos de maturidade física. O que deve ser pontuado é que um transtorno parafílico é algo que causa um dano, prejuízo ou risco a si ou a outros. **Não há problema se alguém só tem fetiches diferentes ou preferências sexuais consideradas não usuais, desde que não machuque alguém.**

Alguns transtornos são mais comuns, e alguns deles são associados a crimes justamente porque podem colocar em risco outras pessoas. Masoquismo e sadismo sexual, pedofilia, fetiche, voyeur ou o exibicionista, embora apresentem diferenças de comportamento, têm em comum:

* um período mínimo de seis meses de duração
* excitação sexual intensa durante o ato (seja o de observar alguém que não sabe que está sendo visto,

no caso do voyeur, ou causar sofrimento físico ou psicológico a outras pessoas, no caso do sadismo sexual, por exemplo)

* é colocado em prática sem consentimento da outra pessoa
* o comportamento causa prejuízo social ou sofrimento clínico

TRANSTORNO DISSOCIATIVO DE IDENTIDADE (TDI)/MÚLTIPLAS PERSONALIDADES

Existem vários tipos de transtornos dissociativos, mas vamos focar em um que ainda causa muita polêmica: as múltiplas personalidades. Afinal, uma pessoa pode ou não ter várias personalidades?

O chamado transtorno de múltiplas personalidades, anteriormente transtorno dissociativo de identidade, consiste em uma ruptura da identidade em que há dois ou mais estados de personalidade distintos. Acontecem alterações no comportamento, na memória, na cognição, no funcionamento motor e na consciência. Pessoas com TDI relatam perda de memória recorrente, não se lembram de eventos, dias, outras pessoas... Em algumas culturas alguns desses sintomas podem indicar que o corpo da pessoa está sendo influenciado por algum espírito, alma ou entidade, mas, para que seja diagnosticado um transtorno, a presença da religião ou da cultura deve ser excluída, além de os sintomas não poderem ser atribuíveis a efeitos de substâncias, como o álcool.

A psiquiatra dra. Dorothy Otnow, que é contra a pena de morte sentenciada a indivíduos com TDI, conta no documentário *Louco*

Não, Doido (2020) que sofreu bastante repúdio de alguns colegas. Ela muitas vezes depôs em defesa de assassinos que ela diagnosticou com TDI. Como já comentamos, alguém que é considerado insano não pode ser condenado à morte e deve ser encaminhado para um hospital psiquiátrico. Nos estados americanos em que não há pena de morte, a dra. Otnow não queria que esses criminosos fossem para a prisão comum.

Ainda no documentário, a médica mostra os estudos comparativos realizados entre crianças homicidas e crianças internadas na ala psiquiátrica que não eram homicidas. As crianças homicidas tinham maior probabilidade de terem sido abusadas e de terem problemas físicos, como disfunções cerebrais. A maioria das crianças que havia apanhado muito tinha lesões cerebrais em razão da violência sofrida e às vezes isso diferenciava uma criança agressiva de uma que não era.

A dra. Otnow explica que crianças abusadas podem desenvolver personalidades violentas para tirar sua dor e defendê-las de inimigos reais ou imaginários. Essas personalidades incorporam a força e a coragem necessárias para sobreviver àquelas situações. Ela explica que muitas vezes o TDI começa na infância.

Vários advogados de defesa começaram a ligar para ela e pediram ajuda em seus casos. Depois de entrevistar vários *serial killers* (ao longo da vida, ela falou com 22!), a psicanalista acreditava que, sim, existem múltiplas personalidades. Ela ainda percebeu que uma pré-disposição a sintomas psicóticos, somada a algum tipo de disfunção cerebral e histórico de abuso infantil, era a fórmula perfeita para se ter uma pessoa muito violenta.

John Douglas acredita que os casos identificados de TDI ainda na infância são plausíveis, mas que, quando adultos, o TDI é usado como recurso no tribunal, uma vez que muitos criminosos usam dessa estratégia para fugir de penas mais graves ou da pena de morte. A dra. Otnow conta no documentário que foi muito ridicularizada até nos meios acadêmicos, porque vários profissionais não queriam acreditar que realmente fosse possível uma pessoa ter várias personalidades.

Um livro bastante famoso sobre esse tema das múltiplas personalidades é *Sybil*, de Flora Rheta Schreiber. Flora acompanhou a psicanalista Cornelia B. Wilbur e sua análise da paciente Sybil Isabel Dorsett, que possuía múltiplas personalidades, mas nunca cometeu nenhum crime.

O livro conta como Sybil desde criança tinha ciência de que apresentava lapsos de memória. Ela achava estranho às vezes acordar sem saber onde estava e o que tinha acontecido por dias. Certa vez, "acordou" sem entender por que tinha se passado mais de um ano e ela já estava na quinta série (a última aula de que ela se lembrava era da terceira série)!

Com o passar dos anos, Sybil percebeu que tinha algo mais complexo do que apenas perda de memória e, ao conhecer a dra. Wilbur, decidiu fazer análise com ela. Nas sessões, logo começaram a aparecer para a psicanalista as diferentes personalidades de Sybil.

A própria Sybil não contava, mas algumas personalidades começaram a revelar para a dra. Wilbur o que a menina tinha vivido e sofrido na infância.

Sybil dormiu no quarto dos pais até os 9 anos e pelo menos três vezes na semana os testemunhava mantendo relações sexuais. Os dois, que mal se encostavam durante o dia, à noite faziam coisas que a pequena Sybil não era capaz de entender. A dra. Wilbur comenta no livro que o vislumbre do ato sexual dos pais, quando tratado como algo privado, mas não proibido, em geral não prejudica o desenvolvimento da criança. Mas a família de Sybil era muito religiosa e dizia que sexo era coisa do demônio. Quando criança, muitas vezes viu o pênis ereto do pai, viu ele "esmagando" sua mãe, via os dois cochichando e com expressões estranhas no rosto. A menina não entendia nada daquilo a que era exposta e ficava chocada e confusa. Já nesses momentos outras personalidades começaram a aparecer, provavelmente como um recurso psíquico para ajudá-la a lidar com a situação.

Hattie, a mãe de Sybil, realizava alguns experimentos horríveis com a filha. Ela fazia um clister (ou enema) — um processo em que se introduz líquido no ânus para fazer lavagens intestinais — na uretra da Sybil. Ela deixava a menina com as pernas para cima e introduzia água fria, depois obrigava a criança a andar pela casa segurando o líquido na bexiga. Outras vezes fazia isso no reto dela. Sempre que Sybil chorava, era agredida. Depois de muitas vezes, Sybil aprendeu a não chorar.

Hattie também forçava objetos para dentro da vagina da filha ou o próprio dedo e falava que era aquilo que os homens iam fazer com ela, porque nenhum homem prestava e Sybil deveria se acostumar. Isso causou machucados e cicatrizes no sistema reprodutor de Sybil, razão pela qual acabou ficando estéril.

Além de Sybil, amigas da menina também foram abusadas sexualmente por Hattie. Ela levava as garotas para passeios no bosque, pedia para a filha esperar em algum lugar e se afastava com as amigas. Sybil via que a mãe ficava nua com as meninas entre as próprias pernas e ficava se esfregando nelas. Entre as meninas, havia inclusive uma bebê de apenas um ano e meio. Hattie também abusava de crianças das quais se oferecia para "cuidar" enquanto os pais estavam no culto. No livro de Schreiber estão relatados esses e muitos outros abusos.

De vez em quando Hattie também fazia uns "passeios noturnos" em que defecava em vários locais públicos e obrigava a filha a testemunhar a cena. A intenção de Hattie era se vingar de algumas pessoas de quem não gostava e acabava levando a filha para ver aquele ritual. Com vergonha, Sybil começou a sentir uma repulsa cada vez maior da mãe.

A psicanalista entendeu que esses traumas levaram Sybil a se dissociar: ela fugia da própria mente e surgiam outras "pessoas" que poderiam lidar melhor com a questão naqueles momentos.

Ao todo, a dra. Wilbur descobriu dezesseis personalidades em Sybil. Cada uma delas tinha um nome diferente, se vestia de determinada forma, tinha um sotaque específico, maneiras e gestos. As personalidades afirmavam que suas aparências eram diferentes, mas a dra. Wilbur discordava, uma vez que todas tinham o corpo e rosto de Sybil.

Essa história deu origem a um filme intitulado *Sybil* em que Sally Field interpretou a jovem e suas personalidades. Um remake foi produzido em 2007, com a atriz Tammy Blanchard representando a garota e Jessica Lange, a dra. Cornelia.

Sybil foi um nome fictício usado pela autora do livro para manter o anonimato de Shirley Ardell Mason à época.

✳ ✳ ✳

Criminosos com transtornos e comportamentos desviantes dão bastante trabalho para a polícia, os psicólogos e os psiquiatras envolvidos no caso, chamam muita atenção da sociedade e muitas vezes ficam marcados na história. Vamos contar agora alguns desses casos que ficaram muito famosos e até se transformaram em produtos culturais e referências para personagens icônicos da literatura e do cinema.

97

JEFFREY DAHMER: O CANIBAL DE MILWAUKEE

Jeffrey Lionel Dahmer nasceu em 21 de maio de 1960 em Milwaukee, no estado norte-americano de Wisconsin. Seu pai, Lionel, estava cursando pós-graduação em química na Marquette University e passava muito tempo fora, estudando. Sua mãe, Joyce, mesmo estando perto do filho pequeno, era ausente emocionalmente. Ela nunca foi capaz de estabelecer uma conexão muito forte com o menino. Além disso, o casal vivia brigando.

Aos 4 anos, Jeffrey teve que fazer uma cirurgia de hérnia, mas mentiram para ele sobre o procedimento e mais tarde ele chegou a confessar que ficou muito assustado, imaginando que pessoas estranhas estariam explorando seu corpo aberto.

> Nessa época, segundo o pai, Jeffrey ficou muito mais introvertido e tímido, e passava horas em casa sozinho, e, quando não estava em silêncio, respondia ou se comunicava de forma sintética ou monossilábica.

Ainda criança, Jeffrey começou a matar e esfolar animais pequenos, às vezes chegando a raspar a carne deles com ácido. Seu interesse aparentemente não era em matar os bichos, mas dissecá-los, estudá-los. Ele tinha uma coleção de esqueletos e um cemitério de animais; em alguns casos, em vez de enterrar, preferia espetar os animais com estacas nas árvores. Seu pai achou que o interesse do menino era na ciência, que Jeffrey poderia vir a ser cientista ou médico, e chegou a ensinar o filho a branquear ossos de forma segura. Em 1968, a família se mudou para Ohio.

Quando se tornou adolescente, Jeffrey se mostrou inteligente e tirava notas boas, mas, quando bebia, ficava bastante agressivo. Muitas vezes chegava na escola de manhã já bêbado. Hoje se sabe que muitos *serial killers* tentam abafar suas intenções homicidas por meio do álcool. Mas no caso de Jeffrey provavelmente era um pouco mais que isso, já que ele se descobriu homossexual e tinha medo da reação da família. Por volta dos 14 anos, surgiram os pensamentos obsessivos de violência relacionada a sexo, fantasias de tortura, mutilação e assassinato.

Seus pais se separaram em 1978 e brigaram na justiça pela custódia do filho mais novo do casal, à época com 12 anos. Jeffrey ficou muito tempo sozinho naquele ano, porque tanto o pai quanto a mãe saíram de casa. Já formado no ensino médio, sem nenhuma ocupação, ele teve muito tempo livre para realizar alguns desejos que estava reprimindo fazia tempo.

No dia 18 de junho de 1978, Jeffrey, então com 18 anos, acordou e começou a beber. No fim do dia percebeu que as bebidas estavam acabando e saiu para comprar mais. Na volta, viu um moço bonito pedindo carona e parou para ajudá-lo. O rapaz era Steven Hicks, de 18 anos, que queria ir para Cleveland assistir a um show de rock. Jeffrey chamou Steven para ir até sua casa tomar umas cervejas antes de ir para o show, e o rapaz concordou.

Eles beberam bastante e em determinado momento Steven quis ir embora, mas Jeffrey não deixou e os dois acabaram brigando. Nesse ponto, os autores que se debruçaram sobre o caso divergem. Uns dizem que Jeffrey bateu na cabeça de Steven com um halter; outros, com uma barra de metal. Qualquer que tenha sido o objeto, o fato é que Steven morreu na hora. De início Jeffrey ficou bastante nervoso, mas logo percebeu que aquele sujeito tinha sido a vítima perfeita. Ninguém o tinha visto entrar no carro, e, melhor ainda, sozinho em casa ele poderia demorar o tempo que quisesse com o corpo. Jeffrey deitou ao lado do cadáver por um tempo, até que ficou excitado e se masturbou. Depois pensou sobre o que faria com o corpo e com todo o sangue e decidiu esconder o cadáver no espaço entre as tábuas do piso da casa e o terreno — nos Estados Unidos é comum que as casas tenham esse espaço, usado para nivelar a construção.

Algum tempo depois, mais calmo, Jeffrey dissecou o corpo, como fazia com os animais, mas levou muitas horas, porque cada parte do processo o deixava muito excitado. Ao fim, decidiu jogar o restante do corpo em um terreno do lado de fora da casa.

Em visita ao filho, o pai ficou muito frustrado com a aparência descuidada de Jeffrey, a casa suja e cheia de latas de cerveja e garrafas... Lionel decidiu retornar para a casa com a nova namorada, Shari, e fez o filho voltar a estudar. Jeffrey foi para a Universidade do Estado de Ohio.

Jeffrey de início não se animou muito, mas depois de um tempo até parecia mais empolgado. Só que as notas dele eram péssimas, e o pai achou melhor ele abandonar a faculdade e optar entre arranjar um emprego ou ir para o Exército. Jeffrey escolheu o Exército e entrou em janeiro de 1979, serviu por seis meses em Cleveland, sendo depois transferido para a Alemanha, onde deveria passar dois anos, mas acabou dispensado antes por causa do alcoolismo.

Jeffrey foi preso por desordem e embriaguez, não conseguia arrumar emprego e bebia o dia inteiro. Foi nessa época, em 1981, que Lionel mandou o filho morar em Wisconsin com a avó, na esperança de que ela desse algum jeito nele, já que ele sempre gostou muito dela. Por seis anos o plano até que funcionou. Jeffrey cortava a grama, ajudava na limpeza da casa, ia à igreja, começou a frequentar os Alcoólicos Anônimos e até arrumou um emprego. Mas, após esse período, a avó começou a perceber comportamentos estranhos. Notou que o neto tinha uma arma e encontrou um manequim masculino todo vestido no armário dele. Quando confrontado, Jeffrey disse que tinha roubado o objeto de uma loja só porque sabia que conseguiria.

Em agosto de 1982 e setembro de 1986, Jeffrey foi preso por "exposição indecente". Na primeira vez, na Feira Estadual de Wisconsin, estava com o pênis para fora da calça na presença de umas vinte pessoas, entre as quais mulheres e crianças. Na segunda, se masturbou na frente de dois meninos. Nos dois casos ele recebeu uma multa e, em 1986, pegou um ano de liberdade condicional, mas teria que fazer aconselhamento psicológico.

Em janeiro de 1985, aos 24 anos, começou a trabalhar numa fábrica de chocolate e começou a pagar 300 dólares à avó. Foi nessa época que, certo dia, um homem lhe passou um bilhete em uma biblioteca dizendo que, se ele quisesse um "boquete", deveria ir ao banheiro do outro andar. Ele não foi, mas começou a ter cada vez mais fantasias e queria finalmente transar com outro homem.

Ele descobriu que em algumas livrarias gays havia um quarto nos fundos em que era possível transar ou tocar homens casualmente. Além desses locais, Jeffrey passou a frequentar as saunas gays, onde começou a drogar os homens para poder se deitar com o corpo deles sem movimento por algum tempo. Alguns dos homens reclamaram com a gerência da sauna e Jeffrey foi banido. Ele já via as pessoas como objetos que ele usava e depois descartava.

Em 27 de novembro de 1987, Jeffrey conheceu Steven Tuomi, um jovem de 25 anos, loiro de cabelos lisos, que trabalhava como cozinheiro em uma lanchonete. Depois do expediente, Steven passou na frente de um bar em que Jeffrey estava e os dois começaram a conversar. Jeffrey o chamou para seu quarto no Hotel Ambassador.

Na manhã seguinte, Jeffrey acordou com muita ressaca e em cima do corpo frio e morto de Steven. A barriga do rapaz estava aberta, e as mãos de Jeffrey, bastante machucadas. Ele não lembrava de nada, mas sabia o que tinha feito e ficou em choque que a situação tivesse se repetido depois de tantos anos. Ele ficou nervoso e sem saber o que fazer com o corpo por algumas horas, até que decidiu sair, comprou uma mala, voltou e colocou o cadáver dentro. No dia seguinte, foi até a casa da avó com a mala e a deixou na adega, porque a família estava chegando para o feriado de Ação de Graças. Quando finalmente teve a chance, Jeffrey passou duas horas desmembrando o corpo com uma faca. Na segunda-feira seguinte, colocou os sacos de lixo com os restos mortais fora de casa, para que o lixeiro coletasse. Jeffrey manteve apenas a cabeça, na qual usou ácido e água sanitária para tirar todas as partes moles e preservar apenas o crânio, que usou para observar enquanto se masturbava posteriormente.

Apesar de continuar indo aos encontros com a psicóloga, ele nunca mais tirou esse episódio da cabeça e suas fantasias foram ficando mais intensas. Em janeiro de 1988, Jeffrey levou para a casa da avó um adolescente nativo americano, James Doxtator, de 14 anos. Os dois se beijaram, se masturbaram, mas, lá pelas quatro da manhã, o jovem disse que precisava ir embora. Para impedir que isso acontecesse, Jeffrey colocou drogas na bebida do menino. Na avaliação de Jeffrey, como sua avó logo acordaria, seria melhor estrangular o rapaz. Então se deitou um pouco ao lado dele, depois escondeu o corpo na adega e foi tomar café da manhã com a avó. Enquanto ela estava fora, na igreja, ==Jeffrey recuperou o corpo e praticou necrofilia== (ato de usar o cadáver de forma sexual). O corpo permaneceu uma semana na adega e, durante esse tempo, Jeffrey desceu três vezes para se deitar com ele. Depois que sua avó reclamou de um cheiro estranho na casa, Jeffrey decidiu se desfazer do corpo como na vez anterior. Ele decidiu manter o crânio de James para criar um altar secreto.

Dois meses depois, em 24 de março, Jeffrey cometeu outro homicídio, de forma bem parecida. A vítima dessa vez foi Richard Guerrero, de 23 anos, que estava na porta de um bar de madrugada.

Depois de flagrar alguns comportamentos estranhos e encontrar no quarto do neto vários artigos sobre ocultismo, um altar e uma bíblia satânicos, luzes pretas, uma estátua de grifo e outras coisas que considerou um pouco bizarras, a avó achou até bom quando Jeffrey decidiu morar sozinho, em setembro de 1988.

No dia seguinte à mudança, ele levou Somsack Sinthasomphone, um menino laosiano de 13 anos, para casa. Jeffrey ofereceu cinquenta dólares para que ele posasse nu para umas fotos. Chegando lá, ele o dopou e depois o molestou. Quando conseguiu, Somsack fugiu. Ao chegar em casa, sua família o levou para o hospital, onde a polícia o perguntou sobre o que tinha acontecido. Somsack os levou até a casa de Jeffrey.

Jeffrey foi preso, e a casa, revistada, mas não encontraram o crânio de Richard. Com a fiança paga pela avó e um advogado arranjado pelo pai, Jeffrey saiu da prisão e oito meses depois foi sentenciado a cinco anos de liberdade condicional: ou seja, ele permaneceria livre, mas teria que se reportar à polícia durante esse tempo. Além disso, foi condenado a um ano de um programa de trabalho na Casa de Correção do condado de Milwaukee. Depois de apenas dez meses, em março de 1990, Jeffrey estava novamente livre.

Ele foi morar no apartamento 213 da Rua North 25th, 924, que se tornaria famoso. Seu pai e a agora esposa Shari foram visitá-lo. Lionel estava muito preocupado com o filho, mas a casa era arrumadinha e limpa. A única coisa que o pai estranhou foi o freezer (porque já havia uma geladeira no apartamento). De acordo com Jeffrey, era para comprar coisas na promoção e congelar.

Agora sem a avó para atrapalhar seus planos, Jeffrey continuou a matar sem restrições. Seu *modus operandi* consistia em ir a bares, conhecer homens, flertar com eles e depois levá-los para casa, com a desculpa de tomar uma cerveja ou tirar umas fotos. Bebiam, conversavam, às vezes até transavam, e depois Jeffrey os drogava. Mais tarde, ele confessou que tentou lobotomizar alguns homens — para que lhe servissem sexualmente —, injetando ácido ou água quente no cérebro deles. Ele queria criar um "escravo sexual zumbi". Obviamente isso nunca deu certo. E depois ele os estrangulava (algumas vezes com as mãos, outras, com uma tira de couro).

Suas vítimas eram, em sua maioria, homens negros. É bem comum entre *serial killers* matar pessoas que poderiam ser de seu "interesse amoroso". Por isso homens heterossexuais costumam matar mulheres, e homens gays costumam matar homens.

Com o tempo, ele desenvolveu diversos rituais: retalhava os corpos, abria a pessoa inteira de forma bem específica e tirava fotos do processo. Se masturbava sobre o cadáver, frequentemente praticava necrofilia e às vezes ficava com o corpo por dias para isso. Jeffrey confessou posteriormente que sentia muito prazer com o calor do abdome aberto, tanto que às vezes penetrava na barriga exposta da vítima. Depois de manter alguns dias o cadáver, ele finalmente o esquartejava, separando as partes que queria usar depois. Jeffrey costumava se alimentar de algumas partes das vítimas, como coração, tripas e músculos. Ele disse que comia os homens por acreditar que viveriam de novo por meio dele. Jeffrey também confessou ficar excitado ao se alimentar da carne humana, e de não ter gostado do sabor do sangue.

Jeffrey se livrava do que não queria usando ácidos e reduzia tudo a uma gosma (o pai dele era químico). Lembrou de *Breaking Bad*? No segundo episódio da primeira temporada da série, Walter e Jesse resolvem se livrar de um corpo dessa forma, mas dá tudo errado.

Jeffrey ficava com os crânios e outras partes do esqueleto, guardava os órgãos na geladeira, e tudo servia como troféus macabros de suas conquistas. Quando foi preso, ele disse que estava guardando um coração pra comer mais tarde. Em outro depoimento confessou que queria transformar a casa em um santuário cheio de troféus, incensos e afins.

Em maio de 1991, Jeffrey quase foi pego pela polícia. Ele já tinha matado doze homens e havia seduzido a vítima seguinte. Era Konerak Sinthasomphone, de 14 anos. Sim, ele era irmão daquele outro jovem que já havia sido abusado por Dahmer. Depois de ter drogado e injetado ácido clorídrico na cabeça do jovem, Jeffrey decidiu sair para comprar mais cerveja. O menino conseguiu fugir, mas estava completamente desorientado. Ao verem o rapaz correndo nu pelas ruas, algumas mulheres chamaram a polícia. Os policiais foram até a casa de Jeffrey, que disse que eles eram um casal e que haviam brigado, só isso. Os policiais olharam o local, mas não acharam nada de mais, apesar do cheiro estranho... Devolveram Konerak para Jeffrey e foram embora. Ele voltou a injetar ácido no cérebro do menino, que acabou morrendo.

==Depois dessa ocorrência, Jeffrey fez mais quatro vítimas, totalizando dezessete homicídios.== Até que em 22 de julho de 1991, aos 31 anos de Jeffrey, Tracy Edwards, um homem negro de 32 anos, foi capturado, mas conseguiu fugir durante o processo. Dois policiais que estavam na rua viram um homem negro correndo algemado, pensaram que era algum fugitivo (!) e decidiram ir atrás dele. Quando o pararam, Tracy contou que um doido tinha colocado as algemas nele. Os policiais não acreditaram muito na história e não conseguiram remover as algemas, então decidiram ir com Tracy até a casa do "doido".

O próprio Jeffrey Dahmer abriu a porta e convidou todos a entrarem. Jeffrey desconversou e foi procurar as chaves da algema no quarto. Mas Tracy disse que havia uma faca no quarto. O policial então seguiu Dahmer, viu uma faca e um baú cheio de fotos de homens pelados. Decidiu observar mais e encontrou também algumas fotos de cabeças cortadas, membros, torsos em decomposição.

Jeffrey, então com 31 anos, foi preso nessa noite. Na casa dele ainda encontraram a cabeça de um homem negro no freezer, outras cabeças escalpeladas, mãos, pés, coração, conservas de genitais, galões com corpos mutilados...

Jeffrey confessou tudo, mas foi julgado apenas por quinze dos dezessete homicídios que cometeu ao todo. O julgamento teve início em 30 de janeiro de 1992. Como ele já tinha se declarado culpado, o objetivo era avaliar se ele era insano no momento dos crimes, para assim decidir se ele deveria ir para uma prisão ou uma instituição psiquiátrica.

Das dezessete vítimas, a maioria era negra. Os ativistas dos direitos negros e LGBT ficaram enfurecidos na época e reforçaram o fato de a maioria das vítimas serem homossexuais e terem o componente racial, que Jeffrey escolhia pessoas que viviam à margem da sociedade e que isso teria colaborado para que o caso demorasse mais para ser encarado com seriedade.

Jeffrey disse depois que nunca parou para pensar nisso, que se interessava apenas pela parte física, pelo corpo dos homens. De acordo com ele, a raça das vítimas escolhidas era acidental. Não que ele seja uma fonte superconfiável, não é mesmo?

Os profissionais da defesa afirmaram que o réu era insano por causa dos seus impulsos necrófilos. O dr. Fred Berlin testemunhou que Jeffrey Dahmer não era capaz de controlar seus impulsos na época dos crimes porque sofria de parafilia, mais especificamente necrofilia. A dra. Judith Becker também o diagnosticou com necrofilia. O terceiro e último especialista, o dr. Carl Wahlstrom, diagnosticou necrofilia, personalidade borderline, personalidade esquizotípica, alcoolismo e transtorno psicótico.

A promotoria por sua vez afirmou que o réu não sofria de necrofilia primária, porque preferia parceiros sexuais vivos, e a evidência disso era seu desejo de criar um parceiro completamente submisso. Outro especialista, o dr. Frederick Fosdal, afirmou que o réu sabia diferenciar o certo e o errado e tinha controle de suas ações. Apesar de considerar que Jeffrey realmente sofria de parafilia, não acreditava que fosse sádico. O dr. Park Dietz afirmou que ele tinha consciência de que deveria se esconder e não deixar testemunhas, que se preparava para cada assassinato — os crimes não eram impulsivos. Dietz ainda disse que, se o réu realmente tivesse um impulso louco de matar, não ingeriria álcool para superar isso, apenas sairia matando. Segundo Dietz, ele bebia para tentar não matar.

Outros dois médicos do tribunal, independentes da defesa ou acusação, também depuseram. O dr. George Palermo, psiquiatra forense, disse que Jeffrey Dahmer desejava matar a origem da sua atração homossexual, e ao matar os homens estaria aniquilando o que odiava em si mesmo. Palermo acreditava que ele era um sádico sexual com transtorno de personalidade antissocial, mas legalmente são. Já seu colega, o dr. Samuel Friedman — psicólogo clínico —, afirmou que o réu não era psicótico e ainda fez vários elogios a ele: era agradável, tinha senso de humor, era bonito e charmoso. O diagnóstico foi: transtorno de personalidade não especificado com traços borderline, obsessivo-compulsivos e sádicos.

Depois de duas semanas o júri decidiu que Jeffrey Dahmer não tinha nenhuma doença mental e era responsável por seus crimes. Pelas duas primeiras acusações ele foi sentenciado a duas prisões perpétuas mais dez anos, e pelas outras treze acusações, treze prisões perpétuas mais setenta anos. Ele teria que ficar preso pelo menos uns novecentos anos. A pena de morte havia sido proibida no estado de Wisconsin em 1853.

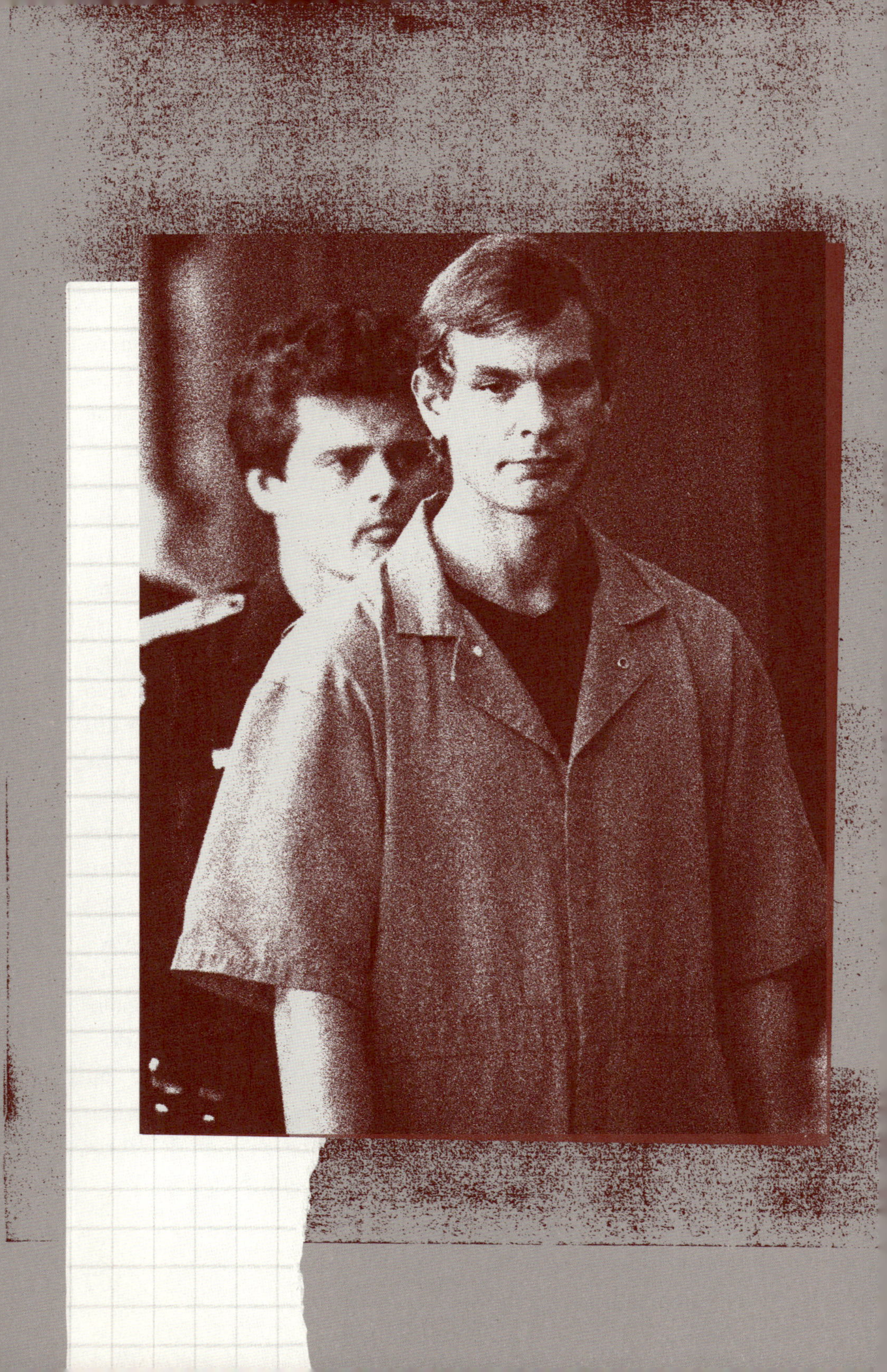

Declaração de Jeffrey Dahmer no tribunal após sua condenação

Meritíssimo, acabou agora. Esse nunca foi o caso de tentar sair livre, eu nunca quis a liberdade. Francamente, eu queria a morte para mim. Era o caso de dizer ao mundo que fiz o que fiz, não por motivo de ódio. Nunca odiei ninguém. Eu sabia que eu era doente, ou mau, ou os dois. Agora acredito que eu estava doente, os médicos disseram sobre minha doença e agora tenho alguma paz.

    Eu sei quanto dano causei. Depois da prisão, tentei ao máximo corrigir meus erros. Mas não importa o que eu faça, não consigo desfazer o mal que causei. Minha tentativa de ajudar a identificar os restos mortais foi o melhor que pude fazer, e isso não foi nada. Eu me sinto tão mal pelo que fiz a essas pobres famílias e entendo o ódio legítimo delas.

    Sei que ficarei preso pelo resto da vida e sei que terei que me voltar a Deus para me ajudar a passar por cada um dos dias. Eu deveria ter ficado com Deus, eu tentei e falhei, eu criei um holocausto. Graças a Deus não tem mais nenhum mal que eu possa fazer. Acredito que somente o senhor Jesus Cristo pode me salvar dos meus pecados. (...)

    Decidi seguir com esse julgamento por várias razões. Uma delas é para que o mundo saiba que esses não foram crimes de ódio. Eu queria que o mundo e Milwaukee — que eu machuquei muito — soubessem a verdade. Eu não queria perguntas sem respostas. Agora todas as perguntas foram respondidas. Eu queria saber o que me causava ser tão mau e malvado. Mas, acima de tudo, o sr. Boyle e eu decidimos que talvez houvesse um jeito de dizer ao mundo que, se existe alguém aí com algum desses transtornos, talvez consigam pedir ajuda antes que se machuquem ou machuquem alguém. Acho que o julgamento fez isso.

Assumo toda a culpa pelo que fiz. Eu machuquei muitas pessoas. O juiz do caso anterior tentou me ajudar, recusei sua ajuda e ele foi machucado pelo que fiz. Eu machuquei os policiais do caso Konerak e fiz com que eles perdessem o emprego. Espero e oro para que o consigam de volta, porque eu os enganei. Por isso sinto muito. Sei que magoei meu oficial de condicional, que realmente tentou me ajudar. Sinto muito por isso e a todos que machuquei. Magoei minha mãe, meu pai e minha madrasta. Eu amo muito todos eles. Espero que eles encontrem a mesma paz que procuro. As associadas do sr. Boyle, Wendy e Ellen, têm sido maravilhosas comigo, ajudando-me neste momento, o pior de todos os tempos. (...)

Para encerrar, só quero dizer que espero que Deus tenha me perdoado. Sei que a sociedade nunca será capaz de me perdoar. Sei que as famílias das vítimas nunca serão

capazes de me perdoar. Prometo que vou orar
todos os dias para obter o perdão delas
quando a dor passar, se isso acontecer. Vi
suas lágrimas e, se eu pudesse dar minha vida
agora para trazer seus entes queridos de
volta, eu o faria. Lamento muito.

Meritíssimo, sei que o senhor está prestes
a dar minha sentença, eu lhe peço que não
tenha consideração. Quero que o senhor
saiba que fui bem tratado pelos servidores
do seu tribunal e da prisão. Me trataram
profissionalmente e não me deram tratamento
especial. Aqui tenho um ditado que merece
aceitação: Jesus Cristo veio ao mundo para
salvar pecadores, dos quais eu sou o pior.
Mas por essa mesma razão eu vou mostrar
misericórdia, para que, em mim, o pior dos
pecadores, Jesus Cristo possa mostrar
sua ilimitada paciência como um exemplo
para todos que acreditam nele e querem
vida eterna. Agora ao rei eterno imortal
e invisível, o único Deus, a honra e glória
para todo o sempre. Sei que meu tempo na
prisão será horrível, mas eu mereço o que
acontecer por tudo que fiz.

Obrigado, Senhor Meritíssimo, estou
preparado para sua sentença. Sei que o
senhor me dará o máximo, peço que não
tenha consideração.

Jeffrey Dahmer foi assassinado por um companheiro do presídio em 28 de novembro de 1994. A mãe dele quis doar seu cérebro para a ciência, para que avaliassem se havia algo ali capaz de ajudar a capturar pessoas como ele. Mas Lionel não deixou; ele queria que o filho fosse cremado, como ele mesmo havia pedido, e o juiz acatou o pedido.

Existem várias obras sobre esse caso. Uma graphic novel escrita por Derf Backderf, que estudou com Jeffrey na adolescência, ficou bastante conhecida: *Meu amigo Dahmer* (2012). Nela, Derf relata suas memórias da época. Ele criou o material logo depois da morte do antigo amigo. Esta obra acabou dando origem a um filme de mesmo nome em 2017, em que o canibal é interpretado por Ross Lynch. Uma das obras mais interessantes é o livro escrito pelo próprio pai de Jeffrey, Lionel Dahmer: *A Father's Story* (1994). A obra mostra como era difícil para a família tentar ajudar Jeffrey, e Lionel parece querer buscar uma resposta. Será que ele mesmo teve culpa? Será que era algo genético? É um relato bem emocionante. Por fim, *Monster: The Jeffrey Dahmer Story*, da Netflix, é uma minissérie criada por Ian Brennan e pelo renomado diretor e showrunner Ryan Murphy — também criador de *American Horror Story, Scream Queens, Ratched* e *Glee*. A minissérie tem Evan Peters, que sempre trabalha com Murphy, no papel de Jeffrey Dahmer. Até a data da publicação deste livro, ela ainda não foi lançada.

ED GEIN: O CARNICEIRO DE PLAINFIELD

Edward Theodore Gein nasceu em 27 de agosto de 1906, filho de Augusta e George Gein, na cidade de La Crosse, no estado de Wisconsin. Augusta era de família alemã, uma mulher gorda e atarracada, e ficava muito brava porque George era alcoolista e não conseguia parar em nenhum emprego. Ela sentia que ele era um inútil e, em vez de ajudar, dava mais trabalho para ela. O casamento dos dois não ia nada bem e Augusta foi se tornando muito controladora e rígida.

Quando Henry, o irmão mais velho de Edward, nasceu, quatro anos antes, ela achou que seria uma coisa boa na vida deles, mas Augusta não conseguia amar a criança de verdade. Ela sonhava mesmo era em ter uma filha. Quando Ed nasceu, ela prometeu que ele seria diferente de todos os homens. Ela acreditava que homens eram suados e só pensavam em sexo, em usar as mulheres, e não queria que Ed virasse aquilo.

Ed era uma criança tranquila, gentil e possuía características consideradas naquela época "femininas". A gente sabe que não existe isso de características mais femininas ou masculinas, que tudo isso é uma construção social. Mas acabou que os outros meninos se afastaram de Ed, e ele ficava solitário e contava cada vez mais só com a mãe, a quem achava *perfeita, sem defeitos*. Quando cresceu, Ed cuidava de crianças da região de Plainfield, para onde tinham se mudado. Ele era como uma babá mesmo, além de ser superquerido pelos moradores.

Até que, em abril de 1940, George faleceu. Ed já tinha 33 anos, e ele e Henry começaram a trabalhar mais para ajudar em casa. Henry já tinha comentado com conhecidos que achava a ligação entre Ed e a mãe muito forte, meio estranha. Ed soube e ficou chocado; ele admirava muito o irmão e nunca tinha passado pela cabeça dele que Henry pudesse achar isso. Para Ed, a mãe deles era um anjo na terra, uma santa! Aquilo foi muito pesado para ele.

Em 16 de maio de 1944, os irmãos estavam tentando apagar um incêndio perto da casa deles. O fogo se alastrou muito e os irmãos acabaram se perdendo um do outro. Ed procurou Henry, mas não o achou mais. Quando chegaram, os policiais foram levados por Ed para o exato lugar em que o corpo do irmão estava. Virado de bruços e sem sinal de que tivesse sido queimado, foi declarado morto por asfixia, provavelmente por inalação de fumaça, pelo legista. Até hoje não sabemos se Ed teve alguma participação na morte do irmão.

Algum tempo depois disso, aos 66 anos, Augusta teve um derrame. Ed cuidou da mãe com toda a dedicação até que ela se recuperasse totalmente. Em dezembro de 1945, Ed precisou ir à casa de um vizinho, e Augusta resolveu ir junto. Chegando lá, encontraram o vizinho batendo em um cachorro vira-lata, que gania de dor. Uma mulher apareceu na porta e começou a gritar para ele parar. De acordo com Augusta, o vizinho e a mulher moravam juntos, mas se tratava de uma relação "fora do casamento". Augusta ficou muito abalada com essa situação toda, inclusive mais com a mulher, a qual chamou de prostituta, do que com a violência contra o animal. Alguns dias depois, ela teve outro derrame e no dia 29 de dezembro faleceu, aos 67 anos.

Muito querido na cidadezinha em que morava, Ed continuou com seus trabalhos, ajudando as pessoas, tudo normal. Ele nunca cuidou muito da aparência, mas depois que a mãe faleceu ficou ainda mais desleixado. Fora isso, começou a contar histórias macabras para as crianças de que cuidava. Em casa, além dos livros de histórias infantis, ele tinha vasta literatura sobre anatomia humana e animal, assassinatos (*true crime* também!), histórias muito violentas de campos nazistas e histórias de aventuras que envolviam canibalismo. Outra coisa que ele gostava de ler eram os obituários de jornal. Até aí, tudo bem.

Como Ed havia perdido todos os familiares, o pessoal da cidade sempre o convidava para passar um tempo na casa deles, vendo TV ou batendo papo, até porque ele sempre ajudava em tarefas mais pesadas. Desses vizinhos, Lester, Irene Hill e o filho adolescente deles, Bob, eram uns dos mais próximos de Ed.

Bob relatou mais tarde que em uma dessas visitas viu umas cabeças bem pequenas, como se fossem enfeites, e perguntou a Ed o que eram. Ele respondeu que eram souvenires das Filipinas, onde um primo dele tinha ido lutar na guerra. Como outras crianças entravam lá o tempo todo, uma delas acabou vendo demais, e afirmou ter visto uma cabeça de tamanho real, que não parecia encolhida nem antiga, parecia nova. Essa foi mais ou menos a época em que Ed proibiu as pessoas de entrarem na casa dele.

A frente da casa de dois andares em que morava tinha agora a pintura desbotada e estava tomada por ervas daninhas, então as crianças de Plainfield começaram a inventar histórias e espalhar que a casa era mal-assombrada. Ed até pensou em arrumar a casa ou vendê-la, mas decidiu usar só as áreas de que precisava, e fechar as outras.

Em 16 de novembro de 1957, um morador da cidade, Bernard Muschinski, dono do posto de posto de gasolina, viu uma picape adesivada sair do estacionamento da loja de ferramentas próxima e pegar a estrada. Aquela loja pertencia a Bernice Worden e estranhamente naquele momento estava trancada. Bernard mais tarde se encontrou com Frank, filho de Bernice, e comentou sobre isso. Frank decidiu ir até a loja para entender o que estava havendo. Ao entrar, percebeu que a caixa registradora tinha sumido do balcão, havia uma poça de sangue e uma trilha que levava até a porta dos fundos. Imediatamente ele ligou para a polícia, e o xerife Art Schley foi verificar o ocorrido.

Na investigação do local, havia uma pista interessante: um recibo de um anticongelante — produto que tem como função controlar a temperatura do motor, quando o veículo está exposto a baixas temperaturas — no nome de... Ed Gein. Dois policiais foram atrás de Ed e o encontraram na casa dos Hill. Interrogado sobre os fatos, Ed na primeira vez contou uma história, depois contou outra. Quando perguntado sobre o que fez durante o dia, ele se confundiu e respondeu que havia sido incriminado. Quando o policial, confuso, perguntou do que Ed estava sendo incriminado, ele respondeu que pela morte da sra. Worden. Como até aquele momento Bernice estava somente desaparecida, os policiais acharam bem estranho.

    Enquanto isso, o xerife e outro policial foram até a casa de Ed. No tal do galpão anexo à cozinha, encontraram o corpo de Bernice pendurado pelos pés, com o abdome aberto, como se tivessem retirado a pele, os braços amarrados ao longo corpo... e sem a cabeça.

    No restante da casa, os policiais se depararam com uma completa desordem. Lixo espalhado pelo chão, restos de comida, latinhas, garrafas, caixas de papelão, ferramentas, jornais, tinha de tudo. Só que eles também encontraram coisas muito piores.

    Ao todo, foram encontrados diversos objetos "artesanais". Havia na casa uma lata velha de café com um monte de chicletes mastigados e dentaduras amareladas, tigelas de sopa feitas do topo de crânios humanos (e vários outros crânios espalhados pela cozinha), além de muitos objetos revestidos de pele humana — quatro cadeiras (que eram estofadas de gordura humana), uma lata de lixo e um abajur. Foram encontrados também algumas cabeças humanas, pulseiras feitas de pele, um puxador de janela feito com lábios femininos e um cinto feito com mamilos femininos, além de calças "legging" feitas de pele de perna humana. Sob a cama, havia duas caixas. Uma delas continha pelo menos nove vulvas, algumas pintadas e outras enfeitadas com uma fita vermelha. (Uma delas parecia mais recente, e estava ainda anexada a uma parte do ânus. Uma análise posterior do especialista identificou que essa vulva especificamente estava coberta de sal.) Na outra caixa, havia quatro narizes humanos. Também encontraram o peito humano de uma senhora de meia-idade que parecia meticulosamente separado do resto do corpo, com uma cordinha, como se a intenção fosse usar como um colete. Eram tantas partes de cadáveres que não era possível nem sequer saber quantos corpos eles tinham encontrado.

Enquanto isso, Ed estava sendo interrogado na delegacia e não havia admitido nada. Aos poucos, começou a se abrir e contou que tinha consciência de que tinha matado Bernice, mas não lembrava bem, tudo era muito nebuloso. Ele recordava que tinha dado um tiro sem querer nela, e por isso a arrastado até sua caminhonete. Se fosse só isso, então era bom ele começar a explicar por que o corpo dela estava pendurado, aberto e sem a cabeça, além de todo o "artesanato" em casa.

Bom, Ed acabou revelando que desde a morte da mãe passou a ter uma fixação por cemitérios, os quais visitava com frequência durante a noite. Em algumas dessas visitas ele abriu covas para roubar corpos ou partes deles, para fazer uns "experimentos" em casa. Com o tempo, percebeu que, quanto mais macia a pele, melhor para fazer suas "artes", e a forma de conseguir isso era pegar corpos mais... fresquinhos. Ele ficava de olho nos obituários para saber quem tinha acabado de morrer e ia lá pegar rapidinho. Ed confessou para o detetive que se odiava por isso e rezava muito para que pudesse parar.

Mas ele não parou. Muito pelo contrário. Em dezembro de 1954, Ed fez sua primeira vítima: Mary Hogan, uma mulher grande e gorda (como a mãe), dona de uma taverna. Só que, para Ed, ela não era boazinha como a mãe, era uma mulher com um passado horrível (divorciada duas vezes!) e ainda tinha algum tipo de conexão com a máfia. Seu rosto foi encontrado em um saco no meio da bagunça do quarto de Ed.

Durante o interrogatório oficial, que aconteceu depois, Ed não mostrou nenhum tipo de remorso. Ele parecia não compreender a gravidade do que tinha feito. Admitiu até vestir as partes dos corpos, as "leggings", o colete, os cabelos das mulheres, usar os rostos escalpelados como máscara e cobrir o próprio pênis com as vaginas, para se sentir mulher.

Não existe consenso se Ed Gein era uma pessoa transgênero. Alguns especialistas acreditam que sim, que esses sintomas poderiam ser uma manifestação da transgeneridade, até porque naquela época e onde ele vivia não se falava sobre o assunto. Outros acreditam que o que ele fazia tinha a ver com questões mal resolvidas com a mãe. No filme *O Silêncio dos Inocentes*, inspirado no livro de Thomas Harris, Buffalo Bill — personagem inspirado em Ed Gein —, por não ter conseguido realizar uma cirurgia de redesignação sexual, sequestrava e matava mulheres.

Depois do interrogatório, Ed voltou a Plainfield. As fotos tiradas dele nesse dia e posteriormente publicadas mostravam um homem quase aliviado. E foi o que muita gente achou: que ele estava se sentindo até melhor por ter tirado tudo aquilo de dentro de si e parado de carregar esse segredo macabro sozinho.

O advogado de Ed, William Belter, informou a ele que seu plano era alegar inocência por razão de insanidade, e Ed concordou (ele concordava com tudo falavam para ele). A mídia caiu em cima, como sempre, e não demorou para que começassem a "exagerar" os fatos, insinuando por exemplo que ele era um *serial killer* ou que tirava os órgãos para comer, o que não era verdade. Ed Gein matou duas pessoas e não era canibal. No capítulo 4 é mais bem explicado como definir um *serial killer*.

Ed Gein foi julgado por homicídio em primeiro grau de Bernice Worden. O promotor Earl Kileen recomendou que Ed fosse submetido a exames psicológicos antes de o juiz decidir se ele ia a julgamento mesmo ou aceitava a inocência por insanidade, já que o estado do corpo da Bernice sugeria que a pessoa que tinha feito aquilo com ela não estava em posse de suas plenas faculdades mentais.

Ed participou de várias sessões com especialistas, inclusive com uma junta de seis médicos que durou horas. Eles precisavam chegar a um consenso. Qual era realmente o diagnóstico de Ed

Gein? O grupo decidiu que ele tinha uma reação esquizofrênica do tipo indiferenciado crônico, que vivia em um mundo de fantasia, sem perceber o certo e o errado, e deveria ser julgado com base nesse diagnóstico.

Ed admitiu que, depois da morte da mãe, passou anos conversando com ela, ouvindo vozes. Ele acreditava ainda que forças externas eram responsáveis pelo que havia ocorrido, que tinha sido escolhido como o instrumento de Deus para realizar o destino da vítima (Bernice Worden, no caso). Ed era extremamente sugestionável e não foi considerado competente para ser julgado, ele era legalmente insano.

Ele foi enviado a um hospital psiquiátrico para criminosos em Wisconsin e chegou a ser julgado de novo em 1968, depois que foi considerado recuperado, para entender as acusações, falar em sua própria defesa e ser julgado. Esse novo julgamento, entretanto, não mudou muita coisa, já que o juiz decidiu por um julgamento "bifurcado": um que julgou seu crime e outro, sua sanidade. No fim das contas, ele foi considerado inocente por insanidade.

No mesmo dia Ed Gein foi enviado de volta ao hospital onde já estava, para que ficasse lá até ser considerado são de novo. Seis anos depois, em 1974, ele chegou a apelar que estava são e queria sair do hospital, e foi marcada uma audiência para comprovar o incomprovável, já que os médicos depuseram que ele ainda era muito instável mentalmente. Ed Gein ficou internado em um hospital psiquiátrico para criminosos até o dia de sua morte por falência respiratória em função de um câncer de pulmão, em 26 de julho de 1984, aos 77 anos.

Robert Bloch, autor de *Psicose*, soube da história de Ed Gein quando finalizava o livro e inseriu na obra uma frase fazendo alusão a ela: "Algumas matérias compararam [o caso Bates] ao caso Gein, que aconteceu uns anos antes, mais ao norte."

O personagem Leatherface, grande vilão do filme *O Massacre da Serra Elétrica,* também faz referência clara e creditada ao criminoso. Seu nome (em português, algo como "Cara de Couro") se deve ao fato de ele usar uma máscara feita de pele humana. Além desses, a série *American Horror Story* também tem um personagem inspirado nessa história. Mas não vamos contar porque é spoiler!

✳ ✳ ✳

E agora? Ficou mais fácil identificar que transtornos Norman Bates e Patrick Bateman tinham? É óbvio que, mesmo sendo personagens da ficção, vários especialistas já fizeram um "diagnóstico" deles.

Norman Bates, de *Psicose*, muito provavelmente possuía um transtorno dissociativo de identidade com duas personalidades presentes, a dele mesmo e a de sua mãe. Se analisarmos todos os traumas na infância, como a perda do pai, a criação superautoritária da mãe, a depreciação por parte dela de mulheres em que ele poderia se interessar, a dependência dele dessa relação, tudo agravado pelo fato de que Norman se culpava pela morte da mãe, a quem amava muito e considerava frágil e inocente, apesar de ter sido abusado por ela.

Se analisarmos clinicamente, Norman possuiu todos os critérios que o *DSM-5* classifica como TDI. Existe uma ruptura de identidade, ele não se lembra de algumas coisas, há sofrimento e prejuízo para a vida dele, as personalidades não são resultado de questões religiosas e os sintomas não são causados por substâncias como álcool, drogas ou outra condição médica.

Também é possível identificar no personagem o transtorno voyeurista, já que ele gosta de observar outras pessoas em momentos íntimos, inclusive tendo espionado a mãe desde a adolescência e os hóspedes do hotel.

> Hitchcock comprou os direitos do livro que inspirou *Psicose* por 9 mil dólares na época e o fez de maneira anônima. Depois saiu comprando o máximo de cópias que conseguiu para ninguém ler. No primeiro dia de filmagem, o diretor obrigou todos da equipe a levantar a mão direita e prometer que não contariam nada sobre a história para ninguém.

Já Patrick Bateman, de *Psicopata Americano*, se encaixa no conceito de psicopata. Hoje em dia se encaixaria no de transtorno de personalidade antissocial. Patrick engana as pessoas e as manipula para seu ganho e prazer pessoal. É extremamente sedutor, mas também insensível e cínico. É solitário e não consegue se relacionar profundamente com ninguém.

Ele se encaixa em todos os critérios do *DSM-5* de transtorno de personalidade antissocial. É maior de idade, não consegue se ajustar às normas sociais e por isso infringe as leis. Mente, é impulsivo, agressivo, irresponsável e não liga para a própria segurança ou a dos outros. E um ponto bem importante: não sente remorso algum.

A famosa rotina de cuidados matinais do personagem, bronzeamento artificial, filmar quando vai transar e se olhar no espelho poderia encaixá-lo no transtorno de personalidade narcisista. Além das características desse transtorno, ainda demonstra arrogância, inveja e é muito egocêntrico. Apesar disso, não parece ter necessidade de atenção ou ser carente, então não podemos afirmar com certeza que ele seja narcisista. Outra questão que Patrick apresenta é o sadismo sexual. Ele tem vários comportamentos sádicos, como sentir prazer com o sofrimento alheio, mas a excitação sexual dele não necessariamente é resultado disso, então não podemos afirmar com certeza.

Se a gente fosse resumir bem, Norman Bates provavelmente possui múltiplas personalidades e Patrick Bateman deve ser psicopata.

SERIAL
4. KILLERS

EM SETEMBRO DE 1972, Ed Kemper foi a uma de suas consultas periódicas com psiquiatras para monitorar e avaliar sua saúde mental e se saiu tão bem nas entrevistas que os profissionais declararam que ele não representava mais um perigo à sociedade. Enquanto isso, no porta-malas do seu carro havia a cabeça decepada de uma vítima que fizera dois dias antes, a adolescente de 15 anos Aiko Koo.

Muito do conhecimento que temos sobre os *serial killers* vem de como as produções de Hollywood e a mídia de forma geral tratam do tema. Atualmente, essas informações estão tão disseminadas que muitas vezes há uma falsa sensação de que sabemos tudo sobre *serial killers: alguém solitário, em geral um homem branco, que viaja e mata em diversos lugares e que é incapaz de parar de matar.*

Uma das falsas informações popularizadas pelos filmes e pela mídia é a de que *serial killers* seriam monstros. Ao chamarmos os assassinos em série de *monstros,* desumanizamos essas figuras, afastando-as da nossa realidade. É possível compreender o uso do termo, porque nem sempre é fácil entender como alguém é capaz de cometer atos tão cruéis, mas é importante enfatizar que as pessoas que cometem esses crimes não são lendas ou seres fantásticos. São seres humanos, pessoas comuns dispostas a cometer todo tipo de crueldade.

Infelizmente, outra ideia associada a essa que ficou na cabeça das pessoas é a de que o *serial killer* é um homem que sai do meio do mato com roupas maltrapilhas e o rosto coberto. Como as pessoas não esperam que o assassino seja alguém tranquilo, que tenha trabalho e família, muitas vezes os *serial killers* escapam e seguem cometendo crimes, sem que ninguém desconfie.

Mesmo depois de ter sido provado que Ted Bundy era um assassino, estuprador e torturador, as pessoas ainda se chocavam, porque ele tinha boa aparência, era eloquente, carismático. Bundy foi um homem desprezível, arrogante, patético, que abusou de dezenas de mulheres, mas definitivamente não era um monstro. Ele era um homem real que cometeu os piores crimes, sem nenhum tipo de remorso ou culpa.

> "Nós, *serial killers*, somos seus filhos, somos seus maridos, estamos em toda parte. E haverá mais de suas crianças mortas amanhã."
> Ted Bundy

O primeiro uso do termo *serial killer* às vezes é atribuído erroneamente ao agente do FBI Robert Ressler, na década de 1970. Criminólogos atestam, no entanto, que o termo já tinha sido usado tempos antes, e na verdade teria sido *homicida em série*. O que Ressler fez foi alterar o termo *serial murderer* para *serial killer*, assassino em série. Ao usar em suas palestras, junto ao agente John Douglas, eles difundiram o termo dentro do FBI e ao redor do mundo.

Desde então, diversos profissionais foram dando definições bem diferentes para o que seria um *serial killer*. Em 2005, o FBI realizou um evento no Texas reunindo grandes especialistas de diversas áreas, a fim de organizar essas visões sobre assassinatos em série. E aí já aproveitaram para bater o martelo na definição.

Os grupos concordaram que assassinato em série é o assassinato ilegal de duas ou mais vítimas pelo(s) mesmo(s) autor(es) em eventos distintos.

Se você tem muito medo desses casos, ou de um dia esbarrar com um *serial killer*, saiba que eles são bem raros: menos de 1% dos homicídios são cometidos por assassinos em série.

MODUS OPERANDI

Modus operandi significa modo de operação em latim.

Em criminologia, por exemplo, um *modus operandi* perfeito é aquele que assegura o sucesso do crime, protege a identidade do agressor e garante a fuga. Isso envolve o tipo de arma que vai utilizar, como chamar menos atenção, qual é a melhor forma de abordar a vítima, como limpar a cena do crime, como se desfazer do corpo e não deixar nenhum tipo de evidência e DNA nem levantar suspeitas.

O maior problema que os investigadores enfrentam é que, ao longo do tempo, os criminosos vão ficando mais experientes, aprendem com os próprios erros e aperfeiçoam seu modo de operação. Ou seja, o *modus operandi* é algo que pode ser mudado e aperfeiçoado.

TROFÉUS

Jeffrey Dahmer tinha uma coleção de genitais, Jerome Brudos tinha um pé decepado de uma vítima guardado no freezer e Ted Bundy colecionava cabeças. Muitos *serial killers* colecionam objetos ou partes do corpo de suas vítimas, muitas vezes para que sirvam de lembrança. Na casa de John Wayne Gacy foram encontrados documentos, fotos e até uma televisão roubada de uma das vítimas. Os assassinos gostam de ter esses troféus para se lembrar dos seus crimes e até obter satisfação sexual novamente ao olhar para eles.

ASSINATURA

É a marca pessoal do agressor. Todo crime tem um *modus operandi*, mas nem todo crime tem uma assinatura. A assinatura atende às necessidades emocionais ou psicológicas do agressor: são os atos gratuitos de violência excessiva ou crueldade sádica que o criminoso comete para se satisfazer. Um bom exemplo é o de Dennis Lynn Rader, conhecido como BTK, que amarrava e torturava a vítima antes de matá-la. Aliás, sua alcunha vem disso: *bind, torture, kill*. A assinatura geralmente não muda com o tempo, é algo que ele não necessariamente precisaria fazer para conseguir cometer o crime.

DEZ TRAÇOS EM *SERIAL KILLERS*

Em uma reunião de ciências forenses em Oxford em 1984, Robert Ressler e John Douglas, junto dos professores Ann W. Burgess e Ralph D'Agostino, apresentaram uma lista de dez sinais comuns em *serial killers*, levantada a partir de um estudo que fizeram com 36 prisioneiros.

1. A maioria é composta por homens brancos e solteiros.
2. Geralmente possuem um QI acima da média.
3. Têm fraco desempenho escolar e histórico de empregos irregulares.
4. São de um ambiente familiar conturbado, normalmente abandonados pelos pais e criados pela mãe.
5. Apresentam histórico de problemas psiquiátricos, comportamento criminoso e alcoolista na família.

6. Sofrem abusos psicológicos, físicos e/ou sexuais na infância.

7. Têm dificuldade em lidar com figuras de autoridade masculinas e podem nutrir sentimentos hostis em relação à mãe.

8. Manifestam problemas mentais e às vezes são internados em instituições psiquiátricas ainda crianças.

9. Mantêm extremo isolamento social, ódio generalizado pela sociedade e ideações suicidas na juventude.

10. Demonstram interesse precoce e duradouro pela sexualidade degenerada e são obcecados por fetichismo, voyeurismo e pornografia violenta.

Com o passar das décadas e o estudo de novos agressores, essa lista foi deixada de lado, pois diversos *serial killers* não se encaixavam nela. Além disso, apresentar uma ou mais dessas características não define alguém necessariamente como um possível assassino em série. O FBI atualmente, segundo um relatório de 2005, conclui:

"A predisposição ao assassinato em série, assim como outros crimes violentos, é de natureza biológica, social e psicológica e não se limita a nenhuma característica ou traço específico."

Você apresenta algum dos dez traços listados? Parabéns: você acaba de descobrir que não existe teste para determinar um potencial assassino em série!

MITOS SOBRE *SERIAL KILLERS*

Além dessa lista que hoje não serve para nada, o FBI também escreveu sobre os sete mitos mais comuns sobre assassinos em série.

Todo *serial killer* é solitário

Por que é um mito? A maioria dos assassinos em série não é solitária, nem reclusa, nem vive sozinha. Muitos têm família, lar, emprego estável e escondem bem a sua natureza na comunidade em que vivem.

Exemplo: Robert Lee Yates foi um assassino em série da cidade norte-americana de Spokane, no estado de Washington, que matou ao menos treze pessoas em situação de prostituição entre 1996 e 1998. Yates era casado, vivia em um bairro de classe média, frequentava a igreja, serviu no Exército e até conseguiu um certificado de piloto de avião. Ganhou diversos prêmios militares e medalhas. Yates só foi pego porque uma de suas vítimas conseguiu escapar. Mesmo suspeito, ainda se recusou a fornecer DNA para a investigação porque era um homem de família. Esse tal homem de família foi declarado culpado por treze homicídios em primeiro grau e uma tentativa e recebeu uma sentença de 408 anos de prisão. Em 2002, Yates foi julgado por mais dois homicídios e condenado à pena de morte. Após anos de apelação por parte do réu, a pena de morte passou a ser considerada inconstitucional pela Suprema Corte do estado. Yates, portanto, ficará preso para o resto da vida, sem possibilidade de conseguir liberdade condicional.

Todo *serial killer* é um homem branco

Por que é um mito? Existem *serial killers* de todas as raças. A diversificação racial dos assassinos em série norte-americanos reflete a da população geral dos Estados Unidos.

Serial killers em geral escolhem vítimas da própria raça, ou seja, *serial killers* negros ou asiáticos costumam fazer vítimas negras e asiáticas, respectivamente, e esses casos costumam receber menos cobertura da mídia.

Exemplo: Lee Choon-jae, também conhecido como Estrangulador de Hwaseong, é um assassino em série da Coreia do Sul que estuprou e matou ao menos dez mulheres nos anos 1980. Um suspeito ficou preso injustamente por vinte anos por um dos crimes do Estrangulador, cuja real identidade só foi descoberta em 2019, com os avanços na análise de DNA. Lee, que já cumpria pena desde 1994 pelo estupro e assassinato da cunhada, confessou o crime e alguns o consideram o maior *serial killer* do país.

Onde encontrar mais sobre esse caso: *Memórias de um Assassino* (2003). O filme, do diretor Bong Joon-Ho, é uma ficção inspirada na história do Estrangulador de Hwaseong.

> 🎧 Modus Operandi Podcast – Episódio #49
> Lee Choon-Jae: O Estrangulador de Hwaseong

Todo serial killer é motivado somente por sexo

Por que é um mito? Durante muito tempo se acreditou que os assassinos em série eram *sexually-based*, ou seja, que suas motivações eram impulsionadas por suas necessidades ou desejos sexuais, mesmo que não houvesse contato físico com as vítimas. Para alguns deles, realmente o ato de matar por si só pode trazer satisfação sexual. Porém, com o passar dos anos, perceberam que existiam outras motivações, como raiva, emoção, ganho financeiro ou busca por atenção.

Exemplo: Aileen Wuornos, também conhecida como A Dama da Morte, matou sete homens entre 1989 e 1990. Alguns estudiosos acreditam que ela os matou por causa dos traumas que sofreu e da perda de controle sobre a própria vida. Outros acreditam que foi por vingança. Mas, definitivamente, ela não sentiu prazer sexual enquanto os matava.

Onde encontrar mais sobre esse caso: No documentário *Aileen: Life and Death of a Serial Killer* (2003), disponível no YouTube, o cineasta Nick Broomfield examina a vida e a história de Aileen. O caso também deu origem ao filme de ficção *Monster: Desejo Assassino* (2003), com Charlize Theron no papel de Aileen. No livro *Monster: My True Story*, Aileen Wuornos foi entrevistada por Christopher Berry-Dee e contou sobre a sua vida.

🎧 Modus Operandi Podcast – Episódio #57
Aileen Wuornos: A Dama da Morte

Todo *serial killer* viaja e mata em vários lugares diferentes

Por que é um mito? A maioria dos *serial killers* têm áreas geográficas bem definidas e comete os crimes em zonas de conforto — muitas vezes lugares próximos ao bairro em que moram ou trabalham. Caso se sintam confiantes, podem extrapolar essa região. Mas poucos assassinos em série viajam para matar, e, no caso dos que se enquadram nessa categoria, o ato de viajar costuma fazer parte do seu trabalho.

Exemplo: John Wayne Gacy foi um *serial killer* norte-americano que estuprou e matou pelo menos 33 jovens e adolescentes em Chicago nos anos 1970 e enterrou quase todas as suas vítimas embaixo da própria casa. Ele também é conhecido como "Palhaço Assassino", mas, diferentemente do que pode parecer, nunca matou ninguém vestido de palhaço. Gacy era membro da Defesa Civil no estado de Illinois, tesoureiro do Partido Democrata e empresário, mas nas horas vagas fantasiava-se de Palhaço Pogo e divertia as crianças em festas beneficentes e hospitais. Muitos dizem que Stephen King se inspirou nessa história para criar o personagem Pennywise, de *IT: A Coisa* (1986), mas ele nunca confirmou.

Onde encontrar mais sobre esse caso: O livro *Killer Clown Profile: Retrato de um assassino* conta a história da investigação que começou com o desaparecimento de um jovem e terminou na casa de Gacy, cheia de corpos enterrados.

Todo *serial killer* é incapaz de parar de matar

Por que é um mito? Não é verdade que, uma vez que começam a matar, os assassinos em série não conseguem mais parar. Existem diversos casos de *serial killers* que pararam de matar antes de serem descobertos. Muitas vezes algo acontece na vida deles que os impede de fazer novas vítimas, como maior participação em atividades familiares e busca pela satisfação sexual em outras atividades.

Exemplo: Joseph James DeAngelo Jr., conhecido como o Assassino do Estado Dourado (Golden State Killer), cometeu treze assassinatos e pelo menos cinquenta estupros entre 1975 e 1986, quando fez sua última vítima. Sua identidade foi descoberta em 2018; ele foi sentenciado a onze penas de prisão perpétua e não pode mais pedir liberdade condicional. Quando foi preso, fazia 32 anos que tinha cometido o último crime.

Onde encontrar mais sobre esse caso:
O livro *Eu terei sumido na escuridão* (2018), de Michelle McNamara, e a série homônima da HBO, inspirada no livro, contam essa história.

Todo *serial killer* é insano ou um gênio do mal

Por que é um mito? Nem todo *serial killer* tem uma condição mental debilitante ou é extremamente esperto e inteligente. Ed Kemper era superdotado, tinha um QI de 145 e só foi preso porque ligou para a polícia e assumiu os seus crimes, mesmo sem que houvesse qualquer suspeita sobre ele. Mas nem todos são assim. Os assassinos em série costumam sofrer de uma variedade de transtornos de personalidade, incluindo psicopatia, transtorno de personalidade antissocial e outros. A maioria não é considerada insana perante a lei.

Exemplo: Adivinha? Dennis Rader de novo. Apesar de ter ficado quase trinta anos longe da mira da polícia, foi pego por um motivo ridículo. Assim como o Zodíaco, o BTK gostava de enviar cartas para a polícia e os jornais com pistas e informações sobre seus crimes. Em uma dessas cartas, acabou ajudando a polícia a localizar uma caixa de cereal com diversos documentos dentro. Em um deles, Rader perguntava se disquetes podiam ser rastreados, e solicitava ao destinatário que anunciasse no jornal local, caso fossem seguros, com a frase *Rex, it will be ok*. O chefe de polícia colocou a frase no jornal, como o pedido. *O golpe tá aí, cai quem quer*. E, duas semanas depois, ele caiu.

No dia 16 de fevereiro de 2005, chegou um pacote na TV local com um disquete roxo. O disquete continha um arquivo com a mensagem "isso é um teste" e orientava a polícia a ler uma das fichas com instruções para comunicações futuras. Só que com alguns cliques a polícia descobriu que o arquivo havia sido salvo pela última vez por alguém chamado Dennis e que o disco havia sido usado na Igreja Luterana de Cristo e na biblioteca de Park City.

Rader cometeu o erro fatal de levar o disquete para sua igreja para imprimir o arquivo porque a impressora de seu computador de casa não estava funcionando. Uma busca rápida na internet identificou Dennis Rader como presidente da congregação da tal igreja. Enfim considerado um suspeito, a polícia só precisou das informações do DNA da cena do crime para confirmar que ele era o assassino BTK. Um gênio, não?

Todo *serial killer* quer ser capturado

Por que é um mito? A maioria dos assassinos em série planeja seus crimes mais detalhadamente que outros criminosos. Mas isso não os impede de cometer falhas. A logística entre cometer um assassinato e descartar o corpo é muito complexa e exige bastante dedicação. À medida que se sentem mais confiantes, acabam se expondo mais, e isso facilita na captura de muitos deles.

TRÍADE MACDONALD

Em 1963, o psiquiatra forense John MacDonald publicou um artigo chamado "The Threat to Kill", em que falava sobre três fatores que, uma vez identificados em crianças ou adolescentes, indicariam maior probabilidade de desenvolverem tendências violentas ou predatórias.

- **Enurese noturna** (vazamento involuntário de urina)
- **Crueldade contra animais**
- **Piromania** (obsessão por incêndios)

As três características ficaram conhecidas como Tríade MacDonald ou Tríade Psicopatológica. Segundo o estudo, ao menos duas destas características tinham que estar presentes para indicar tendência a ser um assassino em série no futuro.

MacDonald desenvolveu esse estudo a partir de uma pesquisa empírica (observacional) com um grupo pequeno e homogêneo. Hoje os especialistas afirmam que não há evidências suficientes para apoiar a tríade como algo definitivo para o comportamento de um futuro homicida.

Alguns estudos sugerem, no entanto, que crueldade contra animais pode ser uma espécie de "ensaio" para a perpetração de crimes maiores. Com base nisso, John Thompson, então vice-diretor executivo da National Sheriffs' Association, solicitou que o FBI adotasse uma nova estrutura de relatórios de crueldade contra animais e pediu que houvesse um banco de dados central e pesquisável sobre esses crimes. Desde 2016, informações detalhadas da polícia sobre atos de crueldade contra animais, incluindo negligência, tortura, abuso sexual, entre outras, estão sendo coletadas para esse banco de dados.

A psiquiatra e professora de ciências comportamentais Kori Ryan, que estudou profundamente a Tríade MacDonald, acredita que há pesquisas suficientes para embasar que dois dos fatores da tríade — colocar fogo em objetos e praticar crueldade contra animais — são fatores de risco para indicar uma variedade de problemas. Mas a teoria de MacDonald ignora outros fatores que podem estar ligados a esses comportamentos (ou atitudes). Segundo ela, os comportamentos listados pela tríade devem soar mais como um alerta, não necessariamente uma previsão de que a criança se tornará um criminoso violento, mas um indicativo de que ela precisa de ajuda.

EXISTEM *SERIAL KILLERS* MULHERES?

Quando as pessoas pensam em *serial killer*, em geral vêm à mente cenas de crime sangrentas, partes de corpo espalhadas pelo chão, várias facas ou armas, alguém mascarado, um verdadeiro horror. Mas nem sempre é assim, principalmente se a *serial killer* for uma mulher.

Grosso modo, assassinas em série matam de forma diferente da dos homens. Harold Schechter, professor emérito no Queens College de Nova York, especializado em assassinos em série, afirma que a excitação das mulheres não tem relação com a violação de corpos de estranhos com objetos fálicos, mas de uma sádica paródia de intimidade e amor, como administrar venenos a pessoas sob seus cuidados ou sufocar crianças dormindo.

As mulheres representam menos de 10% dos assassinos em série, e a maioria até hoje fez uso de veneno. Algumas ficam observando as vítimas agonizando até a morte, de forma lenta e dolorosa. Ou seja, igualmente cruel.

No livro *Murder Most Rare: The Female Serial Killer*, Michael D. Kelleher e C. L. Kelleher tentaram estabelecer tipos de assassinas em série. São elas: viúvas-negras, anjos da morte, predadoras sexuais, assassinas por vingança e assassinas por lucro. As duas primeiras são as mais comuns.

Os machos das aranhas conhecidas pelo nome de aranhas-pretas ou viúvas-negras, do gênero *Latrodectus*, na maioria das vezes perdem seu aparelho reprodutor depois do acasalamento e acabam morrendo de hemorragia. Apesar de não matarem o parceiro diretamente, a reputação da viúva-negra vem do fato de que a fêmea se alimenta dele após o acasalamento. Elas não fazem por maldade, apenas se aproveitam do cadáver para repor as energias, tadinhas...

Assim como as **viúvas-negras**, as assassinas em série também eliminam os seus parceiros, e quem mais surgir em seu caminho para atrapalhar seus planos. São inteligentes, manipuladoras, organizadas e pacientes. E, por causa disso, raramente levantam suspeitas. A motivação é na maioria das vezes ganhos financeiros.

Já as *serial killers* conhecidas como **anjos da morte** são mulheres em situação de responsabilidade pelas vítimas. Enfermeiras, cuidadoras, médicas, que se aproveitam da vulnerabilidade de seus pacientes, em sua maioria bebês ou idosos, para colocar em prática seus desejos assassinos.

Algumas discussões sobre essas assassinas concluíram que várias delas possuem a Síndrome de Munchäusen por procuração, quando uma pessoa simula sintomas ou força o aparecimento de doenças em outrem. Um dos casos mais famosos é o de Dee Dee Blanchard, uma mãe que fingiu durante muitos anos que a filha, Gypsy Rose, tinha doenças, obrigando-a a realizar trinta cirurgias e outros procedimentos extremamente invasivos sem necessidade. À medida que Gypsy foi crescendo, sua vontade de se livrar dos domínios da mãe só aumentava. Até que um dia ela pediu ajuda do namorado para matar sua mãe, e foi assim que Dee Dee foi assassinada.

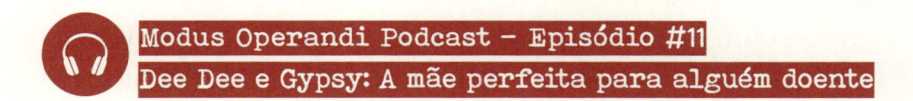

> **Modus Operandi Podcast – Episódio #11**
> **Dee Dee e Gypsy: A mãe perfeita para alguém doente**

Por se tratar de um número menor quando comparado com o de *serial killers* homens, existem poucas pesquisas aprofundadas sobre as assassinas em série. Tanto que até hoje muita gente considera Aileen Wuornos a primeira *serial killer* americana, sendo que mais de um século antes já haviam existido outras. A mais antiga *serial killer* americana de que se tem registro é do início do século XIX, Lavinia Fisher. Ela e o marido, John Fisher, tinham um hotel chamado Six Mile Wayfarer House, em Charleston, na Carolina do Sul, onde aplicavam golpes nas pessoas.

Conta a história que Lavinia convidava os homens para jantar e fazia várias perguntas, demonstrando interesse, mas na verdade ela queria mesmo era saber se eles teriam posses. Depois ela os enviava para os quartos com uma xícara de chá envenenado. Algumas versões dessa história são diferentes. Umas dizem que os homens bebiam o chá e depois John Fisher ia conferir se eles estavam mortos, outras contam que Lavinia colocava um sonífero na bebida e, uma vez que os homens deitavam na cama, ela puxava uma alavanca que abria um buraco e jogava as vítimas direto em um poço com lanças pontiagudas que os matava instantaneamente.

Lavinia foi condenada à morte por enforcamento, mas, antes de morrer em 1820, gritou: "Se você tem uma mensagem para o inferno, passe para mim: eu vou entregá-la." Quase uma peça de Shakespeare de tão teatral.

Tori Telfer, autora de *Lady Killers: Assassinas em série*, afirma que, para minimizar a violência feminina, as pessoas desumanizam as assassinas em série, ou as erotizam, até que essas mulheres pareçam inocentes. Mas a verdade é que a mais sádica delas merecia um livro inteiro, tal a complexidade e a brutalidade de seus crimes. A condessa húngara Elizabeth Báthory, que viveu entre 1560 e 1614 e era conhecida como Condessa Sangrenta, atraía jovens e virgens entre 10 e 14 anos para o seu castelo, onde as torturava e matava. O número é incerto, mas acreditam que ela pode ter sido responsável pela morte de até 650 camponesas.

Antes de Jack, o Estripador, existir, Mary Ann Cotton já causava estrago na Inglaterra do século XIX, mas seus crimes não ficaram tão conhecidos. Sua vida foi marcada por desgraças e mortes, principalmente em família, mas o que muitos não sabiam é que era ela mesma a pessoa responsável por tudo, envenenando-os com doses de arsênico.

Quando a morte de uma criança enfim despertou suspeita, os jornais se interessaram pela história e descobriram que Mary, vinda do norte da Inglaterra, já tinha perdido três maridos, um amante, uma amiga, a mãe e uma dezena de crianças. Ao todo, ela teria matado 21 pessoas, quase todas da própria família.

"Essas damas assassinas eram inteligentes, mal-humoradas, coniventes, sedutoras, imprudentes, egoístas, delirantes e estavam dispostas a fazer o que fosse necessário para ingressar no que elas viam como uma vida melhor. Foram implacáveis e inflexíveis. Estavam perdidas e confusas. Eram psicopatas e matadoras de crianças. Mas não eram lobos. Não eram vampiros. Não eram homens. Elas eram horrivelmente, essencialmente, inescapavelmente humanas."
Tori Telfer

ED KEMPER, O MATADOR DE COLEGIAIS

Edmund Emil Kemper III nasceu no dia 18 de dezembro de 1948 em Burbank, na Califórnia, filho de Clarnell Stage e Edmund Emil Kemper II. Ed teve uma infância bastante problemática. Apesar de inteligente, sofreu bullying no colégio por conta da sua altura e era bastante solitário.

Quando tinha 9 anos, seus pais se separaram e ele se mudou para Montana com a mãe e as duas irmãs. Sua mãe era alcoolista, rígida, abusiva, criticava o filho exageradamente e o tratava com bastante desprezo.

Há relatos de que Ed costumava chamar as irmãs para brincadeiras meio esquisitas, como fingir que morria em uma câmara de gás com elas (realmente, bem peculiar), se contorcer na cadeira fingindo que estava morrendo, além de decepar as bonecas das meninas.

Aos 10 anos, Clarnell o obrigou a viver no porão de casa, afastado do resto da família, por temer que ele fizesse algo com as irmãs. O espaço era bem apertado e sem janelas, e foi nessa época que Ed passou a ter fantasias sobre matar a própria mãe.

Kemper enterrou vivo o gato da família e depois dissecou o corpo. Aos 13 anos, matou com um facão o novo gato. Ed nunca teve muitos amigos, e não tinha coragem de levar em casa os poucos que tinha, porque não queria que descobrissem que ele morava num porão escuro e que sua mãe o tratava mal o dia inteiro.

Quando ele tinha 14 anos, uma das irmãs, querendo irritá-lo, perguntou se ele beijaria uma professora; ele respondeu que, antes de beijá-la, teria que matá-la. Depois de uns meses vivendo tudo isso dentro de casa, em 1963, ele pediu para morar com o pai, sua nova esposa, Elfriede, e o filho dela de 16 anos.

Mas a relação de Kemper com a esposa do pai era bem complicada. Elfriede, grávida, chegou um dia em casa, e Ed começou a fechar as cortinas, deixando tudo escuro, e a ficou seguindo pela casa. A mulher ficou com medo e pediu para ele sair. Assustado, o filho de Elfriede pegou um martelo e expulsou Ed, que acabou voltando a morar com a mãe, no porão. Depois de um tempo, os pais mandaram Ed para seus avós paternos, que viviam num sítio afastado da cidade. Ed odiou tudo, porque, além de se sentir muito rejeitado, ele percebia que ninguém gostava dele e só o queriam longe.

A relação de Ed com os avós também não era boa, e ele acreditava que sua avó, Maude Kemper, *tirava a sua virilidade*, porque ela o controlava, que nem a mãe. A relação com o avô, que também se chamava Edmund, era um pouco melhor, e Ed até ganhou um rifle que ele usava para caçar alguns animais como coelhos, esquilos e pássaros, apesar deste último irritar sua avó, que pediu para que ele não atirasse nas aves. Maude também reclamava que o neto a encarava muito e que isso a assustava. Em agosto de 1964, estavam só Ed e a avó em casa, quando eles brigaram depois que ela pediu para que ele parasse de encará-la. Bravo, Ed levantou com o rifle, com a intenção de caçar, mas ouviu da avó "e não atire em passarinhos, hein?" e isso foi o suficiente para irritá-lo. Ele pegou o rifle e atirou na cabeça da avó e depois ainda deu mais dois tiros nas costas. Não satisfeito, pegou uma faca e a golpeou diversas vezes. Ed decidiu enrolar uma toalha na cabeça da avó e levá-la para o quarto, e só então ele se preocupou sobre o que o avô diria quando chegasse.

Ed achava que o avô, ao ver o que fez, ia infartar e morrer, mas não teve tempo de pensar direito sobre isso, porque logo o avô chegou cheio de compras da cidade e Ed foi em direção a ele com o rifle e... deu um tiro em sua cabeça. Sem saber o que fazer, um pouco desesperado, Ed ligou para a mãe e contou o que havia acontecido. Clarnell mandou o filho ligar para a polícia, ele ligou e ficou sentado esperando que chegassem. Ed Kemper só tinha 15 anos quando tudo isso aconteceu.

Ed foi diagnosticado com esquizofrenia paranoide e encaminhado para o Hospital Estadual de Atascadero, na Califórnia, para uma unidade de criminosos insanos. Lá descobriram que ele teria um QI de 145, que é considerado bastante alto. O próprio Kemper classifica essa sua fase da vida como uma das mais felizes, já que o hospital não era como uma prisão, lá eles realmente queriam recuperar as pessoas. Ele foi escalado para trabalhar no laboratório de psicologia e ajudava a aplicar testes em outros pacientes.

Foi nessa época que ele conversou com muitos criminosos violentos e aprendeu muitas coisas, inclusive detalhes dos crimes. Ed começou a ter fantasias e sonhos sobre o que queria fazer quando saísse dali, e chegou à conclusão de que os seus colegas tinham sido presos porque deixaram evidências e testemunhas para trás, atacaram mulheres conhecidas, em lugares públicos. Ele seria mais esperto e não faria dessa forma.

Ed era tão inteligente que memorizou as respostas do teste para ser liberado. Ele sabia como manipular os psiquiatras e psicólogos, dizendo o que eles queriam ouvir. Com isso, os especialistas lhe deram um novo diagnóstico: distúrbio de personalidade passivo-agressiva. Depois de cinco anos no hospital, o psiquiatra finalmente deixou Kemper sair, com a recomendação de que não voltasse a morar com a mãe, porque isso poderia desencadear novos episódios de violência.

E o que aconteceu? Ed voltou a morar com a mãe! Ele tinha 21 anos e não tinha como se sustentar, então parecia ser a sua única alternativa. O ano era 1969, e agora sua mãe tinha se divorciado e se mudado para Santa Cruz, no interior da Califórnia. Os dois brigavam muito, principalmente porque a mãe o culpava por tudo. Ele demonstrou interesse em entrar para a Polícia Rodoviária da Califórnia, e sua mãe até se esforçou para ajudá-lo, e quis apagar sua ficha criminal, para que os crimes cometidos contra os avós não o prejudicassem.

Mas Ed acabou não conseguindo entrar para a polícia. Não por causa do crime, mas porque era alto demais. Existia um limite de altura para participar do processo e ele passava bastante dele com seus 2,06 metros. Essa foi uma das grandes frustrações da sua vida, porque era algo que não dependia dele, já que ele imaginava possuir as qualificações necessárias para entrar, só não tinha a altura "certa".

Ed costumava ir a um bar frequentado pelos policiais da região e logo fez amizades. Eles discutiam sobre casos e evidências, e Ed adorava ficar ouvindo as histórias, até porque queria trabalhar na polícia. Ele chegou a comprar um carro meio parecido com uma viatura no qual instalou um radiotransmissor, um microfone e uma antena, para pegar a frequência das chamadas dos policiais. Depois de passar por vários empregos, começou a trabalhar no Departamento de Obras Públicas — Divisão de Rodovias do Estado da Califórnia e se mudou da casa da mãe para um apartamento.

E foi aí que tudo começou. Ed ficava observando estudantes nas estradas e oferecia carona para várias delas. Ele testava formas de fazê-las confiar nele: as deixava em segurança em casa e depois ficava repassando na cabeça o que poderia ter feito de diferente e como deveria agir para não ser pego.

Certa vez, ao oferecer carona para uma mulher e a filha com intenção de matá-las, viu pelo retrovisor que o marido havia anotado a placa do carro. Assim, Ed só as levou até o destino e nada fez. Aqui ele já começava a desenvolver o seu *modus operandi*.

Robert Ressler relata no livro *Mindhunter Profile* que, em fevereiro de 1971, ele foi atingido por um carro enquanto pilotava sua moto e sofreu ferimentos graves no braço. Entrou na justiça com o pedido de indenização e em dezembro do mesmo ano aceitou um acordo de 15 mil dólares.

Ele continuou treinando as caronas até se sentir confiante para dar um passo maior. No dia 7 de maio de 1972, as estudantes Mary Ann Pesce e Anita Luchessa estavam andando, quando Ed lhes ofereceu carona. Durante o trajeto, ele sacou uma arma debaixo do banco e mandou elas ficarem quietas. Ele as levou para uma área isolada, esfaqueou as duas e depois carregou os corpos para a casa da sua mãe. Lá ele tirou fotos, dissecou seus corpos e brincou com seus órgãos. Depois guardou o restante em sacolas de plástico, enterrou nas montanhas de Santa Cruz e jogou a cabeça delas do barranco ao lado da estrada. Como relata John Douglas no livro *Mindhunter*, enquanto dirigia para se desfazer dos corpos, a polícia o parou. Mas ele não ficou aterrorizado com a possibilidade de ser descoberto e preso. Na verdade, ele ficava empolgado diante dessas situações. Se o policial tivesse resolvido conferir o porta-malas, Ed o teria matado.

Apenas quatro meses depois, em 14 de setembro, Ed fez uma nova vítima. Aiko Koo tinha apenas 15 anos, estudava dança e estava no ponto de ônibus. Como o ônibus estava demorando muito e ela não queria perder a aula, acabou aceitando a oferta da carona.

Ed mostrou a arma e a garota ficou muito assustada, então ele começou a tranquilizá-la dizendo que nada ia acontecer. Ainda disse que, se ela não fizesse sinal para ninguém, nada aconteceria com ela. Ele começou então a se afastar, na direção das montanhas, estacionou e foi até o porta-malas buscar algo, e a sufocou até ela desmaiar e, então, a estuprou e estrangulou até a morte com a própria echarpe da vítima. Quando teve certeza de que ela estava morta, colocou-a no porta-malas. Já em casa, levou o corpo para o quarto e o estuprou novamente.

Em setembro de 1972, Ed fez uma avaliação psiquiátrica e o médico disse que ele não representava mais um perigo à sociedade. Isso não era verdade, porque, enquanto estava na consulta, a cabeça de Aiko Koo se encontrava no porta-malas do seu carro.

Ed jogou os restos mortais em locais diferentes e distantes um do outro depois de alguns dias e ficou bastante satisfeito ao descobrir no bar que os policiais ainda não tinham relacionado o desaparecimento de Aiko e os assassinatos anteriores das duas estudantes.

Meses depois, no dia 9 de janeiro de 1973, Ed fez mais uma vítima: a estudante Cindy Schall, de 18 anos.

Ele a levou até as colinas de Watsonville, a forçou a entrar no porta-malas e atirou em sua cabeça. Levou o corpo para a casa da mãe, abusou sexualmente do cadáver, dissecou-o na banheira, ensacou e jogou fora quase todo o corpo. Mas dessa vez enterrou a cabeça da vítima no quintal, com o rosto para cima e os olhos na direção da janela do quarto de sua mãe. Os sacos com o restante do corpo, jogou de um penhasco. O corpo foi descoberto em menos de 24 horas, mas ele não teve medo, pois não havia nenhuma suspeita sobre ele.

Um mês depois, em 5 de fevereiro — o tempo entre os crimes estava diminuindo —, ele fez mais duas vítimas: Rosalind Thorpe e Alice Liu. Depois de mais uma briga com a mãe, Ed saiu de casa para espairecer e acabou oferecendo carona para Rosalind, de 23 anos. Os dois estavam conversando quando ele parou e ofereceu carona para Alice Liu, de 20. Matou as duas a tiros, colocou os corpos no porta-malas e levou-os para casa, repetindo o *modus operandi* de sempre. Depois se desfez deles em Eden Canyon, próximo de São Francisco.

Dessa vez, levaram dez dias para encontrar os corpos.

A essa altura, a cidade já estava aterrorizada, e o assassino ganhou o apelido de Co-Ed Killer, que seria "O Matador de Colegiais". "Co-ed" é uma abreviação para coeducacional, que eram as escolas de ensino misto, para meninos e meninas. Como a maioria das vítimas eram estudantes dessas escolas, o apelido pegou. Tem uma informação que a gente vê muito por aí, mas não é comprovada, de que o Ed, em uma dessas vezes que estava no bar, teria participado de uma conversa com os policiais sobre o caso, e mal sabiam eles que estavam conversando com o próprio assassino.

Apenas dois meses depois, ele estava atacando novamente. Dessa vez, a vontade de matar que estava sentindo era tão absurda que até o assustou. Pensou em matar todos os moradores do quarteirão em que morava, mas acabou desistindo dessa ideia e resolveu se concentrar num desejo antigo: sua mãe.

Em uma sexta-feira, 20 de abril de 1973, Kemper estava voltando do trabalho, e ligou para Clarnell. A mãe avisou que ia sair para um jantar com professores da universidade em que ela trabalhava e que ia chegar mais tarde. Ele chegou em casa, se sentou, bebeu um pouco de cerveja, viu televisão e ficou acordado o máximo que conseguiu, esperando para falar com ela, porque sentia que algo ia acontecer. Dormiu e acordou algumas vezes até perceber, às quatro da manhã, que Clarnell já havia voltado e estava lendo no quarto. Quando Ed foi até lá, ela perguntou o que ele estava fazendo acordado. Ele disse que só queria checar se ela estava em casa, porque ele não tinha ouvido ela chegar. Então ela disse: "Ah, imagino que você queira conversar." Ele disse que não, e deu boa-noite. Ao voltar para o seu quarto, ele decidiu que iria esperar mais uma hora até que ela dormisse.

Depois desse tempo, Ed pegou um martelo e foi até o quarto da mãe. Parou ao lado do seu corpo e ficou pensando em quanto a amou e foi rejeitado e ficou fantasiando com como seria vê-la morrer. Então levantou o martelo e a golpeou diversas vezes até a morte. Arrancou sua cabeça e estuprou seu corpo decapitado. Clarnell já estava morta, mas Ed ainda "ouvia os gritos" dela. Transtornado, arrancou sua laringe e enfiou no triturador de alimentos, que engasgou e jogou os pedaços de sua mãe em cima dele. Ed entendeu que, mesmo depois de morta, a mãe continuava o provocando.

Ed então teve uma ideia. Ligou para a melhor amiga da mãe, Sally Hallet, e a convidou para um jantar "surpresa". Escondeu o corpo da mãe no armário e colocou a mesa para duas pessoas. Quando Sara chegou, ele deu uma pancada na cabeça dela, a estrangulou, depois a decapitou, e deixou o corpo em sua cama.

Ed deixou um bilhete ao lado do corpo da mãe:

> Nem descuidado nem incompleto, senhores, apenas "falta de tempo". Muitas coisas a fazer!!! Aproximadamente 5h15 de sábado. Não há necessidade de ela sofrer mais nas mãos desse horrível "açougueiro assassino". Foi rápido – dormindo – sem dor. Do jeito que eu queria.

No dia seguinte, quando acordou, Ed ficou em choque com a cena que encontrou. Ele sabia que tinha feito tudo aquilo, mas parecia que estava em um transe e olhar aquilo tudo foi demais. Ele escondeu o corpo de Sally no armário junto com o da mãe, pegou o carro da mulher e saiu desesperado sem saber para onde ir, mas deixou o rádio ligado porque sabia que a qualquer momento ficaria conhecido. Só que... ninguém falava sobre o crime.

Depois de um tempo dirigindo, abandonou o carro em um posto. Ele trocou o carro para despistar a polícia e fantasiava sobre como seria ficar famoso pelos seus crimes, quando soubessem o que ele tinha feito com a própria mãe. Parava para comprar jornais, mas ainda não havia nada sobre ele.

Quando chegou ao Colorado, estava confuso e cansado, então estacionou o carro e ligou para o Departamento de Polícia de Santa Cruz. Disse que era responsável pelos assassinatos, mas a polícia não deu confiança, afinal ele era o "Grande Ed", o amigão do bar, gente boa. Acharam que ele estava brincando e desligaram.

Até que um tempo depois, Ed conseguiu convencer a polícia de que era o verdadeiro Matador de Colegiais, o Co-Ed Killer. Contou detalhes dos crimes, coisas que só o assassino saberia, aí os policiais mandaram uma equipe de busca até a casa dele e encontraram os corpos de Clarnell e Sally onde ele disse que estariam.

A polícia atravessou três estados para chegar até ele, que ficou esperando tranquilamente ao lado da cabine telefônica. Os policiais que foram prendê-lo estavam morrendo de medo, afinal, Ed era um cara grande, que dizia ter cometido diversos crimes horríveis. Mas Kemper se rendeu. E passou a contar todos os detalhes de seus crimes.

De volta a Santa Cruz, a polícia encontrou várias provas em seu carro e sua casa, entre as quais fios de cabelo humano, munições e sangue seco. Kemper levava os policiais até os locais em que tinha deixado os corpos e não poupava detalhes: contou absolutamente tudo.

Apenas seis meses depois, em outubro de 1973, veio o julgamento. A rapidez se deu muito por conta da seriedade dos crimes e da repercussão que o caso tomou. O advogado de defesa, James Jackson, alegou insanidade. A promotoria levou o médico Joel Fort, que atestou que Ed não era insano nem paranoico ou esquizofrênico. Segundo o médico, ele era obcecado por sexo e violência e se fosse solto faria novas vítimas. E ainda mostraram as fitas dele confessando tudo.

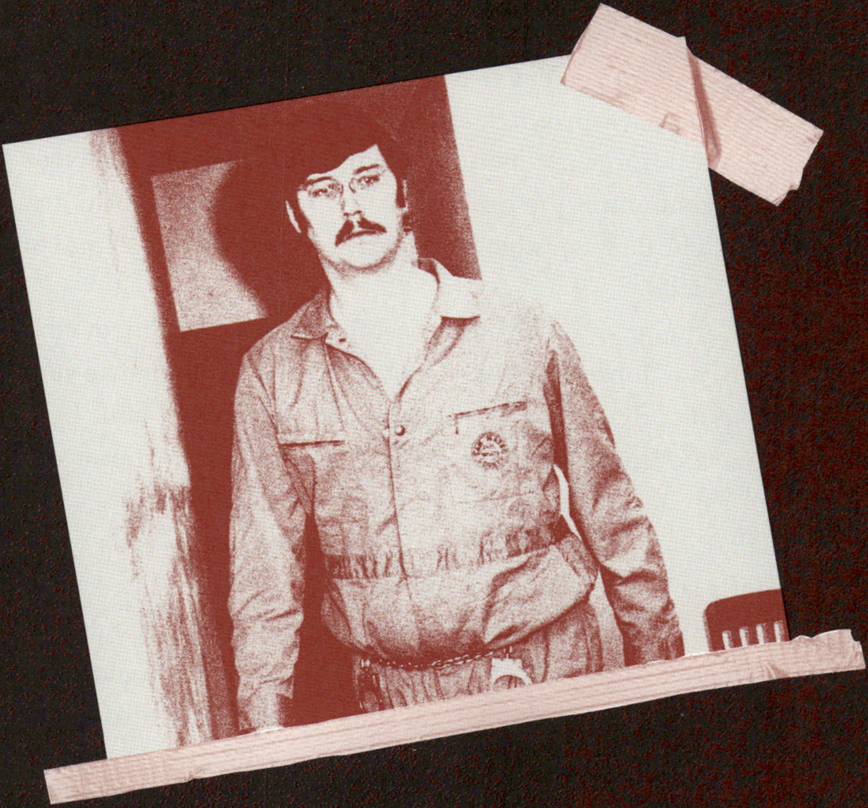

O julgamento durou menos de três semanas, e durante o processo Kemper tentou tirar a própria vida cortando os pulsos. Ao ser perguntado sobre como acreditava que deveria pagar por seus crimes, ele respondeu: pena de morte por tortura. Os jurados demoraram cinco horas para considerá-lo culpado de homicídio em primeiro grau em todos os oito assassinatos.

Ele recebeu oito sentenças consecutivas de prisão perpétua, porque, naquela época, a Suprema Corte tinha abolido a pena capital. Enquanto esteve preso, Ed participou de um programa de caridade para produzir audiolivros para cegos. Com mais de cinco mil horas em estúdio, ele narrou centenas de livros e virou o prisioneiro que mais gravou obras. Ele se sentiu grato por ser capaz de fazer algo construtivo depois de todo o mal que tinha causado.

Ed Kemper foi o primeiro escolhido para ser entrevistado pelo FBI, por John Douglas e Robert Ressler. Ao longo de vários anos, ele deu diversas entrevistas e teve um papel bem importante para o início da Unidade de Ciência Comportamental e para os estudos posteriores sobre assassinos em série.

Ele adorava conversar com os agentes sobre os seus crimes e discutir sobre sentimentos, pensamentos e fantasias. Ele sempre culpou a mãe por tudo que fez, dizendo que a visão dela dos homens era muito violenta. Ele tinha plena consciência de que sua infância havia influenciado seus comportamentos e que o sistema falhara com ele, já que ele tinha saído do hospital psiquiátrico e ficado sem supervisão.

Uma das coisas importantes que ele compartilhou com o FBI foi sobre os troféus que colecionava para poder se lembrar do crime depois. Nas buscas, a polícia encontrou diversos objetos, como o lenço de Aiko Koo, o sutiã de Rosalind e as carteirinhas de estudante de Rosalind e Alice Liu.

Outra coisa que eles aprenderam com Kemper foi a identificar o *modus operandi* (que, no caso de Kemper, era dar carona para estudantes). Ele era bom de papo e sabia o que fazer para parecer inofensivo. E então as levava para um lugar mais ermo, as ameaçava e matava. A forma de matar mudava um pouco, às vezes ele esfaqueava, outras sufocava ou atirava. Mas sempre levava os corpos para casa e os atos com os corpos foram progredindo com o tempo.

> No livro, John Douglas diz que as fantasias de Ed envolvendo outras pessoas sempre terminavam em morte e esquartejamento. Por causa do sentimento de inadequação, Kemper não acreditava que as garotas o aceitariam, e por isso resolvia seu desejo possuindo a parceira, o que implicava possuir também sua vida.

A assinatura, ou seja, o que ele fazia para realizar suas fantasias, era dissecar os corpos, violá-los e praticar necrofilia. Ele também disse que praticou canibalismo, comendo algumas partes dos corpos. Mas no julgamento acabou desmentindo e disse que só inventou essa informação para ajudar na alegação de insanidade. Ed também confessou que voltava às cenas do crime para recordar. O FBI já suspeitava que os *serial killers* fizessem isso, então o depoimento de Ed foi importante para que eles confirmassem essa hipótese.

Ao relatar o dia em que matou a mãe, Ed chorou muito. Para Douglas, era incomum o assassino direcionar a raiva para o foco de seu ressentimento. Ed Kemper precisou matar oito pessoas antes de ter coragem de fazer o que realmente queria, que era matar a mãe.

Em 2019, o ator Holt McCallany, que interpretou o agente Bill Tench em *Mindhunter*, personagem inspirado no agente Robert Ressler, contou que, quando se preparava, tentou visitar Ed, mas o assassino nunca o respondeu. Então ele foi até a prisão, e, ao chegar lá, descobriu que Ed estava numa cadeira de rodas, não aceitava visitas e se recusava a tomar banho.

Ed Kemper foi considerado durante muito tempo um preso-modelo. Tornou-se elegível para liberdade condicional em 1979, mas o direito lhe foi negado nesse ano. Em alguns anos posteriores, ele renunciou ao direito (1985, 1997, 2002, 2012) e, em outros, ele lhe foi recusado (1991, 1994, 2007, 2017). A próxima oportunidade de sair em liberdade é em 2024, quando ele terá 75 anos — dos quais 51 terá passado preso.

🎧 Modus Operandi Podcast – Episódio #16
Ed Kemper: O *serial killer* que matou a própria mãe

5. PERFIS DE CRIMINOSOS

UMA MULHER está estudando para ser agente do FBI. Ela é formada em psicologia e criminologia e quer trabalhar na Unidade de Ciência Comportamental. O chefe da unidade explica que estão entrevistando *serial killers* e ela precisa falar com um psiquiatra assassino que ficou conhecido por ser canibal.

A psicóloga vai fazer a entrevista ciente de que o assassino tem a fama de ser muito inteligente e manipulador. O que ela não sabe é que o chefe na verdade queria a ajuda do psiquiatra canibal para encontrar outro criminoso, que está sequestrando e matando mulheres, removendo sua pele e jogando os corpos no rio. Juntos, a psicóloga e o canibal, conseguem fazer um perfil criminal do assassino e, assim, capturá-lo.

Lembrou dessa história? Ela é ficção, mas muitos de seus elementos são inspirados na realidade. Se você já viu o filme *O Silêncio dos Inocentes*, ou leu o livro que o inspirou, do autor americano Thomas Harris, você sabe que Hannibal escapa e depois até arruma mais contratos de filmes para fazer! Bom, foi o Anthony Hopkins, na verdade.

Todo esse lance de entrevistar *serial killers* você também já deve ter visto na série *Mindhunter*. Ali vemos os agentes Holden Ford e Bill Tench se aventurando em conversas com assassinos famosos para entender melhor como eles pensam e quais são as motivações de seus crimes, para, com essas informações, capturar outros assassinos. A série é inspirada no livro de mesmo nome, escrito por John Douglas e Mark Olshaker.

Criminal Minds (2005-2020) é uma série que mostra agentes da Unidade de Análise Comportamental criando perfis de criminosos com o objetivo de encontrá-los o mais rápido possível, antes que eles ataquem outra vítima. Os agentes até falam de casos da vida real.

Em muitas dessas obras, o desenvolvimento dos perfis até parece mágica: a pessoa presume várias coisas com base em uma pequena informação. Em algumas delas até há cenas do agente se imaginando no lugar do criminoso, vislumbrando flashes dos crimes e tudo o mais. A verdade é que fazer um perfil criminal é uma ciência, um trabalho baseado em muitos estudos e pesquisas. E, às vezes, pode até dar errado.

PERFIS DE CRIMINOSOS

Criminal profiling ou *offender profiling* é a união de vários estudos e técnicas para se criar um perfil biopsicossocial de um criminoso desconhecido.

Quando ocorre um crime em que não se sabe nada sobre quem o cometeu, é preciso refinar as opções de investigação e de possíveis suspeitos. Uma das formas de se fazer isso é criar um perfil do criminoso. Ele pode ter características biológicas, físicas, psicológicas e sociais para orientar a investigação.

O *profiler*, ou perfilador, faz uma relação entre o comportamento criminal e a personalidade do agressor para tentar desvendar quem seria a pessoa por trás do acontecimento. É deduzida uma imagem psicossocial com base na análise da cena do crime, da vitimologia e do que se sabe sobre o agressor. Com isso, os investigadores conseguem identificar crimes cometidos potencialmente por uma mesma pessoa, eliminar suspeitos, criar estratégias para atrair um criminoso etc.

Existem três perguntas fundamentais que o perfil criminológico deve responder:

1. O que aconteceu na cena do crime?
2. Por que motivo?
3. Que tipo de indivíduo pode estar envolvido?

É interessante lembrar também que um perfil de criminoso pode ser criado para vários tipos de caso, não apenas para *serial killers*. Pode-se usar essa técnica para desvendar crimes únicos e em série: homicídios e tentativas de homicídio, estupros e violações, assaltos, incêndios e explosões, atos de terrorismo, crimes ritualísticos, casos com reféns, agressões e desaparecimento de crianças, assédio sexual, gestão de crise em estabelecimentos prisionais etc.

O PRIMEIRO PERFIL

O primeiro perfil criminal de que se tem notícia foi o de um assassino de quem inusitadamente até hoje não se sabe a identidade. Estamos falando de Jack, o Estripador. Em 1888, o médico legista Thomas Bond fez uma descrição sobre quem ele acreditava que poderia ter cometido os crimes em Londres.

Mulheres em situação de prostituição estavam sendo assassinadas e mutiladas no distrito de Whitechapel, na capital da Inglaterra. A polícia não chegava a nenhuma conclusão e a população ficava cada vez mais desesperada e assustada. As únicas pistas que eles tinham eram as cenas dos crimes e eles não sabiam direito o que fazer a partir disso.

Alguns acreditavam que o criminoso era um médico, por causa do tipo de cortes e ferimentos que ele causava nas vítimas. Mas, fora isso, não se sabia nada sobre quem poderia ser o assassino. A polícia entrevistou mais de duas mil pessoas e até prendeu alguns suspeitos, que depois foram soltos.

Em outubro de 1888, a polícia já não sabia mais o que fazer e pediu ajuda ao médico legista Thomas Bond. Eles queriam que ele desse sua opinião sobre quem seria o criminoso com base na avaliação dos cadáveres. A conclusão do dr. Bond foi detalhada em uma carta enviada no dia 10 de novembro de 1888 para o

Departamento de Investigação Criminal de Londres. Vamos dar uma olhada?

Reporto que eu li as anotações dos quatro assassinatos de Whitechapel:

1. Via Buck's
2. Rua Hanbury
3. Rua Berners
4. Praça Mitre

Também fiz o exame *post mortem* dos restos de uma mulher encontrada ontem em um pequeno quarto da rua Dorset.

1. Todos os cinco assassinatos sem dúvida foram cometidos pela mesma mão. Nos primeiros quatro, as gargantas parecem ter sido cortadas da esquerda para a direita. No último caso, devido à extensa mutilação, é impossível saber qual a direção do corte fatal, mas sangue arterial foi encontrado na parede em respingos, próximo de onde a cabeça da mulher devia estar caída.
2. Todas as circunstâncias envolvendo os assassinatos me levam a formar a opinião de que as mulheres deviam estar deitadas quando assassinadas, e em todos os casos a garganta foi cortada primeiro.

3. Nos quatro assassinatos de que só vi as anotações, não posso formar uma opinião definitiva, já que havia passado tempo entre o assassinato e a descoberta do corpo.

   Em um caso, o da Rua Berners, a descoberta do corpo parece ter sido feita imediatamente após a morte — na Via Buck's, Rua Hanbury e Praça Mitre, somente três ou quatro horas devem ter se passado. No caso da Rua Dorset, o corpo estava caído na cama no momento da minha visita, nu e mutilado, como no relatório anexado.

   O corpo já estava em rigidez cadavérica, mas progrediu durante o exame. A partir disso, é difícil dizer com exatidão o tempo passado desde a morte, já que o período de rigidez começa entre seis e doze horas. O corpo estava frio às duas horas e restos de uma refeição recém-feita foram encontrados no estômago e no intestino. Portanto, é bastante certeiro que a mulher devia estar morta havia doze horas. O alimento parcialmente digerido indica que a morte ocorreu entre três e quatro horas depois que a comida foi ingerida; logo, a hora da morte deve ser entre uma e duas da manhã.

4. Em todos os casos parece não existir evidência de luta, e os ataques provavelmente foram repentinos e em um ângulo que as mulheres não puderam resistir ou pedir ajuda. No caso da rua Dorset, o canto do lençol à direita da cabeça da mulher estava bastante cortado e com sangue, indicando que o rosto deveria estar coberto com o lençol durante o ataque.

5. Nos quatro primeiros casos, o assassino deve ter atacado pelo lado direito da vítima. No caso da rua Dorset, ele deve ter atacado pela frente ou pela esquerda, já que não haveria espaço entre a parede e a parte da cama em que a mulher estava deitada.

Novamente, o sangue havia escorrido pela parte direita da mulher e jorrou na parede.

6. O assassino não necessariamente foi espirrado ou inundado com sangue, mas suas mãos e braços devem ter ficado cobertos e provavelmente parte de suas roupas devem ter ficado manchadas com sangue.

7. As mutilações em cada caso, exceto o da rua Berners, foram do mesmo modo e mostram claramente que em todos os assassinatos o objetivo era a mutilação.

8. Em todos os casos a mutilação foi cometida por uma pessoa que não tem conhecimento anatômico ou científico. Em minha opinião, o assassino não possui nem o conhecimento técnico de um açougueiro, ou matador de cavalos, ou qualquer pessoa acostumada a cortar animais mortos.

9. O instrumento deve ter sido uma faca resistente de pelo menos quinze centímetros, muito afiada, com uma ponta fina e com cerca de 2,5 centímetros de largura. Pode ter sido um canivete, uma faca de açougueiro ou uma faca de cirurgião. Sem dúvida foi uma faca reta.

10. O assassino deve ser um homem com muita força física e de grande frieza e ousadia. Não há provas de que ele tenha tido um cúmplice. Ele deve, na minha opinião, ser um homem sujeito a ataques maníacos periódicos, homicidas e eróticos. O tipo das mutilações indica que o homem pode ter uma condição sexual chamada satiríase. É claro que é possível que o impulso homicida tenha se desenvolvido a partir de uma condição de vingança ou de inquietação da mente, ou que uma mania religiosa possa ter sido a doença original, mas não creio que nenhuma das hipóteses seja provável. É bastante provável que seja um homem de aparência

inofensiva e tranquila, de meia-idade e bem-vestido. Penso que deve ter o hábito de usar um manto ou um sobretudo, ou dificilmente poderia ter escapado aos olhares nas ruas se o sangue nas suas mãos ou roupas fosse visível.

11. Presumindo que o assassino seja uma pessoa como acabei de descrever, deve ser solitário e excêntrico nos hábitos, sem trabalho regular, mas com algum pequeno rendimento ou pensão. Possivelmente vive entre pessoas respeitáveis com algum conhecimento do seu caráter e hábitos e que podem ter motivos para suspeitar que, às vezes, ele não está bem psicologicamente. Essas pessoas não estariam dispostas a comunicar suas suspeitas à polícia por receio de problemas ou notoriedade, ao passo que se houvesse uma perspectiva de recompensa poderia eliminar suas dúvidas.

Atenciosamente,
Thos. Bond.

Uau! Que cartão! Mas olha só: justamente com base nas informações das cenas do crime e dos corpos, o dr. Bond conseguiu imaginar como os crimes foram cometidos e como provavelmente seria o ofensor. Em seu texto ainda podemos observar bem o raciocínio lógico que ele foi fazendo. Por exemplo, ele analisa a posição do sangue e dos respingos e deduz que o assassino se sujou. Além disso, como ninguém havia testemunhado um indivíduo cheio de sangue circulando por aí, ele concluiu que o homem estaria usando um sobretudo ou capa.

É claro que Bond não estava criando um perfil conforme as regras atuais, ele só estava lá tentando ajudar. Mas quando a gente chegar na parte dos perfis propriamente, você vai concordar que ele tinha muito potencial para ser *profiler*!

O PRIMEIRO PERFIL (DE ACORDO COM OS AMERICANOS)

Apesar dessa carta do dr. Bond, os americanos, para variar, acham que eles foram os primeiros a criar um perfil criminal, e que isso teria sido quando o psiquiatra James A. Brussel criou o perfil do ofensor conhecido como *Mad Bomber* — algo como Bombardeiro Louco em português.

Em novembro de 1940, um homem encontrou uma bomba na fábrica em que trabalhava, na cidade de Nova York. Junto com ela, havia um bilhete assinado por alguém que se intitulava "F.P.". Com os anos, vários outros bilhetes do mesmo autor chegaram aos jornais, à polícia e a essa fábrica.

Em março de 1951, ou seja, quase onze anos depois, uma bomba explodiu na Grand Central Station, também em Nova York. Logo em seguida, o telefone de um bar da estação tocou. Um homem perguntou se a bomba tinha causado muito estrago. Depois desse caso, muitas outras bombas explodiram pela cidade, várias delas em cinemas.

As pessoas começaram a ficar com medo de andar na rua, no metrô, de levar uma vida normal, e as autoridades não estavam nem perto de encontrar o criminoso. Então o capitão da polícia, Howard Finney, teve uma ideia: mostrar tudo que tinha de evidências para um psiquiatra. Apesar de nessa época a polícia não dar muito valor para a psicologia e a psiquiatria, o capitão estava tão desesperado que concluiu não ter mais nada a perder.

O dr. James A. Brussel trabalhava com muitos criminosos com transtornos mentais e estava acompanhando o caso do *Mad Bomber* desde o começo. Ele disse ao inspetor para procurar:

> "Um homem forte, de meia-idade, que vive em um subúrbio ao norte da cidade. Um homem que nunca teve namorada e é católico, com um histórico de conflitos no trabalho. Esse homem tem origem eslava e é alguém que empobreceu. Quando vocês o capturarem, é provável que esteja vestindo um blazer de abotoamento duplo e fechado. Provavelmente sofre de esquizofrenia paranoide. E não resistiria à chance de responder se fosse publicado um perfil sobre ele, principalmente se houver coisas erradas, ele gostaria de reconhecimento."

Brussel disse aos policiais que, se eles publicassem o perfil em um jornal, o criminoso ficaria tentado a mandar uma resposta. Então foi o que fizeram em 25 de dezembro de 1956, no *New York Journal American*, e no dia seguinte publicaram uma carta pedindo que ele se entregasse. E adivinhem? O *Mad Bomber* respondeu mesmo!

Não só em uma carta, mas várias, com mais informações sobre ele. A polícia foi triangulando tudo e percebeu que o homem tinha muita raiva daquela primeira fábrica em que apareceu uma bomba. Em janeiro de 1957, eles chegaram a um ex-funcionário da tal fábrica que morava em Connecticut e foram até a casa dele por volta da meia-noite. Um homem de meia-idade abriu a porta. Os policiais falaram que iam levá-lo até a delegacia e então ele vestiu um blazer trespassado e abotoou, como o doutor tinha previsto!

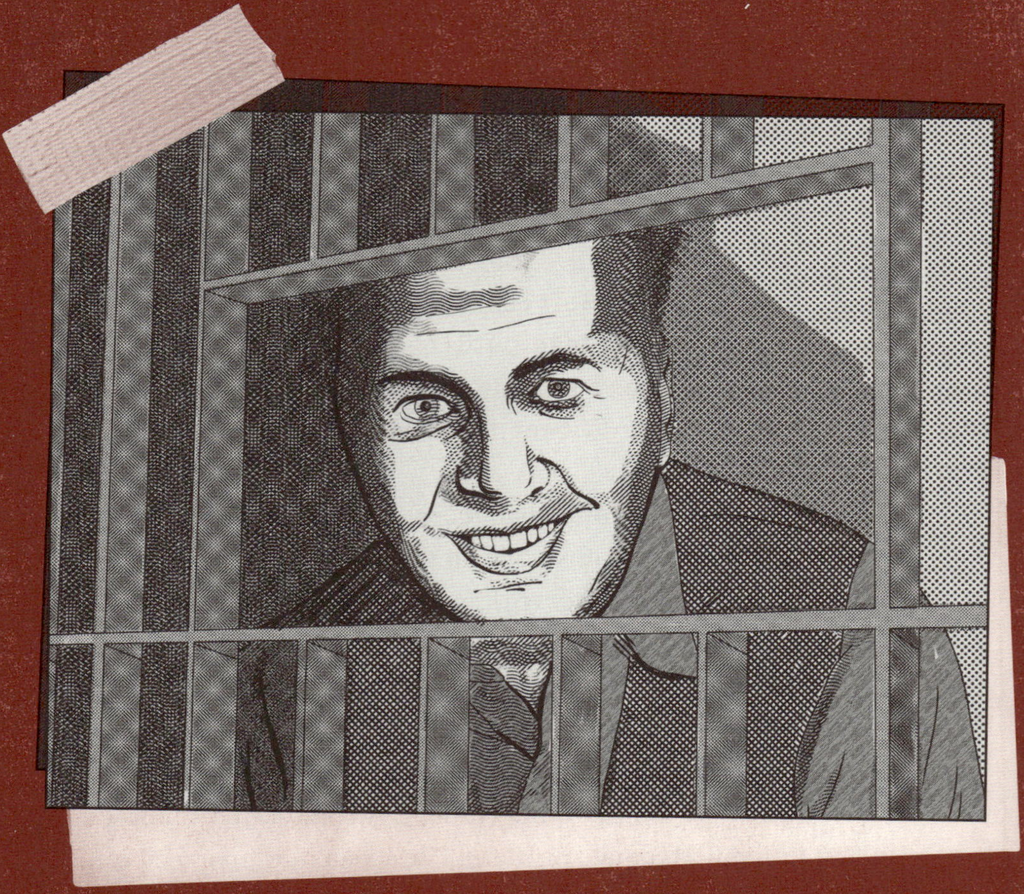

O homem se chamava George Metesky, era filho de imigrantes lituanos e acreditava que um acidente na fábrica em 1931 tinha lhe causado tuberculose. Ele realmente era o *Mad Bomber*, e, ao ser preso, apareceu em diversos vídeos e fotos sorrindo, feliz da vida.

A verdade é que o perfil do dr. James A. Brussel mudou muita coisa na forma de buscar suspeitos. O psiquiatra até foi trabalhar com a Polícia de Boston no caso do Estrangulador de Boston, que aconteceu entre 1962 e 1964. Anos depois, em 1968, o dr. Brussel publicou um livro chamado *Casebook of a Crime Psychiatrist* (Diário de um psiquiatra criminal), em que contava esse e outros casos. Na capa estava escrito "o Sherlock Holmes da psiquiatria americana". Autoestima lá no alto, hein, doutor? Não importa quem fez primeiro, se americanos ou britânicos: o negócio é que foram sendo desenvolvidos vários métodos para criar perfis de criminosos. Então vamos a eles!

FBI - FEDERAL BUREAU OF INVESTIGATION

Em 1969, o agente do FBI Howard Teten começou a ministrar um curso chamado Criminologia Aplicada, que depois foi cunhado de Psicologia Criminal Aplicada. Em 1972, ele se encontrou em Nova York com o dr. James Brussel e aprendeu a técnica de análise de perfis do psiquiatra. Patrick Mullany era um agente formado em psicologia e se destacava pela negociação com reféns. Juntos, Mullany e Teten foram os primeiros instrutores da Unidade de Ciência Comportamental (Behavioral Science Unit, com a sigla BSU).

Muitos policiais e até agentes do FBI achavam que a psicologia não tinha nada a oferecer. Apesar de a unidade ter "ciência" no nome, muitos ainda achavam que era algo impreciso, vago e não entendiam como funcionava. Assim, quando Teten e Mullany começaram a ajudar outras áreas com seus perfis criminais, não tinha nenhum tipo de registro oficial, tudo era feito no sigilo!

Quando a unidade foi criada, eles montaram o escritório na sede de Quantico, mas no subsolo, andares abaixo do térreo, sem janelas e sem ventilação natural. A equipe até brincava que eles trabalhavam em um porão. Eles começaram aplicando as técnicas do dr. Brussel em casos, mas tudo ainda estava no campo das ideias, não havia muito estudo ou embasamento.

Dentro da unidade eram dadas aulas de técnicas e negociação de reféns, e um dos instrutores do curso foi Robert Ressler, em 1975. Foram duas semanas analisando os tipos de ofensores que tomavam reféns.

Durante esse curso, o nome de um dos alunos começou a se destacar: John Douglas. Mais tarde, duas unidades lhe ofereceram um cargo: a Unidade de Educação e a de Ciência Comportamental, e você já deve imaginar que ele escolheu entrar na Unidade de Ciência Comportamental.

O trabalho começou em junho de 1977, e o principal curso era o de Psicologia Criminal Aplicada, com a maior parte da carga horária dedicada a ensinar o que motiva os criminosos violentos. Muitos chefes e funcionários experientes de departamentos e delegacias de polícia espalhados pelos Estados Unidos começaram a requisitar esse curso, e ele passou a ser dado no que eles chamavam de "escola itinerante". Alguns agentes da BSU passavam a semana viajando para ministrá-lo.

Era o caso do novato Douglas e do agente Ressler. Com o tempo, Douglas percebeu que as aulas eram muito teóricas e baseadas em coisas que ele nem sabia se eram verdade mesmo. Chegou ao ponto de um professor, quando citado um caso específico na aula, ser desmentido por um aluno que tinha trabalhado nas investigações! *Investigadorsplaining?*

Até que um dia Douglas comentou com Ressler que muitos dos criminosos de que eles tratavam nas aulas ainda estavam vivos e presos. Não seria muito difícil falar com eles e perguntar suas motivações. Ressler topou, desde que não falassem para ninguém do FBI, a princípio. De acordo com ele, era melhor pedir desculpa do que permissão. Quem nunca, né?

Ed Kemper foi o primeiro assassino que procuraram, e ele aceitou conversar com eles numa boa.

AS ENTREVISTAS COM ASSASSINOS

Em 1977, Ed Kemper estava no Centro Médico Estadual da Califórnia, em Vacaville, e foi visitado por Robert Ressler, John Douglas e John Conway. O papo foi bem tranquilo, Ed estava calmo e respondeu a tudo sem parecer arrogante. Ele falou bastante de sua infância, de como era parecido com o pai, do ódio que a mãe sentia do ex-marido e de como, consequentemente, passou a sentir do filho. Contou que quando foi expulso para o porão ficou muito triste e ressentido com a mãe e as irmãs, e também que na infância ele já associava sexo e morte e todas as suas fantasias sexuais acabavam com morte e esquartejamento.

Ed acreditava que tinha virado assassino por causa do ódio que sentia da mãe, e chegou a dizer que a vontade de matar sumiu depois que ele a assassinou. Era como se tivesse se livrado da fonte de seus problemas.

Depois, Ressler e Douglas conseguiram falar com Charles Manson, Arthur Bremer — que em 1972 tentou assassinar o político George Wallace —, Sarah Jane Moore e Lynette "Estridente" Fromme — que tentaram assassinar o então presidente americano Gerald Ford, em 1975.

Os agentes perceberam que as entrevistas eram essenciais para compreender a mente desses ofensores e relacionar o que eles pensavam com as provas que deixavam nas cenas dos crimes. Assim, continuaram em busca de entrevistados.

Eles seguiram dando aulas e fazendo as entrevistas, mas não paravam de chegar pedidos das polícias locais para a realização de perfis. Aos poucos, todo esse esquema se tornou algo legítimo, e Douglas virou o gerente do programa de análise de perfis de personalidades criminosas, cargo que foi criado para ele. Chique.

Eles estavam descobrindo muitas coisas interessantes, mas precisavam organizar todas essas informações. Então, se uniram à dra. Ann Burgess, professora na área de saúde mental e diretora-adjunta de pesquisa de enfermagem do Departamento de Saúde e Hospitais em Boston, uma das maiores autoridades em estupros e suas consequências psicológicas. Ela conseguiu um auxílio de quatrocentos mil dólares do Instituto Nacional de Justiça para a pesquisa.

O "Projeto de Pesquisa sobre a Personalidade Criminosa" tinha o objetivo de entrevistar entre 36 e 40 criminosos violentos e preencher um documento de 57 páginas após cada entrevista. Eles precisavam saber tudo sobre a cena do crime, o método utilizado, os comportamentos antes e após o ocorrido.

O projeto foi finalizado após quatro anos e continha 36 entrevistas com assassinos com motivações sexuais. E, em 1988, eles reuniram todas as conclusões em um livro chamado *Sexual Homicide: Patterns and Motives* (Homicídio sexual: padrões e motivos), e todas essas informações ajudaram detetives e policiais a caçar criminosos de maneira mais assertiva.

UNIDADE DE APOIO INVESTIGATIVO

Em 1984, a Unidade de Ciência Comportamental foi dividida em duas. A Unidade de Instrução e Pesquisa em Ciência Comportamental, cujo nome já diz tudo, é responsável por treinamentos e pesquisas.

E a Unidade de Apoio Investigativo em Ciência Comportamental, que depois foi rebatizada de Unidade de Apoio Investigativo.

Foi mais ou menos nessa época que o Programa de Apreensão de Criminosos Violentos (Violent Criminal Apprehension Program, VICAP) começou a funcionar. A ideia do programa era facilitar a comunicação entre delegacias de vários locais dos Estados Unidos e sua base de dados repleta de informações sobre criminosos e vítimas.

MÉTODO DO FBI

Chega de história, você já deve estar querendo saber como se cria um perfil, afinal. De acordo com o método do FBI, existem seis etapas no processo completo. A primeira é coletar todas as informações sobre o caso, a cena do crime, avaliar a vítima, ou, dependendo do caso, o relatório do médico-legista. É preciso saber a causa da morte, os tipos de agressão e ferimentos, se houve agressão sexual, ou seja, tudo relacionado ao cadáver.

Eles devem ler o relatório preliminar da polícia e entender o que foi encontrado pelo primeiro policial que chegou à cena do crime. Como estava o corpo? Estava coberto? Em alguma posição diferente? Como estavam os objetos do local? Havia pegadas? Algo da vítima foi levado pelo criminoso? É importante saber tudo sobre a cena do crime, com o máximo de detalhes possível. Na época em que a unidade foi criada, as fotos não eram muito boas, então Douglas sempre pedia um desenho da cena do crime para entender tudo e até se colocar no lugar do agressor e da vítima.

A segunda etapa é analisar se há padrões. Qual o tipo de homicídio, intenção primária, risco da vítima e do ofensor, agravamento, fatores temporais e geográficos.

Em um terceiro momento, deve-se avaliar o crime propriamente, refazer os passos do criminoso e da vítima, entender o nível de planejamento do crime.

A quarta etapa é a criação do perfil e a quinta é a investigação feita a partir dele. Na sexta e última fase temos a captura do ofensor e uma avaliação do perfil, se ele foi preciso e se ajudou na captura.

Etapas para criação de um perfil criminal do FBI:

1. Coleta de dados
2. Classificação do crime, risco da vítima e do agressor
3. Reconstituição do crime (cronologia do ofensor)
4. Elaboração do perfil
5. Uso do perfil na investigação
6. Captura do criminoso

ORGANIZADO E DESORGANIZADO (FBI)

Os agentes já tinham percebido alguns padrões que diferenciavam os assassinos sexuais. Só que eles queriam usar um vocabulário fácil, que qualquer policial pudesse entender. Afinal, os perfis estavam sendo cada vez mais requisitados. Então criaram uma distinção bem simples: o criminoso organizado e o desorganizado. Eles descobriram que a sofisticação, a competência, a organização e o planejamento de uma cena do crime dizem muito sobre o criminoso e seu estado mental.

Eles observaram as seguintes características nos criminosos:

ORGANIZADO	DESORGANIZADO
QI normal ou elevado	QI baixo
boa aparência	descuido com a aparência
vem de família de classe média ou alta da sociedade	vem de família pobre ou com dificuldades
disciplina inconsistente na infância	disciplina dura na infância
bom convívio social, mas sempre superficial	socialmente inadequado
se solitário, é porque ninguém é bom o suficiente para ele	solitário porque os outros não querem estar perto dele
pode ser casado e ter família	vive sozinho ou com os pais e é descuidado com a casa/quarto
sexualmente competente	sexualmente incompetente, nunca teve relações ou tem aversão a sexo
consegue se manter em empregos	vive mudando de emprego ou não tem um
se planeja, o ato é pensado com antecedência	ato impulsivo ou repentino
tem controle da situação e fica calmo durante o crime	pode estar em um surto, ansioso durante o crime
crime depois de gatilhos estressores como problemas de relacionamento, no casamento, trabalho ou com dinheiro	violência súbita, não precisa ter gatilhos
uso de álcool	pouco uso de álcool
não conhece a vítima	vítima ou local conhecido
persegue a vítima	pouco ou nenhum controle sobre a vítima
transporta a vítima	crime em local acessível
tem mobilidade e automóvel provavelmente em boas condições	vive próximo ao local do crime
agressão antes da morte	agressão pós-morte
executa os atos de forma metódica	descuido e despreparo
cuidado para identidade não ser descoberta (faz uso de luvas, máscara...)	deixa provas para trás
esconde o corpo, a arma e as provas	corpo e arma abandonados
acompanha notícias sobre o crime	pouco se interessa por notícias
pode ser psicopata	pode ser psicótico

A característica mais importante do agressor **organizado** é o planejamento, que é notado em todas as fases do crime. Ele tem fantasias que vão se intensificando com o tempo, até que ele começa a se organizar para poder realizá-las, e finalmente comete o crime. Suas vítimas normalmente são desconhecidas. Esse tipo de criminoso vai aprendendo e se aperfeiçoando a cada homicídio. Quando criança, brigava bastante, e ao crescer consegue fingir ser como o padrão. Pode até se casar, ter filhos e manter um emprego. Embora indivíduos assim algumas vezes venham a se descontrolar e perdem o trabalho.

Para ter controle da situação, costumam levar um "kit" com algumas ferramentas, como algemas, luvas, armas, cordas para imobilização. Depois do crime, levam tudo consigo. Se houver ato sexual, é com a vítima viva. A maioria deles tem um ódio descomunal de mulheres.

Alguns podem até chegar ao ponto de limpar toda a cena do crime e fazer com que a vítima fique menos identificável, para dificultar sua captura. A maioria carrega algum troféu do crime. Vários têm mais prazer no planejamento e na recordação do que durante o ato. O próprio Ed Kemper contou para Ressler que "a realidade jamais seria tão boa quanto a fantasia".

Geralmente são homens que conseguem manipular sua vítima para conseguir transportá-la para outro local onde ela fique mais vulnerável. Resumindo, o assassino organizado age com lógica.

É claro que nem sempre a cena do crime ou o criminoso cumprem perfeitamente com todas as linhas dessa tabela. Em entrevistas, a equipe da Unidade de Ciência Comportamental descobriu que 75% dos criminosos organizados escondiam o corpo. Ou seja, não vão ser todos, mas é um bom número para generalizar na hora de criar um perfil.

O Maníaco do Parque é um ótimo exemplo. Ele fingia que trabalhava como fotógrafo em São Paulo e atraía mulheres bonitas na rua ao dizer que precisava de modelos. Ele então levava a vítima para uma mata, justificando que o ensaio era mais "selvagem", e quando chegavam ao parque ele cometia o crime. Esse é um exemplo de assassino que não movia os cadáveres: ele apenas abandonava o corpo ali no parque; nem enterrava, nem nada.

Depois do crime, o ofensor organizado geralmente gosta de ficar por dentro da investigação e das notícias sobre seus crimes. Ele se regozija em saber que estão falando dele, porque normalmente não recebe atenção, e ali os holofotes estão sob ele.

Já um perpetrador **desorganizado** não tem planejamento algum. Ele não tem muitos padrões ou critérios para escolher suas vítimas e age por impulso. Em geral são pessoas que se isolaram e internalizaram toda a raiva, a tristeza e o medo, até chegar a um ponto em que sua mente vira uma grande bagunça. Na infância, são mais quietinhos, passam despercebidos. Vão se tornando cada vez mais solitários e tendo mais dificuldade para se relacionar, por isso muitas vezes moram sozinhos ou com os pais depois de adultos.

Quando conseguem arranjar emprego, é algo mais físico, em que não há necessidade de interagir muito. Em geral usam armas ou algo para imobilização que encontram na própria cena do crime, já que não levam nada.

Um ofensor desse tipo não se importa com a personalidade da vítima, pelo contrário, prefere despersonalizar e tirar a identidade para assim cometer seu crime. Por isso, em muitos crimes cometidos por um tipo desorganizado, a morte acontece primeiro e depois ocorrem mais violências. Pelo seu estado mental acelerado e confuso, o desorganizado na maioria das vezes não tem condições de levar troféus e pode no máximo remover alguma parte do corpo, cabelo ou da roupa.

Os ofensores que têm características dos dois tipos seriam considerados **mistos**.

CRÍTICAS AO MÉTODO DO FBI

O FBI não utiliza mais a dicotomia de desorganizado e organizado desde meados de 2004. A divisão foi feita para ajudar investigadores e policiais, mas eles perceberam que existem comportamentos que variam muito, um assassino organizado às vezes demonstra pontos desorganizados, e vice-versa.

Também existem muitas críticas à pesquisa que gerou os dois tipos. A amostra de apenas 36 criminosos é considerada pequena para uma pesquisa científica, além do fato de que os criminosos analisados foram aqueles que aceitaram participar, tornando a amostra questionável. As entrevistas também foram realizadas informalmente, sem estrutura, e o material estudado previamente às entrevistas pelos agentes não foi divulgado.

Embora faltasse embasamento na pesquisa dos tipos organizado e desorganizado, o resultado ajudou muito a desenvolver vários perfis e salvou muitas vidas. Hoje, entretanto, o FBI prioriza trabalhos com evidências científicas.

A IMPORTÂNCIA DE FAZER UM PERFIL CORRETAMENTE

Em 15 de julho de 1992, em Londres, na Inglaterra, Rachel Jane Nickell, de 23 anos, saiu para passear com o cachorro e seu filhinho de 2 anos. Caminhando pelo bairro em que morava, Rachel foi esfaqueada 49 vezes na frente de seu filho e morreu.

Um psicólogo ajudou a polícia no caso e criou um perfil. Os elementos batiam muito com um suspeito da polícia, Colin Stagg, de 31 anos, que costumava passear com seu cachorro pela mesma região.

Como as evidências encontradas não apontavam para ele, a polícia decidiu colocar uma policial disfarçada para interagir com Colin e tentar descobrir se ele realmente era a pessoa que procuravam. Durante oito meses, a policial interagiu com o suspeito, compartilhou falsas fantasias sexuais violentas, disse que já tinha matado um bebê e uma mulher em um ritual e o incentivava a dividir com ela histórias parecidas, caso ele tivesse. Ela chegou a dizer que gostaria que ele tivesse matado Rachel Nickell, porque esse era o tipo de homem de que ela gostava.

O psicólogo Paul Britton avaliou todo o material das conversas e, mesmo Colin nunca tendo confessado nada, concluiu que as fantasias dele batiam com as do criminoso que buscavam e, ainda, que ele havia revelado informações sobre o crime que somente o assassino poderia saber. Colin passou um ano preso até que acontecesse um pré-julgamento.

A defesa apontou que Colin disse nas conversas que não sabia onde havia ocorrido o crime e ainda que a vítima fora estuprada, o que não tinha acontecido. O juiz determinou que o acusado não era culpado e ainda que a polícia tentou incriminá-lo de forma grosseira.

Esse caso ficou conhecido porque o psicólogo responsável pelo perfil e pelas análises ignorou as inconsistências nas histórias de Colin e basicamente só buscou provar o que a polícia queria, apesar dos fatos. Colin chegou a escrever alguns livros sobre o caso e recebeu mais de setecentas mil libras de indenização.

A policial que trabalhou na operação acabou se aposentando precocemente depois do caso, mesmo tendo somente 33 anos. Ela não conseguiu se recuperar do trauma que foi trabalhar naquilo e da humilhação quando a polícia foi exposta pelo juiz dizendo que a operação tinha sido um tremendo fracasso.

Depois de quase dez anos da ocorrência do crime, a polícia estava sendo pressionada a descobrir o assassino e resolveu investigar novamente. Eles conseguiram descobrir uma amostra de DNA masculino na roupa da vítima que não batia com o do filho, nem com o do namorado dela. Na época, o DNA não era suficiente para determinar um culpado, mas foi ótimo para eliminar suspeitos.

A polícia chegou então a Robert Napper, um cara que já estava preso por ter assassinado em 3 de novembro de 1993 uma mulher e a filha dela de 4 anos. Ou seja, a ineficiência da polícia permitiu que o verdadeiro culpado continuasse livre para praticar novos crimes.

PSICOLOGIA INVESTIGATIVA

Outra linha de criação de perfis veio do Reino Unido. Ela classifica os crimes e criminosos e é mais voltada para estatísticas e métodos científicos. O pesquisador e psicólogo social David Canter é o maior entusiasta dessa abordagem.

Tudo começou em 1985, quando Canter foi chamado pela Scotland Yard, a polícia de Londres, para ajudá-los no caso do Estuprador da Ferrovia (Railway Rapist). Uma série de estupros e alguns estupros seguidos de morte haviam ocorrido próximos a linhas de trem, e Canter foi convocado para estudar a possibilidade de incorporar teorias da psicologia nas técnicas de investigação da polícia e entender se conseguiriam traçar um perfil criminal, uma vez que o FBI já vinha fazendo isso. Canter desenhou um perfil para o Estuprador da Ferrovia com diversas características. O perfil não foi muito determinante na captura do criminoso, mas ajudou a demarcar a área em que ele morava. Depois que o criminoso foi capturado, foram confirmados vários traços que constavam no perfil.

Mais tarde, Canter se reuniu com a polícia para fazer um estudo dos padrões de comportamento que se relacionam com a personalidade dos agressores e então criar um método melhor para a criação dos perfis.

Em 1992, o método do FBI já tinha se tornado mais conhecido, e Canter e vários profissionais colaboraram com a Polícia Metropolitana de Londres a fim de criar um projeto para estudar a confiabilidade de perfis criminais. Naquele momento, ainda não havia nenhum tipo de regulação, leis ou programas organizados de treinamento no Reino Unido nem nos Estados Unidos (fora o treinamento próprio do FBI), e eles queriam analisar se os perfis realmente serviam de algo ou se era só uma moda.

A pesquisa realizada pelo detetive investigativo Gary Copson, publicada em 1995, avaliou se 184 perfis criminais ajudaram nos casos entre 1981 e 1994. Os resultados foram bem interessantes.

* 82,6% dos detetives acreditaram que o perfil foi útil
* 68,5% requisitariam perfis para circunstâncias semelhantes
* 60,9% deles acharam que os perfis aprofundaram seu conhecimento sobre o ofensor
* 51,6% deles tiveram suas convicções reafirmadas pelo perfil
* 16,3% das sugestões dadas pelos *profilers* foram seguidas pelos detetives
* 14,1% consideraram que o perfil realmente ajudou na solução do caso
* 2,7% informaram que o perfil identificou diretamente o criminoso

Pela pesquisa, Gary Copson concluiu que a maioria dos detetives percebeu os benefícios dos perfis, entendendo que são "novas ideias" decorrentes de uma segunda opinião inteligente e do desenvolvimento de uma filosofia investigativa por meio de consulta e debate. E também que os perfis parecem mais ajudar indiretamente do que de fato concluir um caso.

No fim do seu artigo, Copson deixa algumas recomendações, e uma delas chega a ser engraçada, mas é compreensível, dado que muitos policiais afirmaram solicitar os perfis, mas pouquíssimos os seguiram em suas investigações:

> **"Policiais não devem pedir perfis criminais a menos que realmente considerem usá-los."**

A experiência de Canter colaborando com a polícia fez com que ele desenvolvesse uma nova área de Psicologia Aplicada que nomeou de Psicologia Investigativa. Ela une psicologia social, ambiental, organizacional, forense e clínica, desenvolvimento cognitivo e criminologia. Canter criou um programa de graduação na área na Universidade de Surrey e, dez anos depois, criou outro, na Universidade de Liverpool. Atualmente existem mestrados e doutorados na área. Essa é hoje a abordagem mais usada internacionalmente, e professores e pesquisadores britânicos já foram ao FBI dar treinamentos.

Em 2001, cunhou-se no Reino Unido o termo Behavioural Investigative Adviser (BIA), que em português seria algo como Conselheiro Investigativo Comportamental. Em 2004, nasceu o periódico *Journal of Investigative Psychology and Offender Profile*, publicado três vezes ao ano, que aborda ciências comportamentais e como elas se relacionam com a criminologia.

Canter acredita que os infratores tratam suas vítimas como tratam todas as outras pessoas em sua vida. Por exemplo, um estuprador egoísta com suas vítimas provavelmente apresenta egoísmo diante de amigos, colegas e familiares. Seguindo o mesmo raciocínio, os criminosos selecionam vítimas cujas características se parecem com as de pessoas importantes para eles. A isso, o pesquisador deu o nome de consistência interpessoal.

Já o que chamou de hipótese da diferenciação diz que, como todas as pessoas, os criminosos e, consequentemente, seus crimes são diferentes entre si. Cada tipo de crime se refere a um tipo de criminoso diferente. Depois de uma análise de cem *serial killers*, foram identificados quatro tipos de atuação:

* **Mutilação** assassinos em série que sentem prazer no desmembramento da vítima.
* **Controle sexual** assassinos em série cuja motivação principal é obter satisfação sexual por meio do controle das vítimas, e a arma do crime é deixada na vítima.
* **Execução** assassinos em série que queimam a vítima.
* **Pilhagem** assassinos em série cujo foco é o roubo da vítima.

As inferências não são baseadas apenas em uma ação ou um ponto do crime, são analisadas como um conjunto. Existe um foco em como aconteceu um crime, não no motivo.

Os perfis são entregues em formato de relatório, que deve conter uma explicação, passo a passo, de como o perfil foi traçado. É necessário detalhar como se chegou à conclusão de cada ponto, que teoria foi usada para corroborar a inferência etc.

No método do FBI, não há um relatório nem qualquer tipo de formalidade na entrega do perfil — em geral, é apresentado oralmente —, e os defensores da psicologia investigativa apontam que é preciso ter um registro confiável do perfil e das opiniões do *profiler*, até para posteriormente saber se o profissional é confiável e fez um bom trabalho.

Um relatório de perfil em geral contém:

* Um aviso de que o relatório é uma ferramenta para investigação, que não objetiva acusar ou inocentar ninguém, e que é baseado em pesquisas.
* Qualificação dos psicólogos e credenciais dos autores.
* Avaliação por pares, ou seja, outros psicólogos forenses que avaliaram o relatório.
* Resumo do caso com detalhes do crime.
* Avaliação do crime: comparação de características do suspeito com outros que cometeram crimes parecidos.
* Avaliação do suspeito com base nas informações.
* Avaliação de risco e previsão de reincidência.
* Recomendações de investigação, como, por exemplo, verificar se o suspeito abusou de crianças da família ou investigar momentos no tempo em que ele poderia ter cometido outros crimes.

ANÁLISE DAS EVIDÊNCIAS COMPORTAMENTAIS – AEC (BEHAVIORAL EVIDENCE ANALYSIS – BEA)

Essa abordagem vai no caminho oposto ao das outras duas. Aqui não se busca um padrão entre os criminosos, nem se analisam estatísticas. A ideia é entender que cada pessoa é única e consequentemente cada caso terá suas particularidades. Estudam-se as características específicas do caso e suas dinâmicas. Eles não analisam se o criminoso é organizado ou desorganizado, ou se as estatísticas apontam que geralmente esse tipo de crime é cometido por tal tipo de pessoa.

São criadas hipóteses e o *profiler* tem como objetivo avaliar cada uma delas com base nas evidências disponíveis do caso. Assim, verifica-se se a hipótese é plausível ou se deve ser refutada. Para os que seguem essa abordagem, as estatísticas não ajudam, porque são baseadas em milhares de pessoas e, juntando as características, acabam dando origem a um perfil de uma pessoa que não é real.

São analisadas evidências físicas, documentais ou testemunhais que ajudem a estabelecer quando e/ou como aconteceu o crime. Qualquer tipo de evidência física pode ser considerada comportamental sob as circunstâncias corretas. Por exemplo: analisando o padrão de pegadas, pode-se inferir se a pessoa estava correndo ou caminhando com calma.

O primeiro passo é justamente este: analisar as evidências forenses. Ver tudo o que está presente na cena do crime, testar, interpretar e verificar se todo o material fornecido é confiável. O segundo passo é analisar a vitimologia: identificar quem era a vítima, seu estilo de vida, risco e circunstâncias em que foi capturada. O terceiro é a análise da cena do crime. Identificar qual o método de ataque, controle, natureza dos atos sexuais, *modus operandi*, assinatura, quanto tempo o criminoso passou ali...

Uma crítica que se faz a esse método de criação de perfis é que ele é basicamente uma investigação. Qual a diferença entre isso e investigar um crime? Mas quem defende diz que o método deu origem à Academy of Behavioral Profiling (ABP). Não havia profissão realmente estabelecida, locais de estudo ou até um código de ética dos *profilers*, a não ser no FBI. No início, a ABP era uma organização para profissionais independentes, que tinha requisitos de educação e até um código de ética, mas ela cresceu e hoje é um órgão regulamentador que dá diretrizes com um guia padrão de práticas e fiscalizações. Além disso, ocorreu a profissionalização dos *profilers*.

PERFIL CRIMINAL GEOGRÁFICO

O lugar onde o crime acontece não é definido ao acaso: ele tem relação direta com o criminoso, sua personalidade e seu histórico de vida. Todas as linhas de criação de perfis podem acabar usando esse caminho, já que é muito provável que em uma investigação exista pelo menos um local ligado a algum acontecimento. Pode ser onde o corpo da vítima foi encontrado, onde o crime ocorreu, onde uma vítima foi capturada, onde encontraram algum objeto da vítima, até uma casa que foi invadida.

Faz-se um exame geográfico das áreas dos crimes, junta-se a outras informações geográficas e espaciais, para obter-se dados sobre a movimentação e a provável base do ofensor, e com isso definem-se locais para a busca.

Assim como a vítima tem sua rotina, sai para trabalhar, estudar, fazer exercícios físicos, o ofensor também frequenta diferentes locais. Todos os dias tomamos decisões como: qual é o caminho mais rápido para chegar à padaria? Vou para a escola de ônibus ou de metrô? São decisões simples, que tomamos sem pensar muito, mas feitas com base em vantagens e desvantagens. Se está chovendo, talvez seja melhor não ir a pé. Se o caminho mais curto é perigoso, talvez seja mais seguro o mais longo. Se não tem estação de metrô perto da escola, melhor ir de ônibus. Pode parecer bobo, mas se não conhecemos o criminoso, essa é uma forma inteligente de tentar encontrar sua base.

Hoje em dia existem programas de computador que, a partir dos locais dos crimes, calculam a região mais provável para a base do ofensor. Um deles é o software Rigel Analyst, criado pelo canadense Kim Rossmo, que trabalhou por anos com a polícia de Vancouver.

BRASIL

No Brasil, não há uma abordagem dominante. Em geral não há psicólogo investigativo nas polícias civis. Os únicos estados que quebram esse padrão são Goiás — em que existe a profissão do psicólogo criminal, que tem outras funções, mas pode criar um perfil criminal — e Paraná — que hoje possui um perito criminal em psicologia, cuja função está mais atrelada à produção de perfis criminais.

É claro que muitos policiais e detetives detêm esse conhecimento de criação de perfis, ou até um entendimento natural baseado em experiência. O fato é que no Brasil ainda não existe uma profissão voltada para perfis criminais nem um código de ética que ajude a guiar os policiais. Existem poucos profissionais que informalmente buscam psicólogos para ajudar em casos ou até para traçar perfis.

Apesar disso, existem diversos cursos de *criminal profiling* que podem ser feitos no país.

✳✳✳

Agora que você já sabe tudo sobre como criar um perfil, separamos alguns casos em que agentes do FBI trabalharam para podermos analisar. Será que você consegue identificar se o criminoso foi considerado organizado, desorganizado ou misto?

UNABOMBER: TED KACZYNSKI

Wanda Theresa e Theodore Richard Kaczynski tiveram um filho em 22 de maio de 1942, em Chicago, a quem deram o nome de Theodore John Kaczynski. Ainda bem pequeno, Theodore teve uma urticária muito forte e precisou ser internado no hospital em isolamento total. Os pais podiam visitá-lo somente duas vezes por semana por duas horas. A mãe de Ted disse que ele nunca mais foi o mesmo depois que voltou para casa e que demorou muitos meses para olhá-la nos olhos de novo.

Ele seguiu sendo muito introvertido e solitário, sempre com poucos amigos ou nenhum. Quando estava na quinta série, fez um teste de QI em que o resultado deu 167. Por ser tão inteligente, o adiantaram na escola, mas isso acabou não sendo muito bom, já que, em uma turma de crianças mais velhas, ele sofreu bastante bullying e ficou mais recluso. Posteriormente, ele ainda pulou outra série e acabou se formando dois anos antes.

Com apenas 16 anos, ele se candidatou para uma bolsa em Harvard e passou. Lá, Ted participou de um experimento do famoso psicólogo e professor Henry Murray, que buscava entender como os seres humanos lidavam com estresse, principalmente em situações de interrogatório. Murray atraiu alunos para esses testes falando que eles iam debater filosofia política, mas o experimentador na verdade ficava questionando as ideias deles. A ideia era humilhar, traumatizar, destruir a pessoa até alterar sua mente, para ter uma "testemunha cooperativa". Hoje em dia esse tipo de experimento não seria realizado, por sua ética extremamente questionável. E é bem provável que o experimento tenha mexido muito com Theodore, porque ele foi ficando cada vez mais solitário e tímido, e acabou se afastando dos poucos amigos que tinha.

Aos 25 anos, ele já tinha feito um mestrado e um doutorado em matemática pela Universidade de Michigan, era considerado um gênio pelos colegas e publicou diversos artigos. Mas ele se sentia vazio, deprimido e desesperado, e inclusive escreveu em seu diário que sonhava que um psicólogo falava que ele estava doente ou tentava manipulá-lo, e ele só sentiu alívio quando o matou no sonho.

Em 1966, ao longo de duas semanas, ele teve fantasias com ser uma mulher e até cogitou passar por uma transição de gênero. Marcou uma consulta com um psiquiatra para conversar sobre isso, mas desistiu de contar o que estava sentindo. Hoje, estudiosos desse caso acreditam que na verdade Ted não tinha nenhum tipo de disforia de gênero, e sim dificuldade de relacionamento com o sexo oposto, porque as mulheres o rejeitavam. Na cabeça dele, ser uma mulher era o único jeito de ter acesso às mulheres. Mas ele resolveu não falar sobre esse assunto, e sentiu uma raiva muito extrema, inclusive do psiquiatra que o atendeu. E foi aí que começou a fantasiar com assassinatos. "Por que não matar o psiquiatra e todos que odeio?"

Theodore deu aulas em Berkeley, no departamento de matemática, até que em 1969 pediu demissão de maneira repentina. O chefe tentou mantê-lo no cargo, porque ele era muito bom, mas o que Ted realmente queria era juntar dinheiro para se mudar para as montanhas, fugir do sistema e ficar ainda mais isolado.

Ted e o irmão, David, passaram dois meses viajando pelo Canadá à procura de algum terreno em meio à natureza para viver, mas não encontraram nada, então Ted continuou morando com os pais. Ele passou um ano praticamente trancado em seu quarto, e nesse tempo escreveu algumas cartas para figuras públicas reclamando de como o estilo de vida americano estava afetando o meio ambiente.

Em junho de 1971, ele conseguiu comprar um terreno e construir uma pequena cabana de madeira de onze metros quadrados na cidade de Lincoln, no estado de Montana. Ele construiu um poço, usava um forno a lenha para deixar a casa aquecida e não tinha energia elétrica. Se o tempo estivesse bom, ele fazia uma fogueira do lado de fora e cozinhava ali. Ted fazia o próprio pão e até suas velas. Quando precisava de alguma coisa, ia à cidade de bicicleta e mal falava com as pessoas. Ele vivia somente com trinta centavos de dólar por dia, em torno de cem dólares por ano.

Em 1978, Ted foi para Chicago e mostrou para o professor Donald Saari um artigo contra a tecnologia, e pediu que ele revisasse. Saari examinou o material e sugeriu que Ted enviasse para o campus Chicago Circle, da Universidade de Illinois. Ted enviou, mas eles recusaram o trabalho. Saari relatou que Ted voltou até ele enfurecido dizendo que ia se vingar.

Em 24 de maio de 1978, um pacote foi deixado em um estacionamento para um professor do Chicago Circle. O pacote foi enviado de volta para o remetente identificado no embrulho, um professor do Instituto Tecnológico da Universidade Northwestern, Buckley Crist. O professor não reconheceu o pacote e o deixou na área de segurança da universidade. E foi lá que no dia seguinte o pacote explodiu, ferindo o guarda que o abriu.

Depois, especialistas disseram que a bomba era um pouco "bruta", não era muito sofisticada, feita de um pedaço de cano que parecia ser de cozinha. Mas a caixa em que a bomba estava era como uma obra de arte, feita cuidadosamente com quatro tipos de madeira, perfeitamente lixada e tingida; um trabalho de artesão.

Depois disso, Ted arrumou um emprego em uma fábrica em Illinois com o pai e o irmão e até teve encontros românticos com sua supervisora, Ellen Tarmichael, mas o relacionamento não deu muito certo. Então ele escreveu uns versinhos rimados falando mal da mulher e colou por toda a fábrica! Como ele não quis retirar os papéis, seu irmão David o demitiu em agosto de 1978. Nesse dia, ao sair da fábrica, Ted ficou esperando Ellen no carro dela, pensou em mutilá-la, mas desistiu da ideia.

Em 9 de maio de 1979, ele deixou outra bomba no Instituto de Tecnologia da Universidade Northwestern. Dessa vez, fez parecer que uma caixa de charutos estava em cima de uma mesa, e quem abriu foi o estudante John Harris, que se feriu com a explosão. Novamente, a bomba era um tanto amadora. Em seu diário, ele anotou que esperava que a vítima tivesse ficado cega, perdido a mão ou sido mutilada de alguma forma, e queria conseguir dinamite.

Em 15 de novembro, uma bomba foi enviada pelo correio e foi parar em um voo da American Airlines de Chicago para Washington com 78 pessoas. O detalhe sofisticado dessa bomba era que ela continha um altímetro para que fosse ativada quando chegasse a uma determinada altitude. Ele estava aprendendo e se aperfeiçoando. No ar, entretanto, a bomba apresentou algum defeito e não explodiu, só expeliu bastante fumaça. O piloto precisou fazer um pouso de emergência. Como bombardear aeronaves é crime federal, o FBI foi acionado. Posteriormente, eles disseram que a bomba tinha capacidade de destruir o avião.

O codinome da investigação em andamento era "UNABOM", que continha as letras de "bombardeador de universidades e companhias aéreas" (University and Airline Bomber), o que acabou deixando o criminoso conhecido como Unabomber. Só que, em 1978 e 1979, os Estados Unidos estavam em meio a uma crise de reféns com o Irã, então suspeitaram que as bombas tivessem relação com essa situação.

A partir de 1980, Ted e David passaram a receber um uma mesada anual dos pais, que deu a Ted a liberdade de não precisar trabalhar e continuar comprando equipamentos e ferramentas para fabricar suas bombas. Segundo Ted, essa mesada teria sido enviada por onze anos. Além disso, Ted também às vezes se queixava de alguma dor e dizia que não tinha dinheiro para fazer os exames, então a mãe dele mandava mais dinheiro ainda.

Ele frequentava uma biblioteca simples em Lincoln, e era dali que retirava os nomes e endereços de suas vítimas. Ted continuava morando na cabana isolada e mal tinha contato com pessoas. Em 10 de junho de 1980, aconteceu outro ataque. Dessa vez, uma bomba foi enviada para a casa do presidente da companhia aérea United Airlines, Percy Wood, que tinha 60 anos. Ele recebeu um livro chamado *Ice Brothers* e uma carta incentivando-o a ler. Claro que o livro era oco e tinha um explosivo dentro. Wood ficou ferido no rosto e na mão e na perna esquerdas, e precisou fazer uma cirurgia para remover fragmentos da bomba. Ele não tinha ideia de quem poderia ter feito algo assim com ele.

Ted continuou a enviar bombas ao longo dos anos e a ferir pessoas. Chegou a coletar pelos pubianos de um banheiro público na rodoviária e colocar em uma de suas bombas, para tentar desviar a atenção da polícia. Até que no dia 11 de dezembro de 1985, uma de suas bombas matou o dono de uma loja de informática, Hugh Scrutton, em Sacramento, Califórnia.

Em 20 de fevereiro de 1987, outra bomba, deixada em Salt Lake City, Utah, feriu gravemente Gary Wright, que ficou com mais de duzentos estilhaços do explosivo em seu corpo. E foi nesse dia que uma testemunha avistou Ted e deu um depoimento para que fizessem um retrato falado, que ficou bem famoso: nele, ele veste um capuz, um óculos aviador e tem um bigode. A descrição dizia ainda que era um homem perto dos 30 anos, de cabelo castanho.

Recriação do desenho original.

É óbvio que, nesse ponto, as pessoas já estavam desesperadas: quem seria a próxima vítima? E por quê? O FBI não sabia responder. Foi criada uma linha telefônica para denúncias, que recebeu milhares de ligações por mês, e muitas cartas, nas quais os remetentes alegavam ser o Unabomber, chegaram até a polícia. Uma grande confusão.

Seis anos se passaram sem ocorrências, até que Ted mandou duas bombas na mesma semana, nos dias 22 e 24 de junho de 1993, levando o geneticista da Universidade da Califórnia Charles Epstein a perder três dedos e o cientista da computação David Gelernter a ficar sem parte de sua mão direita e com ferimentos em um dos olhos.

O *The New York Times* recebeu uma carta, não muito grande, de um grupo que reivindicava os bombardeios. Ted a elaborou como se um grupo anarquista chamado FC a tivesse escrito, e falava que o FBI saberia sobre essas iniciais. De fato, a maioria das bombas possuía as duas letras gravadas em alguma parte. A carta entregava os autores dos crimes e fornecia um número secreto para comunicações futuras. O FBI não conseguiu achar praticamente nenhuma pista útil nela, mas descobriu que tinha uma marca no papel, como se alguém tivesse escrito algo em outra folha por cima daquela e a de baixo tivesse ficado marcada. Estava escrito: "Ligar para Nathan R. Qua 7pm." A polícia ficou louca atrás do tal do Nathan R., mas, como esse nome é muito comum, a busca não deu em nada, e muito provavelmente foi uma pegadinha do Ted.

Em dezembro de 1994 e abril de 1995, houve mais duas vítimas fatais em Nova Jersey e Sacramento: Thomas J. Mosser, executivo de uma multinacional, e Gilbert Brent Murray, presidente do lobby das indústrias madeireiras California Forestry Association.

Diversos perfis criminais foram feitos, mas houve muitos erros, porque o Unabomber não se encaixava na dicotomia organizado/desorganizado. Por exemplo, como as primeiras bombas explodiram em universidades, alguns *profilers* pensaram que naquela época ele poderia ser um estudante, alguém jovem, entre 18 e 23 anos, quando, na verdade, Ted tinha 35 anos no dia em que enviou o primeiro explosivo. Até John Douglas entrou na história.

PERFIL DO UNABOMBER

(publicado no jornal *Sun Sentinel* em outubro de 1995)

O Unabomber provavelmente dirige um carro mais antigo, mas o mantém em boas condições. Ele pode ter uma esposa ou namorada, mas a mulher sabe que há uma certa parte da casa — um porão ou escritório — em que ela não pode entrar. Da mesma forma que outras pessoas podem falar de beisebol, ele gosta de discutir os bombardeios — como o FBI é burro e como o bombardeador é inteligente. Ele provavelmente visitou o local de seus primeiros atentados, abordando a polícia, fazendo perguntas e talvez até oferecendo conselhos. Ele pode ter viajado nesse verão.

E vai matar novamente. É o que diz John Douglas, o agora aposentado agente do FBI que desenvolveu a técnica de perfis psicológicos da agência e criou esse perfil do Unabomber dezessete anos atrás, quando os atentados começaram.

Hoje sabemos que esse perfil não estava tão certo. Douglas supôs que o Unabomber era um criminoso mais organizado, com família e que queria se meter na investigação. Mas, nesse ponto, Ted estava mais para desorganizado, por ser solitário, recluso, viver em um local sujo e não cuidar da aparência. Além disso, Ted só andava de bicicleta, era contra qualquer coisa industrial, lembra?

Em 26 de abril de 1995, mais uma carta foi enviada para o *The New York Times*, com três páginas. Nela, o grupo FC reivindicava a morte de Mosser e explicava que ele havia sido assassinado porque trabalhou reparando a reputação da Exxon, depois do derramamento de petróleo da empresa no Alasca por um navio chamado *Exxon Valdez*, ocorrido em 1989. Dizia também que o grupo iria atrás de cientistas e engenheiros, principalmente dos campos de computação e genética, e não tinha a intenção de atacar professores ou estudiosos de outras áreas. Por meio de suas bombas, eles tinham o objetivo de causar uma instabilidade na sociedade industrial e encorajar quem odeia o sistema da indústria, e estavam em posição de causar muitos danos. Ao fim, dizia que o FBI não o pegaria tão cedo, porque "o FBI é uma piada".

E então eles ofereciam um acordo: se o manifesto que eles tinham escrito, de cerca de 35 mil palavras, fosse publicado em algum jornal grande e nacional, eles parariam com o terrorismo. Como nada foi feito, uma carta foi enviada no dia 28 de junho para um jornal dizendo que o grupo FC iria explodir um avião comercial saindo do aeroporto internacional de Los Angeles. O FBI foi chamado e confirmou que a carta era real. Foi o caos. Eles não podiam fechar os correios ou o aeroporto por muito tempo, e as pessoas ficaram morrendo de medo, mas nada aconteceu.

A procuradora-geral Janet Reno e o diretor do FBI à época, Louis Freeh, conversaram com as equipes e por fim decidiram que era melhor publicar o manifesto, para garantir a segurança da população e até verificar se alguém reconhecia o estilo do autor, que eles ainda pensavam se tratar de algum estudante ou professor. *Sociedade industrial e seu futuro* é o título do que ficou conhecido como o Manifesto Unabomber, publicado no *The Washington Post* no dia 19 de setembro de 1995. É um texto longo, que discorre sobre os efeitos maléficos da indústria e da tecnologia na natureza e como a tecnologia impactou a psicologia e a personalidade das pessoas.

De acordo com o manifesto, a dependência na tecnologia limita a liberdade e tira o desejo de autonomia, causando sofrimento psicológico. A solução para isso seria um retorno a um estilo de vida mais primitivo.

A investigação se intensificou depois da publicação do manifesto e chegou a ter 150 investigadores envolvidos. As bombas não ajudavam porque Ted tomava muito cuidado para não deixar impressões digitais (ele até fabricava sua própria cola, para que não identificassem nenhuma marca específica), além do fato de que ele propositalmente confundia os investigadores, colocando evidências falsas nas bombas, que fazia parecer "erros reais". Geralmente as iniciais FC estavam presentes nos artefatos (ele disse mais tarde que significavam *freedom club*, clube da liberdade). Esse método mostra seu lado organizado. Com relação ao potencial do explosivo, algumas das bombas eram muito simples e básicas, outras, bastante potentes. Ao todo, dezesseis bombas foram atribuídas a Ted.

O FBI colocou vários linguistas e *profilers* no caso, como o *profiler* criminal americano e linguista forense James R. Fitzgerald e o professor de linguística Roger Shuy. Depois de diversas análises do manifesto, conseguiram identificar a idade e a origem geográfica do suspeito. A idade foi inferida principalmente pelo uso de palavras um pouco antigas ou defasadas. Shuy percebeu a utilização de termos usados por três ou quatro jornais de Chicago entre os anos 1940 e 1950, além de alguns regionalismos da região de Chicago.

Até que David Kaczynski disse que seu irmão poderia ser a pessoa que eles estavam procurando. Ele só tomou ciência do caso Unabomber em 1994, depois da morte de Mosser. Sua esposa, Linda Patrik, foi quem percebeu ao ler uma das notícias quase diárias que saíam sobre o Unabomber. Ao se deparar com algumas crenças do criminoso, como o ódio à tecnologia e a reivindicação para voltar ao modo natural de viver, ela desconfiou que poderia ser o cunhado, mas David não quis acreditar. Somente ao ler o manifesto percebeu as semelhanças com as cartas do irmão.

Eles contrataram uma detetive particular para tentar entender se de fato poderia ser Ted. Ela achou os textos muito parecidos e depois ainda conectou os locais das bombas com lugares que Ted costumava frequentar. O casal ficou muito preocupado com o que fazer, sobretudo David. Se acusasse o irmão injustamente, ele o odiaria para sempre. Mas se não fizesse nada e Ted realmente fosse culpado, mais pessoas poderiam morrer. E se ele acabasse condenado à morte? Como viver sabendo que era o responsável pela morte do irmão? David decidiu que precisavam falar com o FBI, mas por algumas semanas não teve coragem de tomar a iniciativa. O FBI tinha uma lista de 2.417 pessoas suspeitas de serem o Unabomber. Ted estava nessa lista em penúltimo lugar.

> Em visita à mãe doente em Chicago, David encontrou um manuscrito de 23 páginas muito parecido com o manifesto; na verdade, parecia um resumo dele. E foi então que decidiu ligar para o FBI.

Com esse material, Ted foi, enfim, considerado um suspeito viável. Com o mandado de busca expedido, os policiais foram até sua cabana em 3 de abril de 1996 e confirmaram que Ted era realmente o homem que eles estavam procurando. Eles encontraram livros de química sobre como construir explosivos poderosos, vários explosivos, uma coleção de armas feitas à mão, quarenta mil páginas manuscritas, entre elas textos sobre experimentos com bombas e descrições dos crimes do Unabomber, e ainda uma bomba pronta para ser despachada embaixo da cama de Ted.

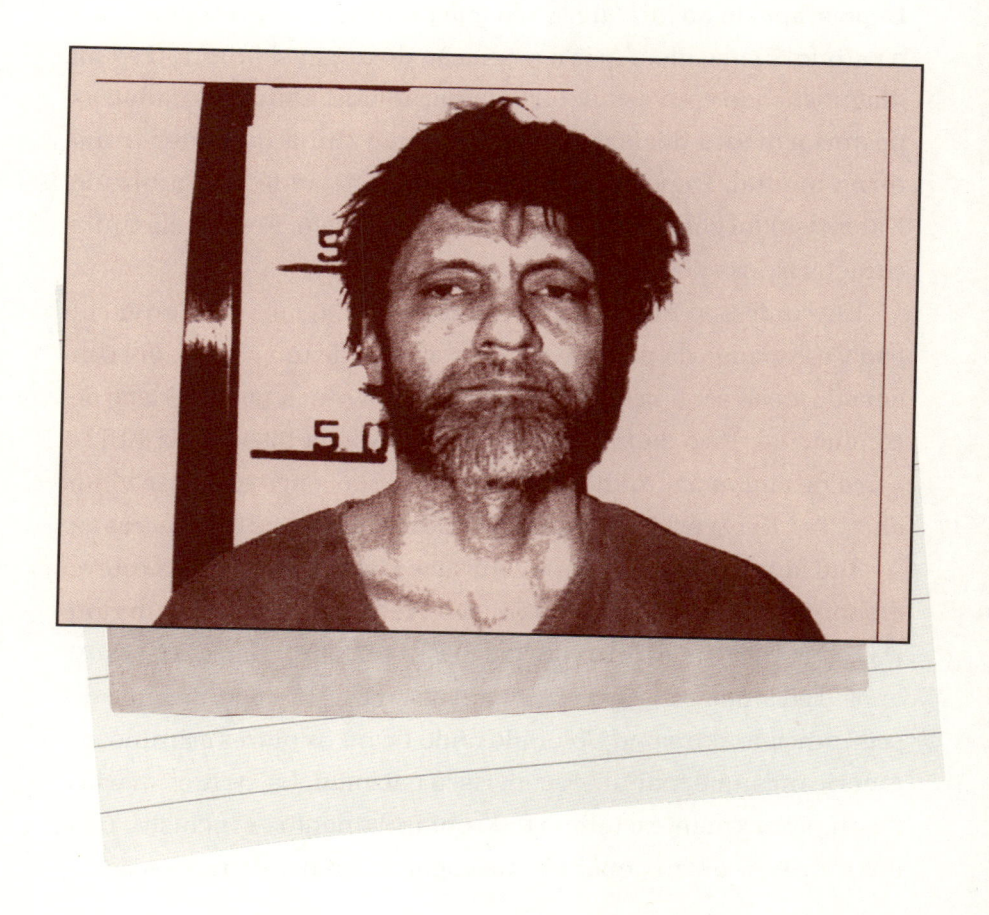

Em junho de 1996, Theodore Kaczynski foi indiciado por dez acusações de transporte ilegal, envio pelo correio e uso de bombas. Os advogados dele, o defensor público federal Michael Donahoe e, posteriormente, Judy Clarke, queriam usar a estratégia de insanidade para escapar da pena de morte (se você pulou o capítulo de transtornos mentais, volte lá para entender melhor!), mas Ted recusou com veemência. Se ele fosse declarado insano, todo o seu trabalho seria jogado no lixo. Em 8 de janeiro de 1998, Ted pediu para retirar os defensores, mas o juiz disse que era tarde demais. Ted então tentou tirar a própria vida nesse dia. Depois, apelou ao juiz, alegando que preferia se representar, mas o pedido foi negado. Após a avaliação de uma psiquiatra, Ted foi diagnosticado com esquizofrenia paranoide. Outros psiquiatras posteriormente declararam que ele não tinha qualquer transtorno mental. Depois, na dicotomia organizado/desorganizado, Kaczynski foi considerado um criminoso misto. Porque ele tinha características dos dois tipos.

Ele confessou tudo em 22 de janeiro de 1998 e se declarou culpado, escapando da pena de morte por meio de um acordo. Foi condenado a oito sentenças de prisão perpétua sem a possibilidade de condicional. Pivô da investigação mais cara da história do FBI — cerca de cinquenta milhões de dólares —, ao longo de quase vinte anos, Ted Kaczynski causou a morte de três pessoas e feriu outras 23.

Ted lançou diversos livros com suas ideias, e sua cabana esteve disponível para visitação no museu Newseum, em Washington D.C., por anos, mas foi devolvida ao FBI em 2019. Em 2021, aos 79 anos, Ted ainda estava encarcerado no ADX Florence, presídio de segurança máxima no Colorado onde ficam os piores criminosos americanos, que mais oferecem risco nacional. Lá, os presidiários ficam praticamente o tempo todo em isolamento — inclusive uns dos outros — e têm pouquíssimas oportunidades de recreação.

Existem diversas obras sobre Theodore Kaczynski, como o filme feito para a TV chamado *Unabomber: The True Story* e a peça de teatro búlgara (!) *P.O. Box Unabomber*. Mas a obra que gostaríamos de destacar é a primeira temporada da série *Manhunt*, chamada "Unabomber" (2017), que está disponível na Netflix. Paul Bettany interpreta Ted e temos uma perspectiva ficcionalizada da investigação do FBI, com o agente Jim Fitzgerald (Sam Worthington) na análise do caso e criação do perfil criminal.

Se você quiser ver uma versão documental, na Netflix há a minissérie *Unabomber — Suas Próprias Palavras* (2020), com quatro episódios. Ted deu uma única entrevista três anos depois de ser preso, para a jornalista Theresa Kintz, e contou muitas de suas motivações. No documentário, trechos dessa entrevista são intercalados com depoimentos de investigadores, vizinhos, vítimas e até do irmão dele, David.

Bomba	Data	Estado	Local
1	25/05/1978	Illinois	Universidade Northwestern
2	09/05/1979	Illinois	Universidade Northwestern
3	15/11/1979	Illinois	Voo American Airlines #444
4	10/06/1980	Illinois	Lake Forest
5	08/10/1981	Utah	Universidade de Utah
6	05/05/1982	Tennessee	Universidade Vanderbilt
7	02/07/1982	Califórnia	Universidade da Califórnia em Berkeley
8	15/05/1985	Califórnia	Universidade da Califórnia em Berkeley
9	13/06/1985	Washington	Companhia Boeing em Auburn
10	15/11/1985	Michigan	Universidade de Michigan
11	11/12/1985	Califórnia	Sacramento
12	20/02/1987	Utah	Salt Lake City
13	22/06/1993	Califórnia	Tiburon
14	24/06/1993	Connecticut	Universidade Yale
15	10/12/1994	New Jersey	North Caldwell
16	24/04/1995	Califórnia	Sacramento

Nome das vítimas	Profissão	Ferimentos
Terry Marker	Oficial da polícia universitária	Pequenos cortes e queimaduras
John Harris	Estudante da graduação	Pequenos cortes e queimaduras
Várias	Várias	Doze pessoas inalaram fumaça
Percy Wood	Presidente da United Airlines	Cortes profundos e queimaduras por todo o corpo e rosto
Bomba desarmada	-	-
Janet Smith	Secretária da universidade	Queimaduras graves nas mãos e fragmentos da bomba pelo corpo
Diogenes Angelakos	Professor de engenharia	Queimaduras graves e ferimentos no rosto e na mão
John Hauser	Estudante da graduação	Perdeu quatro dedos e teve uma artéria perfurada no braço direito. Perda parcial da visão do olho direito
Bomba desarmada	-	-
James V. McConnel e Nickaus Suino	Professor de psicologia e assistente de pesquisa	Professor: perda de audição temporária. Assistente: queimaduras e ferimentos de estilhaços e perda de audição temporária
Hugh Scrutton	Dono de empresa de computadores	MORTE
Gary Wright	Dono de empresa de computadores	Dano severo no nervo do braço esquerdo
Charles Epstein	Geneticista	Perdeu três dedos e parte da audição
David Gelernter	Prof. de ciência da computação	Perdeu parte da mão e teve ferimentos no olho direito
Thomas J. Mosser	Executivo de publicidade	MORTE
Gilbert Brent Murray	Lobista da indústria madeireira	MORTE

"Não existe contradição aqui; um indivíduo cujas atitudes ou comportamentos o levam ao conflito com o sistema é contra uma força impossível de combater ou escapar, é mais provável que ele sofra de estresse, frustração, derrota. Seu caminho será muito mais fácil se ele pensar e se comportar como o sistema quer. Nesse sentido, o sistema age em benefício do indivíduo quando faz uma lavagem cerebral nele para que se conforme."

Trecho do Manifesto do Unabomber

O VAMPIRO DE SACRAMENTO: RICHARD TRENTON CHASE

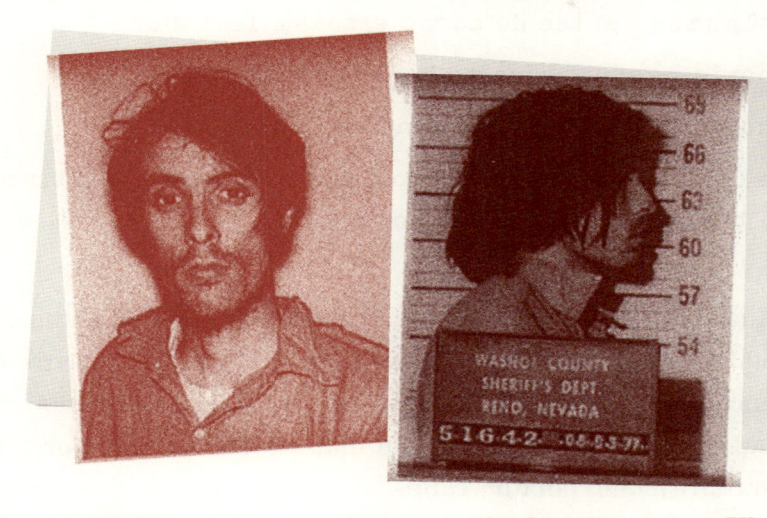

Teresa Wallin, 22 anos, estava grávida de três meses. Ela e o marido David, de 24, moravam em uma casinha bem simples. No dia 23 de janeiro de 1978, David, que era motorista, voltou para casa no fim do expediente e encontrou uma cena horrível. Terry estava morta com um corte profundo no abdome e seu corpo havia sido violado de diversas maneiras.

A polícia notou algumas coisas importantes sobre o crime:

* nada havia sido roubado
* sinais de luta corporal
* havia na cena do crime duas cápsulas de bala calibre .22
* a blusa, o sutiã e a calça da vítima tinham sido repuxados

* o maior dos ferimentos à faca ia do peito ao umbigo
* partes do intestino estavam para fora do corpo
* vários órgãos haviam sido retirados do corpo e picados
* algumas partes do corpo estavam faltando
* havia perfurações no seio esquerdo
* havia fezes de animais na boca da vítima
* o criminoso parecia ter coletado sangue da vítima e bebido em um copo de iogurte

Russ Vorpagel, coordenador da Unidade de Ciência Comportamental à época, foi chamado para ajudar no caso. Era de extrema urgência que esse criminoso fosse capturado, já que a conotação sexual do crime indicava que ele mataria novamente. Vorpagel entrou em contato com Robert Ressler, que fez um perfil do assassino.

> Homem branco, entre 25 e 27 anos; magro, aparência pouco chamativa. Evidências do crime serão encontradas em sua residência, que deve ser suja e mal-arrumada. Histórico de doença mental, uso de drogas. Um solitário, sem relações com homens ou mulheres e que, provavelmente, passa muito tempo em casa. Desempregado. Possivelmente recebe algum auxílio por invalidez. Se morar com alguém, deve ser um dos pais; no entanto, é improvável. Sem passagem pelas Forças Armadas; abandonou o ensino médio ou faculdade sem se formar. É provável que sofra de uma ou mais formas de psicose paranoica.

Em seu livro com Tom Shachtman, *Mindhunter Profile: Entre na mente dos serial killers*, Ressler explica a lógica por trás desse perfil, feito ainda no início de seus estudos. Esse tipo de crime em geral é intrarracial e cometido por homens na faixa dos vinte e poucos anos. Como a vítima era uma mulher branca, logo o agressor era um homem branco jovem.

Nesse momento, a Unidade de Ciência Comportamental já tinha feito a distinção entre criminosos organizados e desorganizados, e para Ressler, com base no que viu na cena do crime, aquele era um assassino **desorganizado**.

De acordo com ele, é preciso que a pessoa apresente uma grave psicose sem tratamento por cerca de dez anos para se chegar a um quadro como esse do assassino. Ele supôs então que o homem devia ter esquizofrenia paranoide, que tem início geralmente na adolescência, por volta dos 15 anos. Somando mais dez anos para a evolução do quadro, ele estaria com uns 25. Ele não acreditava que o criminoso fosse muito mais velho que isso, porque esse tipo de ofensor sexual em geral tem no máximo 35 anos, e se fosse mais velho, já teria cometido outros crimes pela região. Presumindo que o assassino teria esquizofrenia paranoide, ele fez suposições sobre sua aparência: alguém nesse estado não se alimenta muito bem e não se preocupa com higiene. Portanto, o criminoso seria magro e sujo. Como é difícil conviver com alguém assim, provavelmente ele moraria sozinho.

Por causa de sua desorganização mental, o assassino nunca teria servido às Forças Armadas e também não teria muitas condições de manter os estudos. Se tivesse algum tipo de emprego, seria algo mais solitário e braçal. Pela dificuldade de arranjar emprego, talvez se mantivesse com algum auxílio social.

Ele não colocou nesse perfil, mas também imaginou que a confusão mental do assassino o teria impedido de chegar muito longe ou planejar muito. E, por não ter carro, o crime teria sido cometido próximo ao local em que morava. E se por acaso o criminoso tivesse um veículo, estaria em condições horríveis de sujeira e bagunça, assim como sua casa.

Enquanto a polícia estava atrás do assassino, outro crime bizarro aconteceu quatro dias depois do assassinato de Teresa. A um quilômetro e meio da casa dos Wallin, foram encontrados três mortos: Evelyn Miroth, de 36 anos, Jason, seu filho de 6 anos, e um vizinho deles, Daniel J. Meredith, 52. Além disso, Michael Ferriera, o sobrinho de 2 anos de Evelyn, havia sumido. Os crimes não tinham motivo aparente e as três pessoas tinham sido baleadas. Evelyn, além dos tiros, fora esfaqueada.

Com base no estado em que o corpo de Evelyn fora encontrado, Ressler e Vorpagel tinham certeza de que o segundo crime havia sido cometido pelo mesmo assassino. Os órgãos também tinham sido picados, havia esperma no ânus e parecia que o criminoso tinha bebido sangue. A perua vermelha de Daniel, o vizinho, tinha sido levada, mas foi encontrada depois, perto da cena do crime. O corpo do sobrinho de 2 anos também foi encontrado posteriormente.

Após o segundo crime, Ressler detalhou mais o perfil. O assassino teria voltado para casa a pé, depois de largar a perua, e moraria a, no máximo, um quilômetro e meio de onde havia deixado o automóvel. Para o agente, também se confirmou que o criminoso era jovem e tinha alguma doença mental grave, o que corroborou a parte física do perfil: ele seria magro, de aparência desleixada e suja, assim como sua casa.

Com a mídia já cobrindo o caso, uma mulher chamada Nancy Holden ligou para os policiais. Ela relatou que duas horas antes do assassinato de Terry Wallin, ela havia encontrado um antigo colega da escola em um shopping, e o achou bem estranho. Ele estava muito magro, quase desnutrido, e parecia ter sangue na roupa. Ela contou que ele pediu carona, mas como ela achou a situação esquisita, desconversou e foi embora. Nancy deu o nome do ex-colega: Richard Trenton Chase.

Adivinhem onde ele morava? A menos de um quarteirão de onde a perua foi abandonada. Os policiais cercaram sua casa e esperaram ele sair. Quando ele apareceu, estava todo sujo de sangue, usava um coldre de ombro, carregava uma caixa e foi na direção de sua picape. Quando a polícia o pegou, caiu do coldre uma arma calibre .22. Em seu bolso estava a carteira de uma das vítimas, Daniel Meredith, e a caixa estava cheia de panos ensanguentados. A picape tinha mais de dez anos de uso, e dentro dela foi encontrado todo tipo de lixo: desde jornais velhos até latas de cerveja. Descobriram ainda um facão de açougueiro, galochas com manchas de sangue e até recortes de jornais que noticiaram o primeiro crime.

O apartamento, como supôs Ressler, era bem pior. Lá foram encontradas partes de corpos na geladeira, três liquidificadores com sangue dentro, roupas sujas espalhadas pelos cômodos, algumas até com sangue, coleiras de animais e muito mais. Também encontraram várias facas da casa dos Wallin, o que significava que ele tinha levado algo de lá sim, mas não havia sido notado pelo marido antes. Na parede havia um calendário em que estava escrito "hoje" no dia dos dois crimes, e em outras 44 datas posteriores. Richard tinha 27 anos quando foi preso, e apresentava inteligência mediana, com QI 95.

Ele vinha de uma família pobre e apresentava três pontos da tríade homicida (se você chegou aqui sem pular o capítulo sobre *serial killers*, sabe do que estamos falando). Quando, em 1976, ele injetou sangue de coelho em si mesmo, o pai o enviou para uma clínica psiquiátrica. Na clínica, Richard arrancou a cabeça de alguns pássaros, porque, segundo ele, precisava tomar sangue. Todos da instituição o consideravam assustador, e ele ganhou o apelido de

Drácula. A explicação para seu comportamento era a crença de que os nazistas o estavam envenenando e seu sangue estava virando pó, logo ele tomava o sangue de animais para tentar sobreviver. Por incrível que pareça, em 1977, Richard recebeu alta do hospital e foi viver sozinho, sob a responsabilidade de sua mãe.

Como Richard ainda era considerado um paciente psiquiátrico, ele não precisava trabalhar e recebia um auxílio financeiro por invalidez. Sua mente foi se deteriorando com o passar do tempo e, um dia depois de uma briga com a mãe, ele matou o gato dela! Ele adotou diversos cachorros e em 18 de dezembro de 1977 comprou a arma calibre .22. Alguns dias depois, dirigiu sem rumo pelas ruas, atirando a esmo. Um tiro de raspão passou pelo cabelo de uma dona de casa, a sra. Dorothy Polenske, e dois tiros acertaram Ambrose Griffin, que acabou morrendo.

Em seu julgamento em 1979, ele foi considerado responsável por seus atos e culpado de seis homicídios dolosos (com intenção de matar). Richard Chase foi condenado à pena de morte. Ressler discordou de como o caso foi tratado, porque considerava que ele tinha uma doença mental.

Quando Richard estava no corredor da morte do presídio de San Quentin, na Califórnia, Ressler e outro agente, John Conway, foram conversar com ele. Em seu livro, Ressler relata sua impressão:

"Era um jovem magro e estranho com cabelo preto e comprido; mas foram seus olhos que me chamaram atenção. Nunca vou me esquecer disso. Eram como os do monstro assassino do filme *Tubarão* — como se não tivesse pupilas, só duas manchas pretas. Eram olhos malignos, que continuaram em minhas lembranças por muito tempo depois da entrevista."

Nessa entrevista, Richard inclusive confessa que matou, mas que foi tudo em legítima defesa, já que ele precisava salvar sua vida. Ele estava sendo envenenado por sabão e precisava do sangue para sobreviver. Ele explicou que se o sabonete da sua casa estiver com a parte de baixo melecada, significa que você está sendo envenenado. Que esse veneno corrói o corpo e a energia da pessoa, fazendo o sangue se tornar pó. Ele também contou que era judeu e que os nazistas o estavam perseguindo por causa da Estrela de Davi que tinha na testa. Graças ao perfil preciso de Ressler divulgado na mídia, Nancy soube que o ex-colega poderia ser o assassino e reportou o que viu para a polícia. Richard era um assassino predominantemente **desorganizado**, psicótico e com doença mental grave. Ele chegou até a mandar cartas para Ressler e Conway dizendo que alienígenas estavam causando a queda de aviões.

Chase acabou morrendo por suicídio em 26 de dezembro de 1980, embora alguns acreditem que ele tenha ingerido vários remédios de uma vez para calar as vozes da sua cabeça e morrido por acidente.

O PADEIRO AÇOUGUEIRO: ROBERT HANSEN

Em junho de 1983, uma prostituta de 17 anos escapou de um fim terrível na cidade de Anchorage, no estado do Alasca, nos Estados Unidos. Ela contou para a polícia que um homem ruivo, baixo e com cicatrizes de espinhas no rosto a tinha abordado na rua e pedido um programa com ela. Mas enquanto eles estavam no carro, ele prendeu uma de suas mãos com uma algema e a levou para a casa dele, numa região rica da cidade. Ele tirou sua roupa, a estuprou, inseriu um martelo em sua vagina e mordeu seus mamilos com muita força. Enquanto ela ficou algemada no porão, ele tirou um cochilo. Quando acordou, disse que gostou muito dela e que a levaria de avião até sua cabana na floresta, que lá eles "transariam de novo", e depois ele a traria de volta. A moça achou que era uma mentira, já que ele a havia violentado sem nem esconder o rosto. Ela sabia que tinha poucas chances de sair viva dessa viagem e na pista de decolagem viu uma oportunidade de fugir. Logo depois de sair correndo, encontrou um policial.

A descrição dada à polícia pela moça batia com o perfil de Robert Hansen. Ele tinha 44 anos, era dono de uma padaria, casado, tinha filhos e era considerado um bom membro da comunidade. Levada até a casa dele, a jovem afirmou que aquele tinha sido o local em que ela havia sido violentada. Ela também conseguiu identificar o avião monomotor dele, um Piper Super Cub. Mas Hansen negou tudo, disse que ela queria extorquir dinheiro dele. Apesar da identificação da casa e do avião, Hansen tinha um álibi. Dois sócios disseram que haviam jantado com ele naquela noite.

A polícia estava preocupada, porque cadáveres de mulheres estavam aparecendo desde 1980, e muitas delas eram pessoas em situação de prostituição e dançarinas. Como era provável que todos esses casos estivessem relacionados, eles decidiram investigar melhor esse tal de Robert Hansen. Como a polícia local não tinha como conseguir mais informações além das que já haviam coletado, em setembro de 1983 entraram em contato com ninguém menos que John Douglas, nosso querido agente do FBI.

Geralmente o perfil criminal é criado para encontrar suspeitos ou diminuir as opções da polícia. Só que dessa vez eles já tinham um suspeito. Eles queriam mesmo algum tipo de ajuda para conseguir um mandado de busca. Seria apenas a primeira de muitas vezes que o FBI faria um perfil com esse propósito — depois, a agência ajudou em diversos casos para emissão de mandados. Douglas disse que não queria saber nada sobre o suspeito para não ser influenciado. Ele precisava era saber sobre os crimes: os corpos encontrados e o caso da moça que escapou.

O perfil criado por John Douglas dizia que o assassino teria baixa autoestima, um histórico de rejeição por mulheres (violência e abuso contra mulheres em situação de prostituição geralmente significava isso) e seria um caçador experiente (muitas vezes, pessoas que sofrem de algum tipo de desajuste compensam caçando, brincando com armas e facas). Ele provavelmente levaria troféus dos crimes, como joias das vítimas, e poderia ter algum tipo de gagueira.

Hansen se encaixava no perfil de Douglas. Mas a polícia ainda estava intrigada: será que um homem benquisto na sociedade e com família seria capaz de tamanha brutalidade? A resposta de Douglas foi que sim. Como Hansen era gago, baixo e tinha muitas marcas de acne no rosto, o agente do FBI supôs que tivesse sofrido bullying na infância e fosse rejeitado pelas meninas, o que o deixou com a autoestima baixa. Douglas imaginou que sua gagueira diminuiria ou desapareceria quando estivesse se sentindo no controle. Considerando o depoimento da vítima que escapou, o agente acreditava que Hansen estaria pegando mulheres em situação de prostituição, que considerava inferiores a ele, levando de avião até sua cabana e as usando como caça para se divertir. Ver as vítimas desesperadas e suplicando o deixaria excitado.

John Douglas e um colega, Jim Horn, foram até Anchorage ajudar na investigação. A polícia queria um mandado de busca na casa de Hansen para conseguir provas concretas. Outro objetivo era pressionar os sócios dele para conseguir a verdade.

Um juiz liberou a investigação do caso da jovem prostituta, e os colegas de Hansen — que já haviam falado com a polícia — foram entrevistados novamente, mas agora com a informação de que o caso era sério e que, se fossem pegos mentindo, sofreriam consequências gravíssimas. Os dois acabaram confessando que não jantaram com Hansen no dia em questão como tinham falado antes, e que o sócio havia pedido para que eles mentissem. Agora sem o álibi, a polícia foi até a casa de Hansen, o prendeu com acusações de sequestro e estupro e um mandado de busca para sua casa foi expedido. Na casa, encontraram um rifle mini-14 cujas munições batiam com as balas encontradas nos corpos. Embaixo do assoalho da casa encontraram vários pertences de vítimas, como joias e documentos de identidade, e mais armas. Um mapa de aviação também foi encontrado e nele havia marcações de onde vários corpos tinham sido enterrados.

Interrogado, Hansen continuou a negar tudo. A polícia estadual do Alasca e da cidade de Anchorage o pressionou com a informação de que o juiz estava buscando a pena de morte, e, com isso, Robert Hansen acabou confessando diversos assassinatos. Ele disse que soltava as vítimas mais obedientes, apesar de Douglas ter desconfiado de que isso era mentira. As que não obedeciam, ele soltava nuas no mato e ficava perseguindo com o rifle, até finalmente as matar.

Como parte de seu acordo, ele mostrou para a polícia dezessete locais em que enterrou vítimas. Os corpos recuperados foram exumados e devolvidos às famílias. Não se sabe se ele matou mais de dezessete mulheres, mas abusou sexualmente de pelo menos trinta.

O Padeiro Açougueiro (The Butcher Baker), nome pelo qual ele ficou conhecido, foi condenado somente por quatro homicídios — porque conseguiu um acordo para não passar pelos dezessete julgamentos, além de um sequestro, uma série de furtos e posse ilegal de armas — e foi condenado a 499 anos em cárcere. Ele faleceu na prisão em 2014, aos 75 anos.

Hansen era um ofensor mais **organizado**, que conseguiu atuar durante doze anos. Ele mantinha uma família e era respeitado em sua comunidade. Pegava vítimas desconhecidas, as transportava em seu avião para cometer os crimes, escondia os corpos e as provas. Quando adolescente, já havia sido preso por colocar fogo em uma garagem de ônibus escolar.

O caso virou um filme chamado *Sangue no Gelo* (2013), com Nicolas Cage interpretando o investigador, John Cusack no papel de Hansen e Vanessa Hudgens, a vítima de 17 anos que escapou. O filme foi feito no Alasca no inverno (o diretor Scott Walker achou que a neve ajudaria a dar um clima para a obra).

O MASSACRE DE DUNBLANE

No dia 13 de março de 1996, algo mudou para os 7.300 habitantes da pequena Dunblane, no Reino Unido. Um homem entrou na escola primária local por volta das nove e meia da manhã e começou a atirar nas crianças. Aparentemente, o assassino em massa tinha mais de uma arma, e não se sabia seu nome ou sua idade. Uma professora e algumas crianças morreram e outras muitas ficaram feridas.

No momento em que as notícias começaram a correr, John Douglas estava dando uma entrevista ao vivo sobre seu livro *Mindhunter* para um programa de TV em Glasgow, na Escócia, coincidentemente muito perto de Dunblane. A produção o informou do crime e pediu para ele voltar ao vivo em seguida e falar um pouco sobre quem poderia ser o atirador. Depois de diferenciar um assassino em massa do *serial killer* e do assassino relâmpago, Douglas disse que a partir do momento que um assassino em massa se compromete com suas ações, ele não espera sair vivo. Em geral, esse tipo de criminoso se suicida depois de afirmar o que quer, ou faz o que eles chamam de suicídio pela polícia, ou seja, força a polícia a atirar nele. Normalmente são pessoas com dificuldade de adequação na sociedade.

Ele analisou as vítimas para poder entender quem seria o assassino. Por que ele saiu atirando em crianças indefesas em uma escola? Douglas deduziu que ele tinha algum problema de relacionamento com a escola especificamente, ou com as crianças e seus pais, ou algo da vida dele estaria relacionado com crianças daquela idade, e que estaria buscando algum tipo de vingança, ou retaliação por algo pelo que se sentisse injustiçado.

O agente supôs também que não seria surpresa para ninguém da comunidade a identidade do atirador: ele teria algum histórico de confusão e as pessoas relatariam que de fato o achavam estranho e se sentiam desconfortáveis perto dele.

John Douglas continuou explicando que a essa altura o criminoso já estava com muita raiva e provavelmente alguma carta havia sido enviada para a escola, jornais ou alguma autoridade municipal. Esse tipo de atirador se sente mais confortável com a comunicação escrita, por isso costuma manter diários.

De acordo com Douglas, os assassinos em massa são brancos, solitários e com idade entre 35 e 45 anos. Para ele, o atirador de Dunblane devia ser solteiro e nunca ter tido nenhum relacionamento mais sério com mulheres da sua idade. Poderia trabalhar com algo relacionado a crianças, ser professor ou mais provavelmente mestre escoteiro ou voluntário. Talvez fosse homossexual e preferisse meninos a meninas, mas não necessariamente, já que as vítimas eram muito pequenas. Talvez os pais e professores possam tê-lo afastado do cargo que ocupava ao recear que ele fizesse algo com os filhos. Ele pode ter pensado que isso era injusto, já que ele estaria só dando amor e atenção. E suas cartas falariam exatamente sobre isso, sobre como sua reputação tinha sido manchada.

Depois da entrevista, Douglas voltou da Escócia e só mais tarde ficou sabendo como realmente tinha sido o atentado. Dezesseis crianças de 5 a 6 anos de idade morreram, além da professora deles, Gwen Mayor, que tentou salvá-las. Outras doze crianças ficaram feridas, mas o atirador queria machucar muitas mais. A ideia era chegar num horário em que centenas de estudantes estariam brincando na quadra, mas ele recebeu uma informação errada sobre a hora do recreio e isso pode ter salvado diversas vidas.

O perfil de Douglas, embora feito rapidamente, estava correto. O atirador era Thomas Watt Hamilton, um homem branco e solteiro de 43 anos, chefe de escoteiros em 1973, obcecado por meninos. A comunidade começara a desconfiar dele e decidiu afastá-lo da posição. Pessoas o descreveram como solitário e estranho, até o compararam com o Spock, de *Star Trek*. Ele participava do clube de armas local e tinha até permissão para atirar, de acordo com as regras do clube.

Afastado dos escoteiros, Hamilton criou o próprio grupo para meninos, o Stirling Rovers. Ele levava vários jovens entre 8 e 12 anos em pequenos passeios ou viagens que duravam um dia, tirava diversas fotos e os filmava com roupas de banho. Ele tentou voltar a trabalhar com os escoteiros em 1988, mas não foi aceito. Mais ou menos em 1994, a polícia o encontrou em um ambiente de prostituição homossexual e pediram informações sobre ele às organizações de escoteiros. Ele enviou cartas para os pais explicando que nunca havia machucado as crianças. Algumas semanas antes do ataque, ele tentou ser voluntário da Escola Primária de Dunblane, mas teve o pedido recusado. Ele escreveu para a mídia para reclamar da polícia e dos professores, que estavam espalhando mentiras sobre ele. E ainda escreveu para a rainha Elizabeth (!) falando que os escoteiros estavam manchando sua reputação.

O ataque durou entre três e quatro minutos e depois Hamilton cometeu suicídio. O massacre fez surgir leis banindo vários tipos de armas e munição na Inglaterra, na Escócia e no País de Gales.

6. INVESTIGAÇÃO

> "Como investigador de crimes violentos, você tenta se afastar o máximo possível, não apenas para manter a objetividade e o julgamento crítico, mas também para preservar a própria sanidade. Ter que me colocar na cabeça de cada vítima dos casos em que trabalhei sem dúvida gerou danos psicológicos em mim ao longo da minha carreira. Não importa quão 'profissional' você tente ser, é impossível não reagir a algo assim."
>
> John Douglas, ex-agente do FBI

A CENA É CLÁSSICA. Faixas ao redor impedindo a passagem, viaturas estacionadas, manchas marrom-avermelhadas no chão e o desenho do contorno de um corpo riscado com giz, a polícia tentando deter curiosos. Um detetive insone e com problemas familiares por só conseguir pensar no caso que está investigando cria na parede um mural com fotos das vítimas e só pensa em resolver as dúvidas que pairam no ar. Ele pode até fazer coisas antiéticas, porque o importante é descobrir logo quem está por trás disso. Você já viu isso em filmes, séries e provavelmente já leu em algum livro.

Quando um crime é informado, a primeira etapa da investigação é ir até a cena do crime, analisar o local e tentar encontrar pistas que levem a desvendar o que realmente aconteceu. Os crimes que mais chamam a atenção em *true crime* são assassinatos, e muitas vezes a investigação começa quando um cadáver é encontrado. A resolução pode ser bem simples, se há flagrante ou se existem muitas evidências e testemunhas e a pessoa confessa. Mas nem sempre é assim, e uma digital pode se tornar crucial para descobrir a identidade do assassino.

A ciência forense é o conjunto de métodos e técnicas aplicadas para a resolução de crimes. Essa área se popularizou bastante por causa das séries de TV norte-americanas, inclusive algumas que já citamos, como *CSI: Crime Scene Investigation*, *Bones*, *NCSI* e *Law & Order*.

Nos Estados Unidos, os investigadores forenses são conhecidos também como CSI (crime scene investigators), mas talvez você já saiba disso. Outra coisa que você também deve saber é que, diferentemente de nos seriados, a investigação de uma cena de crime é bem mais demorada do que dá a entender na ficção.

Nos Estados Unidos, quando um crime é informado, os policiais se encaminham para a cena do crime e garantem que as provas não sejam destruídas, além de verificarem se há vítimas com vida. Eles isolam a área com aquela famosa fita amarela e então ligam para os CSIs. No Brasil, as etapas da investigação da cena do crime ficam a cargo, geralmente, da Polícia Técnico-Científica. No local, os investigadores verificam se algo foi alterado, fazem uma análise visual, fazem a contagem de corpos, avaliam a extensão do crime, os possíveis locais do crime, caso haja mais de um, se há rastro de sangue... Todas essas observações servirão de base para entender o caso depois.

Os peritos geralmente carregam consigo materiais como luvas descartáveis, botas, máscaras faciais, jaleco e diversos sacos para resíduos de risco biológico. O treinamento de um perito científico é bem específico. Mesmo que olhe uma mancha de sangue e tenha quase certeza de que é sangue, ele precisa apenas descrever a mancha, pois a certeza só vem depois de ser totalmente analisada. Ao perito não cabe tirar conclusões precipitadas; ele precisa relatar de forma objetiva, com base na ciência. As fotos também são muito importantes. Panorâmicas, intermediárias ou em close, elas contribuem muito para a visão espacial da cena do crime para remontá-la depois. A análise desse material muitas vezes ajuda a indicar contradições nas anotações, possíveis testemunhas ou até algum suspeito.

Entre os documentos, também pode haver um vídeo com os peritos andando pelo local, para se calcular quanto tempo levam de um cômodo a outro, entre outros detalhes que podem ajudar a investigação no futuro.

Depois de todos esses procedimentos, de analisar como o local estava, escrever as observações e documentar, chega a hora da coleta das provas físicas, que serão levadas para o laboratório forense. Nesta etapa, qualquer item encontrado no local é importante.

Um dos princípios fundamentais da análise forense é o Princípio da Troca de Locard. De acordo com ele, qualquer um, ou qualquer coisa, que entra em um local de crime leva consigo algo do local e deixa alguma coisa para trás quando parte.

Ou seja, cada contato deixa um rastro, seja do próprio crime, ou de quando a polícia passa pela cena. É por isso que é preciso garantir a integridade do local e dessas evidências. Não se pode contaminar com nada que não faça parte do crime em si, porque elas poderão ser as respostas para muitas perguntas que surgirão mais tarde. Como a gente vê nas séries, filmes, livros e também no *Modus Operandi*, nosso podcast, na teoria é tudo muito legal, mas no dia a dia nem sempre é assim.

Alguns itens comuns de serem encontrados nas cenas de crime: resíduo de arma de fogo, tinta, vidro quebrado, produtos químicos, drogas, impressões digitais, marcas de ferramentas e de calçados, fluidos corporais como sangue, sêmen, saliva ou vômito. Para identificar e coletar fluidos corporais, um perito pode usar lâminas, bisturi, pinças, tesouras, luz ultravioleta, óculos de proteção e luminol ou kit de coleta de sangue para obter amostras de suspeitos ou de uma vítima viva para usar como comparação. A gente sabe que os peritos nem sempre têm acesso a todos os materiais necessários, e isso pode prejudicar seu trabalho, afetando também a cena do crime.

VESTÍGIOS NAS CENAS DE CRIMES CONTRA A VIDA

Nas cenas de crimes contra a vida, são exemplos de vestígios: manchas de sangue, fios de cabelo, pelos, sêmen, saliva, ossos, entre outros. Vamos citar aqui alguns deles.

LUMINOL E OUTRAS SUBSTÂNCIAS REAGENTES AO SANGUE

O luminol é um produto muito usado em perícias criminais para encontrar manchas ou vestígios de sangue que não são visíveis a olho nu, mesmo em locais ou objetos que tenham sido limpos. O sangue nem sempre é visível, mas a sua presença é importantíssima, uma vez que, ao analisá-lo, muitas descobertas podem ser feitas em relação ao que realmente aconteceu. Quem viu *Dexter* sabe!

A substância reage com o sangue produzindo luminosidade nos pontos em que existem marcas ocultas. Sob uma luz ultravioleta, essas marcas ficam ainda mais evidentes. Seu uso pode ajudar inclusive a identificar uma rota de saída da cena do crime.

A reação não é específica para o sangue; existem outros agentes oxidantes que também podem causar esse efeito luminoso, por isso às vezes é preciso outros testes para comprovar.

No caso Nardoni, em que Isabella foi morta em 2008 aos 6 anos, uma versão mais tecnológica que o luminol, chamada Bluestar Forensic, também foi usada. As investigações resultaram na condenação e prisão do pai da menina, Alexandre Nardoni, e da madrasta, Anna Carolina Jatobá.

> 🎧 Modus Operandi Podcast – Episódio #40
> Isabella Nardoni: Atirada pela janela pelo próprio pai

IMPRESSÕES DIGITAIS

A papiloscopia é a ciência forense que trata da identificação humana por meio das papilas dérmicas, ou seja, das digitais que estão presentes na palma das mãos e na sola dos pés.

A impressão digital é a marca deixada pela polpa dos dedos em uma superfície. Os padrões jamais se repetem, a impressão digital é única, nem mesmo gêmeos idênticos possuem a mesma marca.

A digital que fica impressa em copos, parede, armas e outros objetos pode ser capturada com a ajuda de equipamentos, e pode se tornar uma prova incontestável da presença do indivíduo no local, por isso é uma grande ferramenta na investigação, que pode levar à identificação da vítima e também descartar ou acusar um suspeito.

A pele na sola dos pés também possui detalhes únicos em cada pessoa, que podem ser provas importantes. O papiloscopista é o profissional que coleta e identifica as digitais humanas, de pessoas vivas ou mortas.

CURIOSIDADE: FOGO NO PARQUINHO FORENSE

Em 1858, um magistrado britânico chamado William Herschel, que morava na Índia, começou a pedir para os nativos imprimirem a palma de suas mãos nos contratos. A intenção dele era assustá-los e evitar que negassem que haviam assinado o documento. Com uma imensa coleção de impressões, Herschel começou a desconfiar que cada uma daquelas imagens era única.

Em 1880, o cirurgião britânico Henry Faulds, que morava em Tóquio, publicou um artigo afirmando que impressões digitais poderiam ser usadas para capturar criminosos e como isso poderia ser feito. Ele havia compartilhado suas descobertas por carta (fevereiro de 1880) com o naturalista britânico Charles Darwin, que, por sua vez, as repassou a um primo, o antropólogo Francis Galton (abril de 1880). E aí rolou uma treta entre o dr. Henry e o William para decidir quem é que tinha feito a descoberta primeiro. A própria Scotland Yard entrou no meio e falou mal da teoria do dr. Henry. Por fim, o mérito ficou mesmo para Francis Galton, que surgiu depois (ou seja, a treta não serviu para nada). E até hoje é atribuída a ele a descoberta de que toda impressão digital é única.

Henry então mandou as pesquisas para Darwin, só que ele morreu, e aí foi parar nas coisas do primo dele, Francis Galton. Em 1888, Galton publicou um artigo falando sobre impressões digitais usando um mix da sua pesquisa com a que foi feita pelo dr. Henry.

Galton, além de não reconhecer o trabalho do dr. Henry, ainda falou que foi Herschel quem fez a descoberta. A treta por carta correu solta e em uma delas Herschel confessou que era mentira, que foi o dr. Henry o primeiro a falar sobre impressões digitais. Possesso, o dr. Henry chamou Herschel e Galton para uma briga. Até hoje, Galton é creditado por algo do qual ele foi o último a falar.

DNA

O DNA como evidência para uma investigação criminal surgiu pela primeira vez nos anos 1980, na Inglaterra, e desde então essa tecnologia só evoluiu, tornando-se muito utilizada nas investigações. A partir de uma amostra, é possível identificar restos mortais, capturar criminosos e até libertar pessoas que foram acusadas injustamente.

É comum encontrar um número altíssimo de amostras biológicas em locais onde ocorreram crimes violentos e, por vezes, é possível obter centenas em um único ambiente.

Ao longo de investigações criminais, os principais materiais submetidos à análise de DNA incluem sangue e manchas de sangue; sêmen e manchas de sêmen; fios de cabelo (com raiz); tecidos, ossos e órgãos. Outras fontes como urina, saliva e fezes também podem ser analisadas.

> **Gêmeos idênticos se originam de um único óvulo, que depois de fecundado se divide em dois, por isso, embora a impressão digital não seja igual, o DNA de gêmeos idênticos é.**

Porém, em 2021, um estudo feito pela empresa islandesa CODE Genetics revelou que gêmeos idênticos podem ser distinguidos por cerca de cinco mutações genéticas no DNA que ocorrem no desenvolvimento embrionário. Dos trezentos gêmeos idênticos que participaram do estudo, somente 38 tinham o DNA exatamente igual. Os outros 262 puderam ser distinguidos por pequenas diferenças. Ou seja, se você tem um gêmeo idêntico, não dá mais pra cometer um crime e culpar o coitado do seu irmão.

Quando a cena oferece uma fonte clara de DNA, a amostra pode ser coletada usando-se um cotonete. Assim que finalizada a coleta, o material é mantido refrigerado até seguir para o laboratório.

Em caso de estupro, o perito pode acompanhar a vítima ao hospital para obter fios de cabelo ou outros vestígios encontrados no corpo da vítima durante o exame médico. Depois, ele armazena as evidências e organiza o transporte para o laboratório.

Você já deve ter visto em algum filme ou série uma discussão sobre bancos de dados que podem ser consultados para desvendar os casos. No Brasil, a criação da Rede Integrada de Bancos de Perfis Genéticos (RIBPG) foi decretada por um inquérito em 2013, com a finalidade principal de manter, compartilhar e comparar perfis genéticos a fim de ajudar na apuração criminal e/ou na instrução processual.

O ASSASSINO DO ESTADO DOURADO

Joseph James DeAngelo Jr., o Assassino do Estado Dourado (Golden State Killer), só foi identificado mais de três décadas depois do último assassinato, em 1986. Graças aos avanços da ciência, em 2011, testes de DNA levaram a concluir que crimes ocorridos na mesma época, mas em regiões diferentes do estado, foram cometidos pela mesma pessoa.

Michelle McNamara, jornalista fascinada por *true crime*, se debruçou sobre a história do Assassino do Estado Dourado e escreveu vários artigos para a *Los Angeles Magazine* sobre o caso — o mais famoso publicado em 2013: "Nas pegadas de um assassino" — e um livro, *Eu terei sumido na escuridão*.

McNamara faleceu enquanto dormia em 2016, aos 46 anos, por causa de um problema cardíaco associado à ingestão de uma mistura de medicamentos. O marido, Patton Oswalt, e outros escritores organizaram as anotações de Michelle e finalizaram o livro, que conta ainda com introdução da escritora Gillian Flynn. McNamara não viu seu livro ser publicado nem conheceu a identidade do Assassino do Estado Dourado, mas seus esforços não foram em vão. Com a visibilidade que os crimes ganharam por causa dela, a história voltou à tona depois de décadas e a identidade do assassino finalmente foi descoberta em 2018.

Apenas dois meses depois da publicação do livro de Michelle, finalmente encontraram o *serial killer*. O nome dele era Joseph James DeAngelo Jr., já estava com 72 anos e morava em Citrus Heights, próximo a várias casas de vítimas dele.

Os investigadores colocaram o perfil do DNA encontrado na cena do crime em um site de genealogia para saber mais sobre o histórico familiar, e descobriram que ele provavelmente seria careca e teria olhos azuis. Como eles já tinham uma lista de suspeitos, eles foram verificar e só um deles tinha olhos azuis. Como DeAngelo também se encaixava no perfil do *serial killer*, valia a pena investigar.

A polícia foi até a casa dele e conseguiu retirar do lixo um lenço usado por ele, fizeram o teste de DNA e deu match com o Assassino do Estado Dourado. Ele foi sentenciado a onze penas consecutivas de prisão perpétua, e não pode pedir liberdade condicional. Quando foi preso, fazia 32 anos que havia cometido o último crime.

Como esses sites possuem banco de dados de pessoas que enviam seu próprio material para saber um pouco mais do seu histórico familiar, a ação da polícia gerou controvérsias e colocou em debate a privacidade dos usuários nesses tipos de sites.

Modus Operandi Podcast – Episódio #32
Golden State Killer: De estuprador a assassino

O GATO FOFOQUEIRO

Muitas vezes a criatividade pode ser um fator crucial na investigação, principalmente se ela não está chegando a lugar algum. Dana Kollmann era CSI e em seu livro *Nunca coloque a mão de um cadáver na boca*, conta uma história interessante. No dia 3 de outubro de 1994, Shirley Duguay, de 32 anos, mãe de cinco filhos, desapareceu na região em que morava, a Ilha Príncipe Eduardo, no Canadá. A polícia encontrou o carro dela com alguns respingos de sangue, mas nem sinal de Shirley ou do corpo. Depois eles encontraram um saco plástico no meio do mato que tinha uma jaqueta manchada de sangue com fios de cabelo branco grudados nele.

O sangue no casaco combinava com o sangue do carro, então parecia que eles estavam no caminho certo, mas os fios de cabelo examinados no laboratório apontaram que eram pelos de gato. Um dos suspeitos do caso era o ex-marido de Shirley, Douglas Beamish, e os pais dele tinham um gato branco peludo chamado Snowball.

Nenhum laboratório canadense aceitou testar o DNA do gato, porque só testavam de humanos, até que entraram em contato com o dr. Stephen J. O'Brien, que dirigia um laboratório do instituto do câncer que estava estudando gatos domésticos na esperança de encontrar tratamento para doenças humanas.

O'Brien pediu uma amostra de sangue de Snowball, e então examinaram e verificaram que era o mesmo DNA. Ele ainda pegou outros gatos para coletar amostras de sangue para comparar e descobriu que eram todos diferentes. Ou seja, era bem provável que aquele DNA pertencesse mesmo ao Snowball. Douglas Beamish foi preso e, com o testemunho do dr. O'Brien, foi considerado culpado e condenado a dezoito anos de prisão. Foi a primeira vez que o uso da análise de DNA de um animal foi autorizado em um tribunal.

Gatinho meramente ilustrativo.

O corpo de uma mulher foi encontrado no quintal da casa de sua mãe em Recife, Pernambuco. A polícia foi até a casa da vítima, e o marido disse que ela tinha saído no dia anterior e não tinha voltado, então a perícia foi chamada e a casa estava limpa, sem nenhum sinal de luta ou sangue aparente. A perita Vanja Coelho, do Departamento de Polícia de Proteção à Pessoa de Recife, analisou os cômodos da casa, que era pequena, e, pela altura dos envolvidos, se o crime tivesse acontecido ali, o único local possível seria na cozinha. Mas lá não havia nenhum sinal aparente.

Então, ela pegou uma bola de gude, que é um material usado no seu trabalho, e colocou no chão. A bola rolou até um declive, em frente ao qual havia uma parede e uma geladeira. A perita pediu para quatro guardas levantarem a geladeira com todo o cuidado, e aí, sim, encontraram o sangue.

VITIMOLOGIA

É essencial estudar a vítima para criar um perfil que ajude a entender mais sobre o caso e consequentemente capturar o criminoso. Existe uma área voltada pra isso chamada vitimologia forense, que foca em analisar, examinar e interpretar qualquer evidência relacionada à vítima.

Quando se analisa o crime, deve-se pensar qual o estilo de vida e o risco a que a vítima estava exposta. Consequentemente, é preciso se perguntar: o agressor correu riscos também? As vítimas podem ser classificadas como de alto, médio ou baixo risco.

Pessoas em alto risco são as que estão mais vulneráveis e em constante exposição, por exemplo: pessoas em situação de rua, viciados em drogas e prostitutas. Seguindo essa linha de pensamento, podemos tentar entender qual o motivo daquela vítima em especial ter sido escolhida e assim chegar a uma lógica de pensamento do agressor.

Você já deve ter ouvido em um filme ou uma série algum legista dando aproximadamente a hora da morte. Geralmente, ele encosta o dedo no cadáver e diz algo como: "Faz 42 horas que essa pessoa morreu." Nem sempre é tão simples assim, pois quando um corpo é encontrado numa cena de crime, é preciso analisá-lo e entender em que estágio da decomposição ele está, para então conseguir fazer a estimativa de morte.

O CADÁVER

A ciência que estuda e descreve todos os processos na decomposição de cadáveres é a TAFONOMIA, do grego *tafos* (sepultura) e *nomos* (leis), que é o estudo de restos orgânicos desde o momento da morte. Abrange a decomposição, o transporte *post mortem* e o sepultamento, bem como outras atividades químicas, biológicas e físicas que afetam os restos mortais do organismo. Embora tenha sido criada por um paleontólogo em 1940, a tafonomia forense tem se mostrado útil nas últimas décadas para avaliações desse tipo.

Uma pessoa morre. Bactérias, fungos e parasitas fazem a festa no corpo e isso tudo diz muito sobre como, quando e por que a pessoa morreu.

Se um corpo for encontrado dentro de algumas semanas, a idade e o desenvolvimento dos vermes podem ser usados para estimar o tempo desde a morte. Ainda que as condições externas e climáticas possam afetar a taxa de crescimento, os vermes geralmente seguem um cronograma de desenvolvimento definido. Dependendo da temperatura do ambiente em que o cadáver está, a ação dos organismos que atuam na decomposição pode variar. Temperaturas muito baixas inibem a atividade das bactérias, e em casos assim ocorre o processo de mumificação.

O intervalo *post mortem* é o tempo decorrido entre a morte e o encontro do cadáver. Ele é usado para indicar há quantas horas a pessoa está morta. Além de analisar o corpo, os investigadores podem se valer de alternativas para estimar quando a pessoa morreu, como por exemplo datas de correspondências entregues e não abertas, produtos com validade vencida na geladeira ou até o uso da tecnologia para identificar quando foi a última vez que a pessoa esteve em contato com alguém, respondeu uma mensagem etc.

CASO SHANANN WATTS

No dia 13 de agosto de 2018, Nickole Atkinson estava tentando falar com sua amiga Shanann Watts, mas ela não estava respondendo. Shanann era casada com Christopher Watts, o casal tinha duas filhas, Bella e Celeste, e ela tinha acabado de descobrir que estava grávida de novo.

Como ela não compareceu a uma consulta médica superimportante naquela manhã, Nickole ficou preocupadíssima, ligou para Christopher e depois chamaram a polícia.

Quatro dias depois, o marido acabou confessando que matou a própria esposa e as duas filhas e se declarou culpado de nove crimes, que incluíam homicídio em primeiro grau, interrupção ilegal de gravidez e ocultação de cadáver. Foi condenado a cinco sentenças de prisão perpétua, além de 48 anos por interrupção de gravidez e mais 36 por ocultação de cadáveres.

Essa foi uma investigação muito pautada pela tecnologia porque Shanann filmava muito sua vida, era ativa nas redes sociais, trocava mensagem com as amigas, então, mesmo que a polícia nunca soubesse o verdadeiro culpado, dava pra ter uma ideia da última vez em que ela esteve on-line, do horário que ela já poderia ser considerada desaparecida, e pequenos detalhes assim são essenciais em uma investigação.

🎧 Modus Operandi Podcast – Episódio #41
O desaparecimento de Shanann Watts

Um corpo no oceano, por exemplo, pode levar até dez anos para se decompor. Já um corpo sepultado geralmente leva de um a dois anos para se decompor totalmente e, depois de um tempo, não sobra quase nada, a não ser os ossos e os dentes.

Isso acontece porque os ossos dos cadáveres são formados por minerais, e as bactérias decompositoras não estão nem aí pros minerais, elas querem é matéria orgânica. Então se o corpo é enterrado em condições normais, longe do calor excessivo, os ossos e dentes podem durar até milhares de anos, e é por isso que eles se tornaram peças fundamentais para a solução de crimes.

Os estágios da decomposição do corpo são:

* **Decomposição inicial ou fresca** é quando a circulação é interrompida, fazendo com que as células do corpo não possam receber novos componentes, o que prejudica a nutrição corporal. Durante esse estágio temos a famosa tríade da morte: *algor mortis*, *rigor mortis* e *livor mortis*.

    * ***Algor mortis*** é o esfriamento natural do corpo após a morte, que atinge a temperatura ambiente em média após 24 horas.

    * O ***Rigor mortis*** aparece entre quatro e oito horas depois da morte e pode terminar após 24 a 36 horas. É a rigidez cadavérica, e ela acontece de cima para baixo no corpo, primeiro nas pálpebras, depois maxilares, pescoço e nos demais músculos. Basicamente, o corpo fica duro, e depois ele amolece.

    * O ***Livor mortis*** se caracteriza pela mudança de cor na pele causada pelo depósito do sangue que, por causa da gravidade, se concentra nas partes mais baixas do corpo. Por exemplo, se alguém

morre deitado de barriga para cima, o sangue vai se acumular na região das costas, nádegas e panturrilhas, por exemplo.

* **Putrefação** quando o corpo começa a apresentar um inchaço abdominal por causa do metabolismo das bactérias e algumas áreas começam a se romper por causa das larvas *Calliphoridae*. O tempo de putrefação varia entre 24 e 48 horas.
* **Putrefação escura** o corpo se rompe e nessa hora o cadáver está cheio de larvas, formigas e besouros. O odor é muito forte e a duração desse estágio também varia entre 24 e 48 horas.
* **Fermentação** o corpo é consumido pelas larvas e a pele já não existe mais. Aqui começa o processo de dispersão larval.
* **Estágio seco ou esqueletização** o último dos estágios, quando todo o processo de decomposição aconteceu, e só sobraram os ossos e algumas cartilagens mais duras. As larvas não estão mais presentes nesse momento, só algumas moscas.

POST MORTEM INTERVAL (PMI)

O *post mortem interval* — ou, em português, a estimativa do intervalo entre a morte e a descoberta do corpo — é superimportante para a perícia, pois contribui na identificação da vítima, na verificação de álibis ou no esclarecimento de alguma negligência.

Outra dúvida que costuma surgir é: como descobrir se um corpo foi movido após a morte ou teve sua posição alterada? É aqui que o trabalho de um perito pode fazer a diferença na hora de entender se a cena em questão é realmente o que aconteceu ou se algo foi adulterado.

Ali em cima falamos sobre *livor mortis*. Quando você está vivo, o sangue circula, mas quando morre ele fica estacionado e a gravidade faz o sangue descer para as regiões mais baixas do corpo, e é por isso que surgem as manchas: é o sangue se depositando ali.

Se o cadáver estiver deitado com as costas no chão, é natural que o sangue se deposite na região que toca a superfície onde ele está. O *livor mortis* geralmente leva doze horas, então se você mudar a posição do cadáver antes, o sangue depositado vai acompanhar essa nova posição.

Exemplo: um cadáver está deitado no chão, mas as manchas estão na parte de frente do corpo. Tem alguma coisa errada aí! O *livor* só poderia estar na frente do corpo caso o cadáver estivesse de bruços, encostado no chão ou na superfície. Ou seja, provavelmente o corpo foi movido depois que o *livor* aconteceu. Então resta saber o motivo disso.

Claro que nem sempre isso é indício de um crime ou manipulação do corpo. Às vezes alguém chegou e tentou reanimar a vítima, ou alguém que conhecia se deixou levar pela emoção e mexeu no cadáver, alterando sua posição ou lugar.

O estudo dos insetos também pode contribuir para pegar as mentiras, por exemplo: você encontra um corpo na zona rural com insetos que são encontrados geralmente em um centro urbano. Isso pode indicar que a vítima foi morta em outro local e levada até ali.

Existem os cemitérios forenses, que são laboratórios desenvolvidos para que especialistas possam estudar o processo de decomposição dos corpos no ambiente. Popularmente chamadas de **body farms** (fazendas de corpos ou fazendas de cadáveres — sim, o nome é horrível!), elas se encontram em zonas rurais. No Centro de Ciência Forense Aplicada do Sudeste do Texas (STAFS) funciona um desses cemitérios forenses desde 2009. Lá, os cadáveres são deixados ao ar livre por semanas ou meses e ajudam no estudo. Eles pertencem às pessoas que antes de morrer decidiram doar o próprio corpo para a ciência. Diariamente, pesquisadores visitam a fazenda para filmar, tirar fotos e acompanhar a evolução do processo de cada cadáver.

Geólogos e outros profissionais trabalham em conjunto com a perícia para analisar o solo, a água, o ar, a vegetação e os animais em volta. A partir daí é possível obter bastante informação sobre o impacto do ambiente nos cadáveres e vice-versa. Os corpos são deixados em decomposição para que estudantes possam acompanhar o processo de perto.

Em 2019, a ABC fez uma reportagem com uma novidade interessante que veio de uma dessas fazendas na Austrália: cientistas descobriram que os corpos podem se movimentar significativamente até um ano depois da morte! Essa revelação pode ajudar a entender investigações de crimes e desastres futuros.

Os procedimentos precisam ser seguidos à risca porque, ao mover o corpo da cena do crime, é necessário preservar as evidências encontradas. A má conduta na coleta ou transporte das evidências pode acarretar perda ou contaminação das mesmas e prejudicar a investigação. Feito tudo isso, os técnicos transportam o corpo para o necrotério para realizar a necropsia, que é o exame minucioso do cadáver para determinar o momento e a causa da morte. No Brasil, a necropsia é feita em casos de morte violenta, morte suspeita, quando a pessoa morreu sem assistência médica ou de causas naturais desconhecidas. O laboratório vai processar as provas e depois elas serão enviadas para o detetive responsável pelo caso.

A NECROPSIA

Após o reconhecimento da família, o corpo é identificado com o número do RG ou do boletim de ocorrência e são coletadas as impressões digitais. As roupas e os objetos são enviados para serem periciados e o corpo é pesado. Esses são alguns dos procedimentos básicos. Primeiro a análise é externa. Médico e auxiliar vão procurar sinais (tatuagens, cicatrizes, lesões, marcas de balas). Depois é feito o exame interno, no qual o corpo é cortado para investigação. Os órgãos que parecem prejudicados são retirados e examinados de forma geral, mas também com a ajuda de microscópios.

Depois dos órgãos do tórax, o médico corta o couro cabeludo de uma orelha à outra para remover o cérebro, e a tampa do crânio é retirada com uma serra elétrica. Os profissionais vão anotando todas as informações, pois, ao final, os órgãos são reinseridos e o corpo é fechado. Existe um processo para cortar e costurar os corpos para garantir que cabelos e roupas escondam as suturas durante o velório. Após a necropsia, o IML emite a declaração de óbito com a causa da morte.

Quanto tempo demora para...

Realizar uma necropsia
Pode durar de quatro a oito horas.

Fazer um teste de DNA
Depende. Os testes de paternidade podem demorar até duas semanas, outros exames específicos de DNA podem durar menos de 24 horas. Qualquer amostra de tecido biológico pode ser utilizada, mas normalmente o teste é feito numa amostra de sangue, que é o tecido mais fácil de se obter o DNA. Quando a amostra não tem material suficiente, pode demorar bem mais tempo. Mesmo que o exame seja rápido, isso não significa que, em casos criminais, os resultados sejam entregues com tanta agilidade assim.

Identificar uma digital
Se estiver preservada, pode ser identificada em até dois dias, mas dependendo da qualidade pode chegar até a quinze dias. O processo de coleta da digital dura, em média, duas horas e meia.

Consegue entender por que é tão fácil acontecerem problemas em uma investigação? Como envolve muitas etapas, processos e pessoas diferentes, o resultado de uma investigação vai depender da eficiência, dos recursos e do comprometimento de todos os envolvidos.

A ex-CSI Dana Kollmann afirma que ocorre às vezes de alguns envolvidos se cansarem da demora dos processos e tentarem driblar as regras. É aí que começam os problemas, como, por exemplo, quando os policiais resolvem chamar o laboratório criminal e o médico-legista ao mesmo tempo. Segundo Kollmann, autora de *Nunca coloque a mão de um cadáver na boca*:

> Existe um protocolo que estabelece a sucessão de pessoas a chegar ao local de um acidente e a ordem em que devem ser notificadas. Essa ordem tem o objetivo de evitar que várias pessoas apareçam ao mesmo tempo, pois cada um sabe que deve terminar suas atribuições num período para não atrapalhar o trabalho do profissional seguinte.

A ideia é que o perito chegue antes, faça seu trabalho e só então o médico-legista analise o corpo. Segundo Kollmann, na prática isso quase nunca funciona, por isso não é raro encontrar a vítima fora da posição original e o ambiente bagunçado por causa do médico-legista, que atua como se a polícia científica já tivesse feito seu trabalho.

Depois que todo mundo sai da cena do crime, o que acontece com ela? Durante todo esse processo, a polícia acaba revirando o local, que, ao final de tudo isso, costuma estar um grande caos. E quem limpa essa bagunça? Se a cena do crime é a casa da vítima, infelizmente isso costuma ser feito pela própria família, que, além do trauma e da dor, precisa lidar com a cena do crime depois.

> Existem alguns serviços que oferecem limpeza de cenas de crimes para que os familiares não tenham que lidar com isso. Nos Estados Unidos e na Europa é muito comum, mas no Brasil também existe. Os preços podem variar dependendo do tamanho da residência e do número de dias necessários.

Depois de coletar tudo isso, os peritos vão até o necrotério e acompanham a investigação, certo? Não, esses são os detetives! Um perito forense, ao contrário do que geralmente se vê na TV, não fica acompanhando um caso, não tem nem ideia do que acontece em cada um deles. Um perito pode trabalhar em várias cenas de crime no mesmo dia, então nem tem como eles darem conta de acompanhar todo o desenrolar dos casos em que trabalham. Segundo Kollmann:

> A carga de trabalho não permitirá acompanhar a investigação e a notícia de que alguém foi preso, em geral, será uma surpresa trazida por meio de uma intimação do tribunal (para prestar depoimento) colocada de repente em cima da mesa. Nesse momento, o CSI provavelmente terá de rever o arquivo do caso para refrescar a memória depois de ter atendido inúmeros chamados nos meses anteriores.

IDENTIFICAÇÃO DAS VÍTIMAS

Para a identificação das vítimas, os detetives podem conversar com vizinhos e moradores da região para saber quem vive ali, caso a cena do crime seja a casa de alguém, ou realizar buscas e encontrar documentos, fotos e outras tecnologias (celular, notebooks, redes sociais) que tragam essa resposta.

Mas é claro que a ciência pode ajudar muito na identificação de alguém. Por exemplo, registros dentários! Que são os grandes responsáveis pela identificação dos restos mortais. Além disso, cada indivíduo possui uma marca dentária única, então se torna uma identificação bem confiável.

É especialmente útil em casos em que a vítima ficou irreconhecível, como por exemplo crimes que envolvem mutilação, queimadura ou desfiguração, bem como em acidentes graves em que os corpos ficaram carbonizados. Amostras obtidas dos dentes podem ser comparadas aos registros para que o corpo seja identificado.

A identificação de um cadáver pelos seus dentes é tão eficiente quanto realizar um exame de DNA, com a vantagem de ser muito mais rápido e mais barato.

INVESTIGAÇÃO: INTERROGATÓRIOS, DEPOIMENTOS, TESTEMUNHAS

A investigação é um quebra-cabeça que a polícia vai montando aos poucos. Exames aqui, evidências ali, a cena do crime... Uma parte é pura ciência, com exames laboratoriais e coleta de evidências, e a outra consiste na arte de falar com as pessoas que são ligadas direta ou indiretamente ao local e às vítimas.

Conversas e interrogatórios com vizinhos, familiares, possíveis testemunhas e suspeitos são essenciais para se ter uma visão mais realista do que aconteceu e dos envolvidos.

Para conduzir uma boa entrevista — seja com testemunhas ou o próprio suspeito —, o detetive ou policial precisa manter a mente aberta, começar com perguntas fáceis, não fazer juízo de valor, focar nos fatos, perguntar sobre contradições e identificar outras testemunhas e evidências que ajudem a confirmar os fatos e comprovar a veracidade do testemunho.

Aqui pode aparecer também o álibi, quando o investigado pretende provar que não poderia ter cometido o crime porque estaria em outro local ou na presença de alguém no momento em que o crime aconteceu.

O álibi pode ser algum documento, como uma passagem de avião que aponta que o suspeito estava viajando quando aconteceu o crime. Pode ser uma pessoa que diga que estava junto com o suspeito em outro lugar, mas nesse caso é mais difícil comprovar, já que a pessoa pode mentir. Pode ser a imagem de uma câmera de segurança que mostre que o suspeito entrou no prédio e não saiu mais, enfim, qualquer coisa que indique que a pessoa não teria como ter cometido o crime.

Você sabia que a série de Larry David *Curb Your Enthusiasm* salvou um homem inocente da prisão?

Em maio de 2003, Martha Puebla, de 16 anos, levou um tiro e morreu na frente de casa, em Los Angeles. A polícia prendeu Juan Catalan, que disse que não poderia ter cometido o crime porque estava assistindo a um jogo de beisebol no Dodger Stadium. Apesar disso, a justiça não considerou seu álibi forte e uma testemunha afirmava que foi ele quem apertou o gatilho.

Então seu advogado buscou imagens televisionadas do jogo para mostrar que Catalan estava na plateia. Mas as imagens tinham baixa resolução e era difícil provar que realmente era ele.

Até que o advogado descobriu que, naquele exato jogo, a série *Curb Your Enthusiasm* estava sendo gravada no estádio. No episódio, Larry David ia assistir à partida e a produção costumava gravar no meio dos torcedores mesmo. E quem aparece nas imagens de boa definição com horário na tela e tudo? Sim, Juan Catalan e sua filha de 6 anos. Se não fosse por isso, ele poderia ter pegado a pena de morte. O documentário *Long Shot*, disponível na Netflix, conta essa história incrível.

Os profissionais envolvidos nas investigações criminais lidam diariamente com casos de extrema violência, como feminicídios, abusos infantis, assassinatos, estupros, entre outras ocorrências. Por isso, se não forem capazes de manter certa distância, podem acabar destruídos emocionalmente.

É preciso avaliar o indivíduo e, se possível, aprender o máximo sobre seu perfil antes de decidir como abordá-lo. Ser capaz de perguntar de maneira objetiva e analisar a situação friamente é o que diferencia os bons profissionais. Além de, claro, aplicar as técnicas para cada entrevista.

Imagine as seguintes situações:

* Uma cena do crime em que a vítima foi estuprada e está em choque.
* Uma cena do crime em que um familiar chega e descobre que alguém próximo morreu.
* Um suspeito de ter matado a esposa.

Você não pode usar o mesmo método com essas três pessoas. Por exemplo, ao indagar uma vítima de um estupro, é preciso entender que se trata de alguém vulnerável que acabou de passar por uma situação traumática. Por isso, precisa ser acolhida e passar por uma abordagem respeitosa. Cada situação pede uma abordagem diferente.

UMA HISTÓRIA INACREDITÁVEL

Existe uma série de ficção disponível na Netflix chamada *Inacreditável*, que é inspirada na história real de uma garota que é estuprada e decide denunciar e o que acontece com ela. É, como a própria série diz, inacreditável.

Marie tinha dezoito anos que já havia passado pela casa de muitas famílias depois de viver uma infância de abuso e maus-tratos, e morava em um prédio para jovens em situação de risco, em Lynnwood, no estado de Washington. Na madrugada do dia 11 de agosto de 2008, um homem mascarado invadiu o seu apartamento, a amarrou e a estuprou enquanto apontava uma faca para o seu rosto.

Ao chamar a polícia, eles analisaram a cena e então pediram para que ela descrevesse o que aconteceu com detalhes. Ela descreveu uma, duas vezes, e então chegaram outros dois investigadores, que novamente pediram uma descrição em detalhes. Não demonstraram nenhuma empatia, nenhum cuidado.

Ao ser levada para o hospital, pediram para ela repetir com detalhes, e nesse momento ela começa a se confundir com algumas informações, o que pode ser suspeito para os policiais, ou perfeitamente normal se pensarmos no cenário.

Imagina a cena: uma garota com histórico de abandono, vítima de um crime violento, traumatizada, exausta, acuada, cheia de estranhos em volta fazendo ela repetir em detalhes uma violência que vivenciou poucas horas antes. Estranhos invadindo sua casa, sua intimidade, sua vida.

Os policiais começaram a desconfiar de sua narrativa e, depois de conversar com algumas pessoas próximas, inclusive sua mãe adotiva, passaram a contestar as versões, apontando contradições no testemunho e a coagindo até que ela desse a resposta que eles queriam.

Mesmo com evidências físicas e sinais de violência, Marie decidiu mudar o depoimento e assinou uma confissão de que tinha mentido. Essa informação saiu na mídia e ela foi ridicularizada na cidade inteira, e a pressão foi tão intensa que ela chegou até a cogitar suicídio.

Como se não bastasse tudo isso, a polícia decidiu processá-la por falsa denúncia e ela foi condenada a pagar quinhentos dólares e responder em liberdade condicional.

Em paralelo, aconteciam no Colorado outros casos de estupro com o mesmo *modus operandi* do caso de Marie, e duas detetives,

Stacy Galbraith e Edna Hendershot, descobriram que estavam investigando crimes parecidos e uniram seus esforços.

No começo dessa investigação em conjunto, uma pista surgiu nas câmeras de vigilância da casa de uma das vítimas: uma caminhonete Mazda branca apareceu cerca de dez vezes, e a hipótese delas era a de que poderia ser o agressor circulando pela região, mas, infelizmente, pela qualidade das imagens, não dava para enxergar a placa do veículo.

Com o tempo, elas perceberam que se tratava de um estuprador em série. O criminoso, no entanto, continuava se aperfeiçoando e não deixava quase nenhum rastro pelo caminho, tornando o trabalho delas bem difícil. Ele invadia as casas, estuprava, tirava fotos e obrigava suas vítimas a tomar longos banhos para eliminar traços de DNA, usava luvas e roubava as roupas de cama com os vestígios.

Em dado momento, uma jovem analista de dados da polícia, que trabalhava em conjunto com as detetives, descobriu uma denúncia de veículo suspeito próximo ao local de um crime, que se tratava de um Mazda branco. Já em um dos crimes, o agressor ficou confiante demais e deixou a vítima ver uma marca de nascença que tinha na perna. As detetives conseguiram juntar essas informações e chegar até um suspeito que tinha essa marca de nascença, e então conseguiram um mandado de busca. E foi aí que elas encontraram o estuprador em série, dono da caminhonete branca.

Em uma das apreensões estava o computador em que o criminoso guardava fotos das vítimas, e uma delas era de Marie. Marc O'Leary foi declarado culpado de 28 casos de estupro e condenado à pena máxima prevista pela lei do Colorado: 327 anos e meio de prisão. A página do Departamento de Correções do Colorado mostra uma audiência de liberdade condicional marcada para julho de 2283, mas há grandes chances de ele não comparecer.

O investigador que tinha duvidado de Marie a procurou para contar que ela estava certa e para devolver os quinhentos dólares que ela tinha pagado ao Estado. Os policiais foram bastante criticados, mas não sofreram nenhuma punição e continuaram trabalhando normalmente. O caso serviu para discutir o papel dos investigadores e garantir melhorias na condução das entrevistas a vítimas de violência sexual.

No episódio do podcast *This American Life* que foi ao ar no dia 26 de fevereiro de 2016, Marie — que não é seu nome verdadeiro — contou que não foi a primeira vez que tinha sido estuprada, pois quando era criança ela também já tinha sido abusada. Marie processou a cidade de Lynnwood, ganhou 150 mil dólares e usou o dinheiro para se mudar e ter um recomeço. Casou, virou caminhoneira e teve dois filhos com seu marido. Sua identidade permanece secreta até hoje.

🎧 **Modus Operandi Podcast – Episódio #10**
Inacreditável: Como não tratar uma vítima

A desconfiança e o tratamento que vítimas como Marie recebem não vêm somente da polícia norte-americana e acontecem no mundo inteiro, mas a situação no Brasil é uma das mais graves. Segundo o Anuário de Segurança Pública de 2020, o Brasil tem um estupro a cada oito minutos.

O despreparo e o preconceito ao lidar com uma situação dessas faz com que milhares de vítimas optem pelo silêncio. Infelizmente, mesmo com a implementação da Delegacia de Defesa da Mulher, a gente sabe que essa abordagem nem sempre acontece da melhor forma, e quanto mais marginalizadas as vítimas forem, mais difícil será conseguirem apoio e mecanismos para denunciar propriamente.

A INFLUÊNCIA DA MÍDIA

Histórias como a de Marie também nos levam a uma discussão sobre o papel da mídia nas investigações criminais e na formação da opinião pública. Às vezes, até acompanhamos crimes enquanto estão acontecendo, ou quando um suspeito está fugindo, e, na ânsia por trazer mais informações e se manter relevante, as apurações podem ser feitas de forma rasa, atropelando o trabalho policial e influenciando a investigação.

Um caso bem conhecido é o do *serial killer* Andrew Cunanan, que em 1997 assassinou o estilista Gianni Versace. Quando estava foragido e procurado no país todo, a mídia vazou que ele estava sendo rastreado através do telefone que estava no carro de uma de suas vítimas. Por causa disso, ele resolveu parar o carro e tentar encontrar o aparelho, mas não achou. Então acabou largando o carro e matando um homem, William Reese, aleatoriamente para roubar seu carro. Será que se a mídia não tivesse noticiado isso, William Reese ainda estaria vivo?

Outro caso famoso de intervenção da mídia é o Caso Eloá, que aconteceu em 2008, em Santo André, na grande São Paulo. Eloá Cristina Pimentel, de apenas 15 anos, foi sequestrada e mantida em cativeiro durante cinco dias na própria casa junto de sua amiga. Ao final do quinto dia, ela foi baleada na cabeça pelo ex-namorado Lindemberg Alves e morreu no dia seguinte, mas essa história ficou marcada principalmente pelo assédio da mídia.

Durante os dias ficavam diversas equipes de reportagem de várias emissoras de TV a postos filmando a janela do apartamento, e um dos maiores absurdos foi quando aconteceu uma entrevista ao vivo no programa *A Tarde É Sua* com o sequestrador, em que a apresentadora ficou pedindo para falar com a vítima.

Como dissemos anteriormente, a condução de um depoimento ou entrevista com a vítima precisa ser feita com cuidado, acolhimento e por peritos especializados e treinados para isso, e não ao vivo na televisão brasileira por pessoas que têm como único objetivo alavancar a audiência.

> 🎧 **Modus Operandi Podcast – Episódio #60**
> **Caso Eloá: Cárcere privado e o sensacionalismo da mídia**

Quando um caso invade a mídia, todos nós somos bombardeados com diferentes informações e muitas vezes formamos a nossa opinião de forma muito rápida, sem nem organizar os pensamentos e analisar racionalmente. Pergunte a você mesmo: já formou uma opinião sobre alguém só pelas manchetes de jornal que passavam sobre ela?

Daí a importância da investigação e da cobertura da mídia serem feitas sem juízo de valor, com objetividade e sem deixar as emoções aflorarem. Isso não significa que a mídia e as redes sociais não possam exercer um papel fundamental nos casos de crimes reais, mas a gente não pode deixar que a velocidade da informação esteja acima da razão.

É inegável a importância de trazer informações, fazer coberturas de casos aos quais as pessoas não teriam acesso de outra forma, ajudar na busca de desaparecidos, pressionar para que casos sejam esclarecidos, entre outros, mas quando a cobertura é feita de forma irresponsável, a sociedade sai perdendo. Quando preconceitos contaminam as investigações, vítimas podem ser culpabilizadas, evidências são ignoradas, inocentes são condenados e várias vidas são destruídas.

ENTREVISTANDO SUSPEITOS

Nas situações em que já existe um suspeito para o crime, o interrogatório acontece quando este está sob custódia do Estado e a polícia busca uma confissão.

O método de entrevistas de Reid foi criado em 1942 por John Reid e Fred Inbau no manual *Interrogation and Confessions*. Reid era um investigador de sucesso na polícia e Inbau era diretor do Laboratório de Detenção de Crimes Científicos em Chicago, e esse método é a técnica de interrogatório mais utilizada em investigações criminais. A técnica consiste em um processo de três fases, que começa com a análise dos fatos, depois a entrevista de análise do comportamento e por fim as nove etapas do interrogatório. De acordo com o método, o indivíduo só pode ser interrogado se tiverem quase certeza do envolvimento dele no crime.

1. **O confronto positivo** O investigador diz ao suspeito que as evidências demonstram a culpa da pessoa.

2. **Desenvolvimento do tema** O investigador apresenta uma justificativa moral para o crime, como colocar a culpa em outra pessoa ou circunstâncias externas. Essa parte funciona como um monólogo, feito de forma simpática.

3. **Lidando com negações** Quando o suspeito pede para falar nessa fase, o investigador deve desencorajá-lo.

4. **Superando objeções** Quando as tentativas de negação não forem bem-sucedidas, o suspeito vai alegar inocência. Nessa etapa, em vez de discutir, o investigador deve aceitar tudo que o suspeito diz como se fosse verdade e usar essas objeções para desenvolver ainda mais a conversa.

5. **Obtenção e retenção da atenção do suspeito** O investigador deve chamar a atenção do suspeito para o tema da conversa, não para a punição. Nesse momento, o interrogador atinge o auge da sinceridade e a aproximação física pode ser usada para estabelecer uma atitude de compreensão.
6. **Lidando com o humor passivo** O investigador deve intensificar a apresentação do tema e se concentrar nas razões centrais que o suspeito está usando como justificativa, mas ainda demonstrando compreensão e simpatia.
7. **Apresentando alternativas** O investigador deve apresentar duas opções, presumindo-se a culpa do suspeito, com uma alternativa oferecendo uma justificativa melhor para o crime. Aqui ele ainda encoraja o suspeito a escolher a alternativa mais compreensível.
8. **Trazer o suspeito para a conversa** Nesse ponto, a ideia é fazer com que ele relate vários detalhes. Depois que o suspeito aceita uma das alternativas, e por consequência admite a culpa, o investigador deve responder imediatamente que está reconhecendo essa admissão. O investigador então tenta obter do suspeito uma breve revisão dos eventos antes de fazer perguntas mais detalhadas.
9. **A confissão** O investigador deve converter a confissão oral em uma confissão escrita ou gravada.

Para John Reid e Fred Inbau, antes de fazer a entrevista, o interrogador precisa estar familiarizado com todos os fatos referentes ao delito, e deve projetar uma atitude de quem está buscando a verdade e evitar fazer anotações em excesso.

Eles também citam a importância de o ambiente não ter qualquer barreira física entre o investigador e o suspeito, e que, ainda, o investigador evite fumar ou ficar mexendo em objetos, como canetas. O investigador deve ficar sentado e se manter próximo do suspeito e, se preciso, adaptar a linguagem de modo que seja entendida por quem está sendo investigado. Outra técnica bastante empregada por eles é a de simpatizar com o suspeito dizendo que qualquer um em seu lugar teria feito o mesmo, e, se preciso, fazer críticas à vítima para conseguir ganhar a confiança dele.

Essa técnica é muito criticada por acreditarem se tratar de um método que utiliza de manipulação psicológica, blefes, falsas promessas, constrangimentos, entre outros, para conseguir uma confissão. Isso poderia causar até falsas confissões. No site Reid.com existe uma área dedicada a refutar essas alegações, argumentando que a técnica é projetada para proteger a pessoa contra uma falsa confissão e que o uso indevido da técnica é que traz problemas.

Mas essa é só uma das diversas técnicas e métodos utilizados para interrogar um suspeito. É como diz o professor Richard Leo, um dos maiores especialistas mundiais em práticas de interrogatório: assim como foi dito que toda a literatura moderna é uma variação de Shakespeare, também se pode dizer que todos os interrogatórios policiais norte-americanos modernos são uma variação do método de Reid. Infelizmente, as técnicas nem sempre são utilizadas da forma correta e, quando isso acontece, podem gerar as famosas confissões falsas.

PESSOAS INOCENTES QUE CONFESSAM CRIMES

Confissões falsas podem acontecer por diversos motivos: as pessoas se sentem coagidas, pressionadas, confessam para proteger alguém, confessam involuntariamente, por falta de conhecimento da lei ou capacidade de raciocínio comprometida devido a exaustão, estresse, fome, uso de substâncias ou limitações mentais. As confissões também podem ser forjadas, como as obtidas por meio de **tortura**. Um exemplo é o caso dos Sete Inocentes de Guaratuba, que diz respeito às sete pessoas que foram torturadas e confessaram um crime que nunca cometeram: a morte do menino Evandro Ramos Caetano (vamos contar mais no capítulo 7), que até hoje não tem uma resposta.

A série *Confession Tapes*, da Netflix, reúne uma coleção de casos de pessoas confessando crimes que não cometeram. Um levantamento do The Innocence Project (Projeto Inocência) revelou em 2018 que a taxa de condenações injustas nos Estados Unidos era algo entre 2% e 10%, ou seja, o número de pessoas inocentes presas poderia ser entre 46 mil e 230 mil.

O projeto ainda faz recomendações para mudar os interrogatórios nos Estados Unidos, e uma delas é tornar obrigatório o uso de gravações eletrônicas ou de vídeos nos interrogatórios. Para eles, a gravação permite que qualquer alegação de conduta imprópria da polícia seja facilmente verificada ou refutada e poupa tribunais e júris de tentar resolver questões dentro dos depoimentos. Eles acreditam que assim poderão diminuir o número de confissões falsas. A capacidade de conduzir uma boa entrevista ou interrogatório consiste em assegurar a dignidade do suspeito, garantir que os direitos sejam lidos e respeitados e que as confissões sejam feitas da forma correta. E um consenso entre investigadores é que o importante é deixar o suspeito falar o máximo possível, porque assim há mais chances de cair em contradição e de fazer novas revelações. De forma geral, as técnicas consistem em criar um ambiente que inspire confiança e a ilusão de que a pessoa pode confiar no policial.

TESTE DO POLÍGRAFO

Conhecido também como detector de mentiras, o polígrafo é composto por um conjunto de sensores que medem o ritmo da respiração, a pressão sanguínea, os batimentos cardíacos e o suor na ponta dos dedos da pessoa examinada. O funcionamento do aparelho se baseia na teoria de que essas reações do organismo se alteram quando a pessoa está mentindo.

Criado em 1921, o polígrafo é ainda motivo de debate no mundo todo (inclusive no nosso podcast). E isso se dá porque ele não detecta mentiras, ele detecta apenas essas alterações no organismo, ou seja, se um suspeito está agitado, tenso ou nervoso, principalmente quando é acusado de um delito grave, isso pode acabar dando uma falsa confirmação de que a pessoa está mentindo.

O teste só pode ser feito pelo operador de polígrafo, que é treinado e conduzirá os testes fazendo as perguntas necessárias.

O próprio ex-presidente da Associação Americana de Polígrafos, Frank Horvarth, diz que não há teste capaz de detectar mentiras. A maneira como as perguntas são feitas pode afetar a forma como uma pessoa reage, e isso pode levar ao erro e se tornar um problema quando vai parar nos tribunais. Apesar do teste de polígrafo geralmente não ser admissível como prova em tribunal, ele ainda pode ser utilizado em alguma parte da investigação, e sua aparição é sempre controversa.

> "Nunca me asseguro com exames no polígrafo. (...) Em suas mentes distorcidas, criminosos acreditam que o crime foi justificável ou que foram destinados a isso. Ou, como diversos *serial killers* me disseram ao longo de todos esses anos: se você consegue mentir para a polícia, o quão difícil é mentir para uma caixa?"
>
> John Douglas, *De frente com o serial killer*

Gary Ridgway, o *Serial Killer* de Green River (Green River Killer), matou 49 mulheres na área de Seattle entre 1982 e 1988. Em 1987, ele fez um teste de polígrafo e passou ileso. Foi preso em 2001, mas só em 2003 confessou a autoria dos crimes. Mesmo sendo culpado, o polígrafo não conseguiu pegá-lo quase duas décadas antes. Na época do teste de Gary, os investigadores estavam focados em outro suspeito, Melvyn Wayne Foster, que, mesmo inocente, falhou no teste de polígrafo.

Apesar de ser muito utilizado pelas autoridades dos Estados Unidos, mesmo já tendo sido comprovada sua ineficácia, aqui no Brasil o teste do polígrafo não vale como prova em um julgamento (ainda bem!). Agora você entende quando a gente fala no podcast: **Nunca, em hipótese alguma, faça o teste de polígrafo!**

🎧 Modus Operandi Podcast – Episódio #104
Gary Ridgway: Green River Killer

JOHN WAYNE GACY: O PALHAÇO ASSASSINO

Falamos sobre cenas de crimes com corpos porque geralmente é o que vemos nas séries e nos casos de *serial killers*, mas nem todos acontecem necessariamente nessa ordem. Um local de crime pode ser um lugar inusitado, uma investigação pode resultar em algo que nem se esperava, e às vezes nem se sabe sobre a existência de uma cena do crime, como é o caso da história de John Wayne Gacy. Quando chegou até esse criminoso, a polícia nem sequer sabia que encontraria mais de vinte garotos enterrados embaixo de sua casa.

No dia 11 de dezembro de 1978, um garoto chamado Rob Piest, de 15 anos, desapareceu. Rob trabalhava em uma farmácia que foi construída numa obra supervisionada por Gacy. Estava frio, então Rob tinha emprestado a jaqueta dele para uma outra funcionária, Kim, e ela ficou usando um tempo. A mãe dele, Elizabeth Piest, foi buscá-lo à noite para ir para casa, já que era aniversário dela e eles tinham preparado um bolo, mas Rob disse que ainda não tinha terminado, pegou de volta seu casaco e foi conversar com um empreiteiro sobre um futuro emprego.

Depois disso, Elizabeth acabou voltando para casa sem o filho, e não tiveram mais notícias dele. Eles estavam muito preocupados, então a polícia foi investigar e uma funcionária comentou que o tinha visto conversando com Gacy na frente da farmácia.

Terry Sullivan, autor do livro *Killer Clown*, era chefe do Terceiro Distrito da Promotoria de Justiça do condado de Cook em Illinois e conseguiu um mandado de busca para a casa de Gacy. Eles desconfiavam que Rob poderia estar em cárcere privado, porque descobriram uma condenação de Gacy por sodomia em outro estado e, enquanto investigavam para entender o que aconteceu, queriam revistar sua casa.

Eles encontraram algumas coisas lá, mas nada relacionado ao garoto, como duas carteiras de habilitação de dois homens diferentes, várias revistas de pornografia entre homens, um pênis de borracha de 45 centímetros, várias fotos dele vestido de palhaço e, no chão da cozinha, um recibo de uma revelação de fotos de uma farmácia. Também sentiram um cheiro bizarro vindo de baixo da casa.

Aos poucos, a polícia descobriu uma prisão dele por agressão e outros casos de garotos próximos a Gacy que haviam desaparecido, e foram pegando depoimentos de conhecidos dele, muitas vezes histórias bem estranhas.

Depois de um tempo, descobriram que o número daquele recibo da farmácia era o mesmo do registro que a menina que trabalhava lá, Kim, tinha anotado para revelar umas fotos pessoais. Ela disse que tinha guardado o recibo na jaqueta que estava usando, que por acaso tinha sido emprestada por Rob Piest. Ou seja, ao ser encontrado na casa de Gacy, isso dava a prova que a polícia tanto queria, de que o Rob esteve com Gacy ou até na casa dele.

Com isso, Gacy foi chamado para depor e, enquanto estavam fazendo busca na casa dele, encontraram algo bem grave: embaixo do vão da casa, de onde vinha o mau cheiro, estavam dezenas de ossos e corpos.

Agora entenda. Ele estava matando pessoas havia anos e ninguém sabia de nada. Estamos falando dos anos 1970: não existia tanto acesso à tecnologia, muita coisa se perdia, os estados não se comunicavam. Por isso, o fato de terem se passado apenas dez dias entre a investigação do caso de Rob Piest e a captura de John Wayne Gacy foi algo muito admirável.

E ele nem sequer negou quando foi confrontado pela polícia, simplesmente assumiu que tinha matado todos mesmo. Existem algumas teorias sobre possíveis cúmplices que só conseguiram ser investigadas a partir do avanço da tecnologia e das técnicas forenses, mas que não chegaram a nenhuma conclusão.

Para resumir: foram encontrados 29 corpos no assoalho da sua casa. Aliás, pense na quantidade de vestígios, imagine o tempo que deve ter demorado para a polícia conseguir coletar todas as provas.

Mas de quem eram todos aqueles corpos? Os encarregados do caso fizeram uma lista de objetos que poderiam ter pertencido às vítimas e criaram um livro de fotos. Se os parentes de jovens desaparecidos pegavam o livro e achavam algo familiar, os investigadores mostravam o item físico. Alguns corpos foram identificados assim, como no caso em que uma jovem reconheceu a fivela do cinto do namorado e uma medalha religiosa que tinha dado a ele.

Por causa da quantidade de corpos, um jornal fez um anúncio de recrutamento de um profissional para chefiar uma equipe de odontolegistas que seriam responsáveis pela identificação dentária dos restos mortais.

Em *Killer Clown*, o autor conta que Edward J. Pavlik, o chefe designado para a equipe, coordenou o mapeamento de todos os dentes de todas as vítimas. Eram feitas anotações em casos de restauração de coroa, canal etc., e eles fizeram um mapa que listava cada vítima e a situação de cada dente, do 1 ao 32. Então, se uma família de um adolescente desaparecido quisesse descobrir se ele foi uma das vítimas e estava entre os corpos, ela podia tentar acesso a radiografias antigas do adolescente para comparar. No entanto, esse trabalho era muito complexo, e o acesso à documentação na época não era nada fácil, então nem sempre os registros foram suficientes para a identificação das vítimas.

O cheiro na casa era insuportável e muitos jornalistas ficavam do lado de fora tentando pegar algum furo, alguma notícia. Quando a investigação na casa acabou, toda a bebida de Gacy tinha sumido. Os policiais e detetives consumiram todas as bebidas alcoólicas porque disseram que era difícil lidar com as atrocidades que eles estavam investigando.

John foi condenado à morte no dia 13 de março de 1980 pelo assassinato de 33 jovens entre 1972 e 1978. Passou quatorze anos no corredor da morte até ser executado via injeção letal no Centro Correcional de Stateville, em Illinois, no dia 10 de maio de 1994.

> Apesar de Gacy ter ganhado o apelido de O Palhaço Assassino, essa fama foi algo criado pela imprensa, pois não se tem nenhuma evidência de que Gacy teria cometido seus crimes usando a fantasia que ele vestia algumas vezes para um trabalho de caridade. Essa história influenciou a criação de diversos personagens da cultura pop, mas o personagem Pennywise, do livro *It: A coisa*, não foi um deles. Pelo menos Stephen King nunca confirmou essa fanfic.

🎧 Modus Operandi Podcast – Episódio #12
John Wayne Gacy: O Palhaço Assassino

✳ ✳ ✳

Nem sempre a investigação é linear e acontece na ordem corpo > cena do crime > análise > prisão do suspeito. Pode ser que ela se inicie na cena do crime, ou não. Pode ser que ela se inicie com algum corpo encontrado em algum local público que torna o trabalho de reconhecimento mais demorado. Ou pode até começar com o desaparecimento de alguém.

E se, na época do crime, as tecnologias não estivessem avançadas o suficiente para identificar aquele vestígio? Ou se a cena do crime foi contaminada? Evidências foram perdidas? Todas essas situações prejudicam o processo da investigação.

Tem também aqueles momentos em que a investigação simplesmente empaca, e nenhuma pista dá em nada. Nessas horas, os detetives podem propor uma força-tarefa para rever todo o processo e se certificar de que nada passou despercebido, ou resolver entrevistar novamente alguém que foi considerado suspeito mas que ao longo do caminho foi deixado de lado, revisitar uma testemunha e ver se ela se lembra de algo novo. Também podem recorrer à criatividade ou à mídia para obter novas informações.

Muitas vezes, a família e os amigos também colaboram com as investigações. Como os profissionais envolvidos lidam com dezenas de casos ao mesmo tempo, nem sempre conseguem dar a atenção necessária para um caso, ou ele se encontra parado em algum âmbito da justiça criminal. Seja como for, essa luta por respostas pode fazer a diferença nesses casos. Os casos nunca resolvidos viram casos arquivados, e se você quiser saber mais sobre isso, vamos falar sobre eles no capítulo 9!

7. SISTEMA JUDICIAL

IMAGINE A CENA: você está passeando com seu cachorro em um bairro rico, que costuma ser bem tranquilo. Só que nesse dia você encontra um cachorro da raça Akita perdido pela rua, as patas cheias de sangue. Você leva ele para a casa de um vizinho para passar a noite, mas o cachorro fica latindo para a porta e não relaxa. O vizinho decide que é melhor passear com ele pela rua, vai que ele consegue indicar o caminho de volta para casa, vai que o dono está procurando por ele? O cachorro então entra por um portão e começa a latir muito. Ali, no dia 13 de junho de 1994, o vizinho encontra uma cena de horror: na entrada da casa, duas pessoas mortas em poças de sangue.

Nicole Brown Simpson, 35, e seu amigo Ronald Goldman, 25, foram encontrados mortos por esfaqueamento. Ao chegar até o local, a polícia achou também duas crianças dormindo, filhos de Nicole, dentro de casa. Um dos policiais já tinha ido até essa casa um tempo atrás atender a um chamado de violência doméstica e sabia que ela era ex-esposa de um famoso atleta da NFL, a liga profissional de futebol americano dos Estados Unidos: O. J. Simpson.

A polícia foi correndo para a casa dele, com o intuito de informá-lo a respeito da morte da ex-mulher, mas ele não estava lá. O que encontraram foi uma luva com manchas de sangue, que viria a ficar famosa, além de gotas de sangue em outros pontos da casa. E foi assim que a grande celebridade O. J. Simpson acabou virando o suspeito desse duplo homicídio.

Esse caso foi contado em *The People v. O. J. Simpson: American Crime Story* (2016), série de dez episódios, com elenco estelar, elogiada por crítica e público e que chegou a concorrer a 22 Emmys — um dos prêmios mais importantes de produções para TV —, levando nove deles. Na série — que foi baseada no livro *O povo contra O. J. Simpson*, do jornalista Jeffrey Toobin, responsável por cobrir o caso para a revista *The New Yorker* à época —, acompanhamos o julgamento de O. J., as estratégias usadas pela acusação e pela defesa e toda a cobertura da mídia.

E neste capítulo trataremos de julgamentos, que muitas vezes viram um... Lollapalooza! Brincadeira. Mas é que eles são tão noticiados, e há uma comoção tão grande em torno deles, que no podcast costumamos dizer que é como um grande festival, tipo o Lollapalooza, com line-up, atração principal, muita gente na plateia acompanhando tudo... como foi no caso do O. J. Simpson.

Sabemos que essa parte do julgamento tem muitos nomes difíceis e umas burocracias estranhas, mas estamos aqui para ajudar!

Não custa lembrar, entretanto, que neste guia tentamos simplificar bastante as coisas e focar mais em casos de crimes violentos, ok? Vamos entender então quem são os personagens que participam desses trâmites todos para poder seguir.

Em 2008, uma cidade na Turquia chamada Batman processou Christopher Nolan e a Warner Bros., reivindicando os direitos autorais de propriedade intelectual sobre o nome do personagem dos quadrinhos e filmes. O caso foi arquivado.

QUEM É QUEM NO TRIBUNAL

`JUIZ` A pessoa responsável por interpretar e aplicar a lei, é quem mantém a ordem no tribunal! É quem vai garantir que tudo está correndo direitinho, o encarregado do julgamento do processo. Importante lembrar que o juiz não pode ser parente ou ter relação com alguém que tenha a ver com o processo, afinal, não seria nada justo.

`RÉU` A pessoa acusada de um crime.

`VÍTIMA` A pessoa que sofreu o crime, o ofendido, alguém que teve seu direito restringido. Em algumas situações, a vítima pode ser o próprio Estado, em crimes contra a administração pública, por exemplo.

`MINISTÉRIO PÚBLICO (MP)` No caso de ações penais, é o MP que promove a ação penal pública (trataremos disso adiante); as regras de parentesco e relação com as partes ou com o juiz também se aplicam ao MP.

O Ministério Público é o fiscal da lei! Apesar de normalmente estar acusando, se o promotor acreditar que o réu precisa de alguma coisa, ele pode e deve interferir a favor dele.

`PROMOTOR DE JUSTIÇA` A figura que representa o Ministério Público, quem acusa.

`ADVOGADO` Figura responsável por atuar em defesa do réu. É contratado de forma particular. Se o advogado contratado presta esse serviço de maneira gratuita, temos o chamado caso *pro bono*.

`DEFENSOR PÚBLICO` Também responsável por defender o réu, o defensor público não é contratado, mas fornecido pelo Estado, já que é direito de todo cidadão ter defesa apropriada.

`TESTEMUNHA` Geralmente alguém que tem informações sobre o crime, o réu, a vítima, o local, qualquer tipo de material que ajude uma das partes. Promete dizer a verdade quando questionada em juízo.

PERITO Especialista com conhecimento técnico sobre determinado assunto, chamado por qualquer uma das partes para oferecer laudos técnicos e, em geral, confirmar ou desqualificar informações. Pode ser de qualquer área: médico, engenheiro, geólogo, eletricista etc.

O QUE É O QUÊ

PETIÇÃO INICIAL É um pedido por escrito apresentando uma causa perante a justiça. É o primeiro ato para se formar um processo judicial, e nele são apresentados os motivos e quais direitos foram violados.

PROCESSO JUDICIAL A palavra "processo" vem do latim *processus* e significa ação de adiantar-se, movimento para diante, andamento. Um processo é um instrumento para o exercício do poder, que vai passando por fases até chegar a uma decisão de um juiz ou tribunal.

AUTOS PROCESSUAIS A condução de um processo se dá por trâmites de autos, que são o conjunto de documentos que vão sendo produzidos. Eles materializam os procedimentos em ordem cronológica. Se você ouviu o "Caso Evandro", sabe que toda documentação fica nos autos.

AÇÃO PENAL Quando se quer resolver um conflito, acontece uma ação que é uma provocação para aplicar o direito penal.

AÇÃO PENAL PÚBLICA Ocorre quando o titular desse direito é o Estado, representado pelo Ministério Público. A ação ocorre não necessariamente porque o Estado foi o ofendido, mas porque o crime cometido também engloba certos interesses sociais e de manutenção de ordem pública. Exemplos: roubo ou homicídio, porque, apesar de ter uma vítima, é interesse social e da ordem pública que essa pessoa seja denunciada.

DENÚNCIA É a petição inicial de uma ação penal pública. É feita pelo Ministério Público.

AÇÃO PENAL PRIVADA Quando o titular do direito para que ocorra uma ação penal é o próprio ofendido. Uma ação que ocorre por iniciativa da vítima. Exemplo: injúria e difamação (o primeiro é uma ofensa à dignidade e o segundo é quando alguém imputa um ato falso a outra pessoa, para ferir sua reputação).

QUEIXA-CRIME É a petição inicial em uma ação penal privada. A pessoa tem seis meses a partir do dia que toma ciência de quem é o autor do crime para fazer a queixa-crime; se não for feita nesse prazo, seu direito acaba, decai, e isso se chama decadência.

FASE PROBATÓRIA É o momento em que o juiz pede para que as partes mostrem as provas, o que vai ser usado para corroborar as versões.

JULGAMENTO Sessão em que um crime é avaliado baseado em diversos fatores.

TRIBUNAL Pode significar o local onde são realizadas audiências e julgamentos, e também pode se referir ao grupo de pessoas que administram a justiça.

AUDIÊNCIA A palavra vem do ato de ouvir. É uma sessão em que o juiz escuta as partes e entende o caso, para poder tomar uma decisão sobre como prosseguir.

JÚRI Grupo de cidadãos e um juiz que analisa a culpabilidade de um réu.

VEREDITO As conclusões do júri diante da situação que está sendo analisada.

PUNIBILIDADE É o direito e dever do Estado de punir quando alguém comete um crime. É uma consequência da prática de um ato criminoso.

PENA É a punição imposta pelo Estado para reparar o mal causado à vítima e à sociedade, além de prevenir novas transgressões. Restrição ou privação de liberdade, de um bem jurídico ou multa.

SENTENÇA É a decisão do juiz sobre algum caso ou situação dentro do caso. Na sentença estão os nomes das partes, uma versão curta do que aconteceu, o que a defesa e a acusação alegam, os artigos da lei do crime que supostamente ocorreu, os motivos da decisão, os artigos da lei que embasam a decisão, a decisão em si, a data e a assinatura. Se for condenatória, terá a pena, se for absolutória, terá escrito na decisão que o juiz decidiu absolver o réu, julgando a ação improcedente.

RECURSO Acontece quando uma das partes acredita que o juiz deve reexaminar alguma decisão tomada por ele durante o processo, por considerá-la inadequada, passível de ser reformada ou esclarecida. Existem vários tipos de recurso e há um prazo-limite para recorrer. Inclusive, é possível recorrer da decisão final do juiz, e aí se chama de **apelação**. Muitas vezes recursos são utilizados para atrasar o processo em que o réu aguarda em liberdade, e até para tentar que ele caduque, sendo prescrito (ver "prescrição" abaixo).

INDEFERIMENTO Pedido negado, não aceito.

CONDENAÇÃO Sentença final em que o juiz ou o tribunal reconhece o réu como culpado e lhe impõe uma pena. O réu pode ser condenado à prisão (restritiva de liberdade), à prestação de serviços comunitários, a penas restritivas de direitos, ao pagamento de multa etc.

ABSOLVIÇÃO É a decisão judicial que reconhece que a acusação ou queixa prestada é improcedente.

INTIMAÇÃO É uma notificação emitida por um juiz que obriga alguém a fazer algo, ou até deixar de fazer algo, com base na lei. Serve para notificar os envolvidos de algum ato do processo.

ACAREAÇÃO É um procedimento para apurar a verdade no

depoimento de testemunhas, ou das partes, que ofereceram informações divergentes. Colocam as pessoas frente a frente, levantando questões que diferem, com o objetivo de encontrar a verdade. Pode ser requerida por uma das partes ou pelo juiz. Não é obrigatória.

PRESCRIÇÃO É a perda do direito estatal de punir o transgressor com o passar do tempo, já que o direito de punir deve ser exercido dentro de um prazo estabelecido por lei. Se passar o prazo prescricional, não se pode mais punir o criminoso. O tempo da prescrição depende do crime — quanto mais grave, maior o tempo para prescrever — e de certas condições do agente — se o crime foi cometido por menor de 21 anos, o tempo de prescrição cai pela metade.

HABEAS CORPUS É um pedido de liberdade nos casos em que a pessoa está presa ilegalmente (passou do prazo, não tem motivo etc.) ou para evitar que ela seja presa, caso sua liberdade esteja ameaçada.

O processo judicial mais longo do Brasil durou 125 anos e foi uma ação apresentada pela princesa Isabel! Ela entrou com uma ação em 1895 (sustentada posteriormente por familiares) pedindo para declarar que o Palácio Guanabara, no Rio de Janeiro, era da família real. Mas em 2020 o Supremo Tribunal Federal decidiu que o palácio pertence à União e que os privilégios da família real acabaram junto com a monarquia (inclusive o direito de morar lá)!

ALGUÉM FOI PRESO, E AGORA?

Agora que todos os termos estão fresquinhos na mente, vamos entender o que acontece na prática. Um suspeito de homicídio foi preso porque a polícia acredita que ele é o culpado pelo crime. A polícia manda então o inquérito para o Ministério Público. No MP, caso concordem com o inquérito, é feita uma denúncia ao juiz, que deve então aceitá-la ou não. Se aceita, o processo judicial se inicia.

O réu pode ficar preso preventivamente até o momento do julgamento, e isso pode ser requisitado pelo Ministério Público ou por alguma autoridade policial. Em alguns casos específicos isso pode ser solicitado, como quando há violência doméstica e familiar, quando se considera que o suspeito oferece perigo estando solto ou se há risco de fuga. Isso tudo em teoria, porque sabemos que, dependendo da classe social, os envolvidos podem ter mais facilidades ou dificuldades, já que é senso comum que o sistema favorece os ricos.

Processos de homicídio levam alguns anos para serem julgados; em geral entre um e oito, a depender do caso e do estado. Isso se dá por vários motivos: existe demora entre a fase policial e a fase processual, um juiz costuma ter muitos casos para analisar, às vezes algum envolvido no processo mora em outro estado ou país, o réu pode estar foragido, a defesa pode pedir recursos e por aí vai.

DOLOSO OU CULPOSO

Costuma haver bastante confusão quando algum crime se torna muito famoso e essas palavras são usadas por jornalistas e pessoas públicas. Um crime doloso é aquele que o criminoso teve intenção de cometer e agiu de determinada forma com o objetivo de atingir certo resultado. Ou a pessoa quis fazer outra coisa, mas aceitou o risco de que, ao fazê-lo, poderia ter um resultado diferente.

E aí vem o que confunde muita gente: apesar do nome, o **crime culposo** se dá quando alguém *não* teve a intenção, mas algo aconteceu por sua:

* imprudência (quando a pessoa fez algo de forma precipitada e sem cautela)
* negligência (quando a pessoa deixa de fazer algo que deveria)
* imperícia (a pessoa não tinha a habilidade necessária para fazer algo)

Digamos que uma pessoa esteja dirigindo bêbada e acaba atropelando alguém, que morre. Provavelmente o homicídio seria considerado um homicídio culposo causado por imprudência, pois o motorista sabe que não se deve dirigir sob o efeito de álcool, mas o fez mesmo assim. Agora, se estamos falando de um caso em que uma pessoa planeja um assassinato, leva uma arma, faz uma emboscada e atira em alguém, é possível considerar esse um homicídio doloso, pois houve a intenção de matar.

QUALIFICADORAS

Existem circunstâncias que podem agravar um crime e aumentar a pena. Aqui estão as possíveis qualificadoras de um homicídio:

a. mediante pagamento ou promessa de recompensa, ou por outro motivo torpe (imoral ou egoísta, como matar os pais para ficar com a herança);
b. por motivo fútil — que na verdade nem é um motivo —, como um término de namoro;

c. com emprego de veneno, fogo, explosivo, asfixia, tortura ou outro meio insidioso ou cruel, ou de que possa resultar perigo comum;

d. à traição, de emboscada (esperar a pessoa em um local que sabe que ela vai aparecer), ou mediante dissimulação ou outro recurso que dificulte ou torne impossível a defesa (por exemplo: matar alguém que está dormindo);

e. para assegurar a execução, a ocultação, a impunidade ou a vantagem de outro crime;

f. contra a mulher por razões da condição de sexo feminino — também chamado de feminicídio;

g. contra autoridade ou agente descrito nos artigos 142 e 144 da Constituição Federal, integrantes do sistema prisional e da Força Nacional de Segurança Pública, no exercício da função ou em decorrência dela, ou contra seu cônjuge, companheiro ou parente consanguíneo até terceiro grau, em razão dessa condição.

O julgamento de Doca Street, em 1979, pelo assassinato de Angela Diniz foi muito polêmico por vários motivos, mas sobretudo porque o advogado alegou que Doca atirou quatro vezes em Angela para defender sua honra, já que, de acordo com ele, ela era muito libertina. O caso, contado em detalhes no podcast *Praia dos Ossos*, recebeu muita cobertura da mídia à época. No primeiro julgamento, Doca foi condenado a somente dezoito meses pelo excesso culposo de legítima defesa e seis meses por ter fugido. Como ele já tinha passado preso mais de um terço da pena (sete meses), saiu livre do tribunal. A promotoria recorreu, e esse julgamento foi anulado. Em 1981, Doca foi julgado novamente e condenado a quinze anos de prisão.

🎧 Modus Operandi Podcast – Episódio #55 Ângela Diniz e papo com as autoras do *Praia dos Ossos*

O TRIBUNAL DO JÚRI NO BRASIL

Aqui no Brasil, casos de crimes dolosos contra a vida são julgados pelo tribunal do júri, ou júri popular. Os crimes dolosos são homicídio com dolo, infanticídio, aborto e induzimento, instigação ou auxílio ao suicídio. O tribunal do júri também julga caso esses crimes tenham sido apenas tentados, como uma tentativa de homicídio, em que há intenção de matar, mas a vítima não morre.

O tribunal do júri vem da ideia de que um cidadão deve ser julgado por seus semelhantes, por isso os membros do Conselho de Sentença são pessoas leigas, que não vão decidir com base em conhecimentos técnicos, mas em suas experiências pessoais e sua convicção. A ideia é também a de que a sociedade pode e deve participar das decisões do Poder Judiciário.

Outros tipos de crimes violentos não são julgados pelo tribunal do júri, mas pela Justiça Comum Estadual, como estupro. Crimes eleitorais, militares ou de alçada federal são julgados pelos órgãos competentes.

Tudo começa quando o tribunal recebe uma denúncia ou queixa, e há a audiência de instrução e julgamento. Nesse momento o juiz decide se deve haver um julgamento do réu apontado e se ele deve ser julgado pelo tribunal do júri. O juiz pode entender que não há provas suficientes para se acusar o suspeito ou até mesmo que não houve crime. Todas essas decisões são passíveis de recurso.

Caso o juiz entenda que deve haver um tribunal do júri, são convocados 25 possíveis jurados, que não podem ter relação com nenhuma das partes. Em alguns estados, a pessoa é simplesmente convocada; em outros, para participar, eleitores maiores de idade, sem processos contra si e com idoneidade moral devem se alistar no tribunal do júri de sua região. Então são sorteadas 25 dessas pessoas, que recebem uma correspondência informando a necessidade de comparecimento ao plenário — o local das audiências — algumas semanas antes. A participação é obrigatória e há multa se o convocado não justificar a ausência. Se menos de quinze pessoas comparecerem, a sessão será considerada nula e deverá ser remarcada. Se tudo der certo, ==sete dos jurados são sorteados para participar do conselho de sentença==, que são as pessoas que ativamente se sentam lá no tribunal para ouvir o caso inteiro e decidir com seu voto questões relacionadas ao crime.

A acusação e a defesa podem recusar qualquer jurado no processo do sorteio. Se o fizerem de maneira motivada, ou seja, quando há alguma causa de suspeição, impedimento ou incompatibilidade do jurado — quando dentro do mesmo grupo há pessoas que são parentes ou casadas, ou até mesmo quando algum dos potenciais jurados já manifestou sua opinião sobre o caso nas redes sociais —, não há limite de quantidade. Se não houver motivo, cada parte só pode recusar três jurados. As recusas devem ser aprovadas pelo juiz.

Essas são estratégias importantes da acusação e da defesa, uma vez que, dependendo do caso, pode ser favorável ter jurados que supostamente tenderão a votar a seu favor. Em um caso em que a defesa de uma pessoa negra queira levantar a ideia de que a polícia foi racista, talvez seja interessante ter mais jurados negros, que possivelmente vão entender melhor essas questões. Na audiência, que pode durar muitas horas, dias ou até semanas, os jurados ficam sentados, de forma que possam ver todas as partes, e são instruídos a não conversarem entre si sobre o caso. Nos intervalos, são levados a uma sala especial para refeições e nunca devem andar desacompanhados (até para ir ao banheiro). Tudo isso para manter a incomunicabilidade. Se o julgamento durar mais de um dia, os jurados devem dormir em quartos especiais disponibilizados pelos tribunais ou em hotéis, sempre supervisionados por oficiais de justiça.

Primeiro acontece o compromisso dos jurados, depois é o momento de ouvir a vítima (caso ela esteja viva), as testemunhas da acusação, que podem chegar a cinco, e em seguida as testemunhas da defesa. Depois é a vez dos peritos, e no final pode ocorrer o interrogatório do acusado. Pode ser que não haja testemunhas, ou nada dessa parte, e já comece a segunda fase, que são os debates orais.

Se estamos falando de um único réu, a acusação fala primeiro, com limite de uma hora e meia. Em seguida é a vez da defesa, com o mesmo tempo. Então a acusação pode ou não fazer uma réplica, de uma hora, para debater questões levantadas pelo outro lado. A defesa também tem esse direito, chamado de tréplica. Se há mais de um réu, cada um desses períodos é aumentado em uma hora.

A essa altura você já percebeu que a defesa sempre fala por último, né? Isso tem um motivo: o princípio da ampla defesa. O réu tem o direito constitucional de se defender de todos os pontos de que está sendo acusado. Se seu representante não falar por último, o réu não terá essa chance.

Durante todo o processo, os jurados podem fazer perguntas, que são passadas por escrito para um assistente e lidas pelo juiz. Depois de ouvir tudo, o grupo vai decidir sobre várias questões em uma "sala especial". Se não houver essa sala, o juiz pede para o público se retirar. Os jurados devem responder "sim" ou "não" a algumas perguntas:

1. Sobre a materialidade do fato — realmente aconteceu o crime?
2. Sobre a autoria ou participação do crime — esse réu é autor ou participou do crime?
3. Sobre se o acusado deve ser absolvido.
4. Se há alguma causa de diminuição da pena alegada pela defesa.
5. Se tem alguma circunstância qualificadora ou causa de aumento de pena que julgaram admissível à acusação.

Em um primeiro momento pode parecer estranho decidir se houve crime, mas às vezes acontece. Por exemplo: se não existem provas reais de que houve tentativa de matar alguém, se não há arma, se não há testemunhas, se a vítima sumiu do mapa, enfim, às vezes o processo é encaminhado, mas fica sem ter para onde ir. A promotoria e a defesa podem concordar que nem houve crime e pedir que os jurados votem nesse sentido.

Todos os jurados vão para a sala especial e recebem dois papéis, um com SIM, outro com NÃO. Lá o juiz lê novamente cada pergunta, e o jurado deposita na urna o papel correspondente à sua resposta. O juiz recolhe os votos e abre somente quatro deles, se já houver maioria de SIM ou NÃO, fica decidido. Isso porque desde 2008 não é mais necessário saber todos os votos, com base na ideia de que cada um pode decidir a partir da própria consciência, sem pressão de ninguém. O juiz escreve sua decisão e depois a lê na própria audiência, podendo incluir a pena, caso o réu seja condenado.

"Você sabia que eu já fui jurada?" Oi, aqui é a Carol falando! Se você ouve nosso podcast, sabe que eu participei de alguns casos de tribunal do júri em São Paulo. Um dos casos foi o do Assassino Possuído, em que o réu disse que não foi ele quem cometeu o homicídio, mas um espírito em seu corpo! Confere lá no podcast, até conversei com o *meu caro* defensor público do caso, o dr. Lucio Mota.

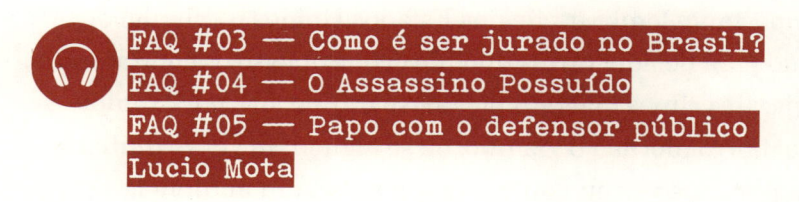

FAQ #03 — Como é ser jurado no Brasil?
FAQ #04 — O Assassino Possuído
FAQ #05 — Papo com o defensor público Lucio Mota

O TRIBUNAL DO JÚRI AMERICANO

A gente não ia deixar de falar de como funciona nos Estados Unidos, né? Afinal, a maioria das séries e dos filmes trata do sistema judiciário americano, e vale a pena entender melhor como as coisas funcionam por lá.

Um filme clássico bastante conhecido é o *Doze Homens e Uma Sentença*, de 1957, que se passa quase que exclusivamente na sala especial dos jurados. Eles devem votar se um jovem porto-riquenho é culpado de ter matado o próprio pai.

Nos Estados Unidos são doze jurados e todos precisam concordar com o veredito. Caso o rapaz fosse considerado culpado, a sentença seria a pena de morte. Na primeira votação, somente um dos jurados (Henry Fonda), acreditando que todos são inocentes até que se prove o contrário, vota que o rapaz é inocente. Durante todo o filme, ele vai levantando questões para convencer os colegas da inocência do rapaz.

Como falamos, aqui no Brasil são sete pessoas que nem sabem — e nem podem saber — o voto uns dos outros. Já nos Estados Unidos, existe esse formato de doze jurados, que devem debater até todos concordarem. Esse processo é chamado de deliberações. Acontece em casos federais ou em casos mais graves, como assassinato, com exceção de alguns estados. Casos estaduais podem ter júris de seis a doze pessoas e muitas vezes são decididos pela maioria de votos, sem deliberações.

Importante lembrar que nos Estados Unidos o tribunal de júri é usado para decidir vários tipos de crime, não só os contra a vida. Ou seja, até crimes mais simples vão parar no júri, por exemplo, se seu cachorro mordeu o vizinho, ou se alguém lhe deve dinheiro!

Se por acaso o réu confessar sua culpa em audiência prévia, ele renuncia ao seu direito de ser julgado pelo júri e será julgado pelo juiz, embora possa requisitar isso sem confessar também. Isso acontece por vários motivos, geralmente buscando alguma vantagem, como a diminuição de pena.

Da mesma forma que no Brasil, nos Estados Unidos o jurado recebe uma convocação via carta para comparecer em um tribunal. A diferença é que lá são quinhentas pessoas, o chamado *jury pool*, que vão sendo divididas em grupos menores em salas diferentes, onde os advogados — ou o juiz — fazem vários questionamentos para cada uma. Se a pessoa já foi vítima de um crime, se conhece alguém envolvido no crime, se já foi jurada, várias coisas. Isso pode durar o dia todo. Essa seleção é chamada de *voir dire*, que é uma expressão anglo-normanda que significa "falar a verdade".

Originalmente se referia a um juramento para dizer a verdade, do latim *verum dicere*.

E é desse enorme grupo que os advogados selecionam os doze participantes que desejam ter no julgamento. São escolhidos também alguns suplentes, em inglês, *alternates*. Esses suplentes devem ouvir todo o julgamento, mas estão ali somente para o caso de algum jurado não poder mais participar do processo, por motivo de saúde, por exemplo. Um dos doze participantes será nomeado *jury foreperson*, o representante do grupo. O representante tem algumas funções, como liderar os debates e anunciar o veredito.

Em média, os julgamentos duram cinco dias nos casos penais e quatro nos cíveis — questões que envolvem mais o dia a dia, como bens, trabalho e família. Diferentemente do que acontece no Brasil, os jurados podem ir para casa à noite, mas são instruídos a não conversar com ninguém sobre o caso e não ter contato com nada que possa influenciá-los, como jornais. Em alguns casos mais raros pode acontecer o "sequestro do júri" (*jury sequestration*), em que os jurados ficam isolados em um hotel, sem acesso à mídia, e isso significa nada de televisão! Tudo isso para que seus votos não sejam influenciados de forma nenhuma. Hoje em dia isso é bem raro, mas pode acontecer em casos que estão sendo intensamente cobertos pelos veículos de comunicação.

Se os jurados não chegarem a um consenso, é considerado um *hung jury*, e o julgamento é dado como *mistrial* (anulado). Então o juiz decide se o julgamento deve ser realizado novamente. Se o réu for condenado, o juiz profere o resultado e marca outra audiência para que se dê a sentença.

O oitavo episódio da série *The People v. O. J. Simpson: American Crime Story* trata mais especificamente dos jurados, como eles foram selecionados, e há até o "sequestro" deles. No primeiro dia todos estão adorando o hotel chique, mas logo percebem que não podem fazer nada e começam a ficar cansados de todos os procedimentos. Com mais de três meses de julgamento, acontece a "Revolta dos Jurados". Falando assim, parece invenção, mas foi verdade! O juiz Lance Ito solicita a troca de alguns oficiais de justiça, depois que uma jurada negra acusa os oficiais de estarem oferecendo melhor tratamento aos jurados brancos. Depois da troca, quase todos os jurados aparecem no tribunal vestindo roupas pretas ou escuras, em protesto! Eles queriam que o juiz conversasse com eles, o que acabou paralisando o julgamento por dois dias. Os jurados negros disseram que nunca foram tratados de forma diferente pelos oficiais, mas o juiz Ito manteve a decisão.

O julgamento de O. J. durou onze meses, e o júri esteve "sequestrado" por 265 dias. Esse foi o sequestro do júri mais longo da história dos Estados Unidos e custou cerca de 2 milhões de dólares na época. Já pensou ter sua vida completamente pausada por quase nove meses — sem poder ir para casa, sem trabalhar, conversando com a família somente sobre amenidades (e com oficiais ouvindo!), sem poder ir ao barzinho e sem ver televisão? E ainda: ficar por horas e horas — todos os dias — ouvindo em silêncio um bando de gente falando e falando sem parar. É tipo ir para o Big Brother Brasil, mas sem a parte de ficar milionário.

Nos Estados Unidos, 32 milhões de cidadãos são convocados para o tribunal do júri por ano. Muitos não chegam nem a receber as cartas, alguns são desqualificados e outros ainda acabam sendo dispensados. Ao final, 8 milhões efetivamente comparecem, mas somente 1,5 milhão é arrolado para integrar o júri. Ou seja, somente 4,7% dos convocados realmente chegam a participar de julgamentos.

Na Espanha, o tribunal do júri é composto por nove pessoas, existe deliberação e os votos são dados em voz alta em uma sala especial. São necessários no mínimo sete votos para considerar um réu culpado. E lá, assim como nos Estados Unidos, os jurados são remunerados, viu?

Em Portugal, se você for convocado a participar do júri, você deve ir. A recusa é considerada um crime. E aí é você que pode ser julgado. Parece que o jogo virou, não é mesmo?

No Reino Unido, um julgamento de fraude imobiliária com 29 acusações que começou em 2015 levou dois anos para acabar. Depois de passar quase 320 dias desse tempo sentados em silêncio, os jurados nem sabiam como voltar à vida normal.

Na França, o tribunal do júri é na forma de escabinato: três juízes e nove jurados. O voto dos doze tem o mesmo peso, e o acusado só é declarado culpado se pelo menos oito deles optarem por essa decisão.

INSANIDADE E INIMPUTABILIDADE

Já falamos um pouquinho sobre transtornos mentais no capítulo 3, mas agora vamos analisar como funciona o julgamento nesses casos.

Há três termos importantes, que precisamos esclarecer de início. `IMPUTÁVEL` É a pessoa que consegue entender que o ato que praticou é ilícito e que pode ser responsabilizada.
`INIMPUTÁVEL` É a pessoa que, por doença mental ou desenvolvimento intelectual incompleto ou atrasado, não era, ao tempo da ação ou da omissão, inteiramente capaz de entender o caráter ilícito do fato ou de determinar-se de acordo com esse entendimento. Nosso Código Penal também considera menores de dezoito anos inimputáveis.
`SEMI-IMPUTÁVEL` É a pessoa que perdeu parcialmente a capacidade de autodeterminação ou discernimento sobre os atos praticados, e por um momento não foi capaz de compreender a conduta ilícita.

> Francisco de Assis Pereira, conhecido como o Maníaco do Parque, foi julgado em julho de 2002. O júri não considerou o réu semi-imputável, como sua advogada pedia. Foi condenado a mais de 280 anos de prisão pelo homicídio de sete mulheres, e por estuprar e roubar outras nove.

🎧 Modus Operandi Podcast – Episódio #48
Maníaco do Parque: O *serial killer* brasileiro

O chamado incidente de insanidade mental é uma questão que pode ser levantada em qualquer momento do processo, até mesmo antes da petição, durante a fase de investigação ou após, na execução da pena. Quem pode requisitá-lo ao juiz são: Ministério Público, defensor ou advogado, acusado, irmãos do acusado, ascendentes ou cônjuge.

Esses casos são analisados por peritos médicos, que determinam, por meio do laudo, se o réu é capaz, não totalmente capaz ou totalmente incapaz, para que o juiz possa tomar uma decisão com base no relatório técnico.

Existem doenças ou transtornos específicos que automaticamente tornam alguém inimputável? Não. O laudo deve ser sempre feito por um profissional, principalmente porque se entende que o grau do transtorno é diferente de pessoa para pessoa. Se o acusado não for plenamente capaz de compreender a ilegalidade dos fatos por problemas de saúde mental ou por desenvolvimento intelectual incompleto ou atrasado, a pena pode ser reduzida de um a dois terços. Se ele for considerado completamente incapaz de entender a ilegalidade dos fatos, será absolvido, ou seja, isento de punição. Mas medidas de segurança — tratamento hospitalar ou ambulatorial — serão implementadas.

> O *serial killer* conhecido como o Vampiro de Niterói, Marcelo Costa de Andrade, matou pelo menos treze crianças em apenas nove meses. Ele foi considerado inimputável pela justiça e posteriormente absolvido. Foi enviado para cumprir medida de segurança no Hospital de Custódia e Tratamento Psiquiátrico Henrique Roxo, em Niterói, no estado do Rio de Janeiro.

🎧 Modus Operandi Podcast – Episódio #28
Marcelo de Andrade: O Vampiro de Niterói

O CASO EVANDRO

No início dos anos 1990, várias crianças desapareceram pelo país, e alguns casos no Paraná ficaram bem famosos, como o de Evandro Ramos Caetano, que aconteceu na cidade de Guaratuba, no litoral do estado. Quando desapareceu, em 6 de abril de 1992, o menino tinha 6 anos. Ele foi encontrado morto cinco dias depois.

Durante três meses, as investigações foram feitas pelo grupo TIGRE (Tático Integrado de Grupos de Repressão Especial), unidade de elite da polícia civil. Em julho, poucos dias depois de o Grupo ÁGUIA (Ação de Grupo Unido de Inteligência e Ataque) — um braço da inteligência da polícia militar do Paraná — entrar na investigação, eles prenderam sete pessoas, afirmando que algumas inclusive tinham confessado o assassinato de Evandro em um ritual.

Eram: Celina Abagge — a esposa do prefeito de Guaratuba —, Beatriz Abagge — sua filha — e os ajudantes da família Abagge, Airton Bardelli do Santos — gerente da serraria do prefeito — e Francisco Sérgio Cristofolini. Além do grupo conhecido como "os pais de santo", formado por Osvaldo Marcineiro, Vicente de Paula e o artesão Davi dos Santos Soares. Esses nomes foram levantados por um primo de segundo grau da vítima, Diógenes Caetano, grande crítico da administração do prefeito Aldo Abagge.

Osvaldo e Davi foram presos primeiro e, depois de vários interrogatórios, confessaram o crime e delataram Bardelli, Cristofolini, e as mulheres Abagge, Celina e Beatriz. Na manhã do dia 2 de julho, elas foram presas e confessaram tudo. Mas nem todos os fatos das confissões batiam e as fitas das gravações tinham vários cortes.

De maneira geral, as confissões diziam que Celina teria encomendado um "trabalho espiritual" para abrir os caminhos financeiros e políticos para a família Abagge. A ideia era fazer o ritual com um bode, mas, como não encontraram, escolheram o menino

Evandro para fazer o sacrifício. Eles o teriam pegado de carro e levado para a serraria da família Abagge, onde o teriam matado e realizado o ritual. Os supostos ajudantes da família Abagge, Bardelli e Cristofolini, nunca confessaram nada.

As lesões e os cortes encontrados no corpo de Evandro não batiam com o que tinha sido confessado, e o DNA da criança não foi encontrado no suposto local do crime, nem foi confirmado nos objetos citados como tendo sido parte do ritual.

Na noite desse mesmo dia 2 de julho, Celina e Beatriz relataram que fizeram a confissão mediante tortura, que os policiais as machucaram, bateram nelas e até estupraram Beatriz, para que elas falassem o que eles queriam ouvir.

Tudo isso levou a um dos julgamentos com tribunal do júri mais longos da história do Brasil.

* O julgamento de Celina e Beatriz Abagge teve início em março de 1998 e durou 34 dias, principalmente porque, na época, os documentos eram lidos integralmente no meio do julgamento. Sim, imagina que divertido ficar ouvindo alguém ler um monte de papelada por um mês?

* As Abagge foram absolvidas sobretudo porque os jurados não tinham certeza se o corpo encontrado era mesmo de Evandro. O promotor Celso Ribas recorreu da decisão e conseguiu anular esse julgamento.

* Em setembro de 2003, foi oficialmente anulado o julgamento de Celina e Beatriz, um ano depois de elas terem sido absolvidas. O Ministério Público recorreu e o caso foi retomado.

* Em junho de 2005, os ajudantes foram julgados: Airton Bardelli dos Santos foi acusado de ter

mantido Evandro em cativeiro, e Francisco Sérgio Cristofolini, de ter participado do suposto ritual. Os dois foram absolvidos depois de passarem mais de quatro anos presos.

* **Em 28 de maio de 2011,** houve um novo julgamento de Beatriz Abagge. Sua mãe, Celina, já estava com 72 anos à época, e por isso não era mais elegível para ser punida. (A lei brasileira permite que, depois dos 70 anos ou antes dos 21 anos, o prazo de prescrição seja reduzido.) Ou seja, Celina já era idosa e a lei não permitia mais que ela fosse julgada por esse crime, que já tinha acontecido havia mais de quinze anos. Beatriz foi condenada a 21 anos de prisão, mas, como já tinha cumprido cinco anos e nove meses, obteve direito de cumprir o restante da pena em regime semiaberto. Ainda assim, a defesa recorreu da decisão.

* **Em 2016**, o Tribunal de Justiça do Paraná concedeu perdão de pena para Beatriz Abagge, que hoje está livre. Osvaldo e Davi cumpriram suas penas e estão livres; Vicente faleceu no presídio em 2011, devido a um câncer.

* Essa história foi contada na temporada "Caso Evandro" do podcast *Projeto Humanos*, do professor e jornalista Ivan Mizanzuk, tornando-o um dos podcasts mais ouvidos de 2019. Atualmente, já conta com mais de 9 milhões de downloads.

* **Em 2021,** foi lançada uma versão em série de TV do programa, pelo Globoplay. E ainda no mesmo ano foi lançado o livro *O Caso Evandro: Sete acusados, duas polícias, o corpo e uma trama diabólica*, de Mizanzuk, que entrou na lista dos mais vendidos da revista *Veja* na semana de lançamento.

Ivan teve acesso a várias fitas inéditas das supostas confissões, que não estavam anexadas ao processo, e conseguiu provar que foram feitas, de fato, sob tortura. Infelizmente, o caso já prescreveu e não pode mais ser julgado, e permanece sem solução.

> Modus Operandi Podcast – Episódios #30 e #31
> Caso Evandro e as crianças desaparecidas do Paraná
> Ivan Mizanzuk conta tudo sobre o Caso Evandro

JULGAMENTO PELA MÍDIA

Um termo em inglês muito conhecido é *trial by media*, que significa "julgamento pela mídia". As notícias, e principalmente a televisão, têm muito impacto no trabalho do sistema legal e em parte até na forma como os jurados veem os julgamentos dos quais participam.

Uma preocupação das partes que trabalham com tribunal do júri é a de que os jurados não tenham opiniões formadas sobre o caso antes de chegar ao tribunal, e muitas vezes isso é bastante difícil de controlar, sobretudo com os casos noticiados tão amplamente pela mídia, e às vezes de forma bastante tendenciosa.

No próprio caso do menino Evandro, os jornais começaram a chamar Celina e Beatriz de "as bruxas de Guaratuba". Em determinado momento, havia grupos dispostos a linchá-las. Imagina então um jurado chegar ao tribunal já acreditando em tudo que era dito sobre elas antes mesmo de ouvir o lado delas. Para evitar jurados que já saibam muito sobre o caso e tenham opiniões preconcebidas, às vezes os julgamentos mudam até de cidade ou estado (a depender do país).

O caso da americana Amanda Knox, que virou um documentário na Netflix em 2016, foi bastante exposto na mídia. Hoje ela já foi absolvida de matar a colega de quarto na Itália em 2007, mas na época as notícias a retrataram como uma mulher promíscua e até lhe deram apelidos horríveis, que não ajudaram em nada seu julgamento. Hoje ela está livre e tem um podcast sobre crimes reais chamado *The Truth About True Crime*.

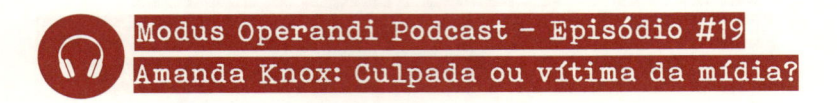

> 🎧 **Modus Operandi Podcast – Episódio #19**
> **Amanda Knox: Culpada ou vítima da mídia?**

Outra série da Netflix, chamada *Condenados pela Mídia* (2020), trata de vários desses casos em que as notícias tiveram influência nos julgamentos. No segundo episódio, é abordado o caso do Atirador do Metrô, em que Bernhard Goetz disse que atirou em quatro adolescentes negros no metrô de Nova York em legítima defesa. O ano era 1984 e a cidade era o caos, com muita criminalidade e desconfiança da polícia. A mídia começou a retratar Goetz como um herói, um vigilante. Mas, alguns dias depois, o cara revelou em depoimento que, além de racista, ele atirou nos jovens porque quis, não porque foi atacado. E, com isso, a mídia mudou totalmente o tom das matérias.

> 🎧 **Modus Operandi Podcast – Episódio #15**
> **Condenados pela mídia: O Atirador do Metrô**

O primeiro julgamento transmitido ao vivo nos Estados Unidos ocorreu no Texas, em 1955. Mas, mesmo antes disso, a mídia já cobria os casos praticamente como se estivesse no tribunal, até que chegou o dia em que realmente estava. Nem sempre os casos eram exibidos ao vivo, mas em determinado momento todos os procedimentos passaram a ser filmados e alguns trechos eram sempre exibidos na televisão, como no julgamento do *serial killer* Ted Bundy, que foi extensamente televisionado, considerando a época, 1979.

Em julho de 1991, foi lançado nos Estados Unidos um canal de TV chamado Courtroom Television Network, mais conhecido como Court TV, cuja programação era basicamente o sistema legal. Eram exibidos julgamentos inteiros, sem cortes, gravados ou ao vivo. Especialistas depois comentavam o que havia acontecido, às vezes até com gráficos para que o público compreendesse melhor. A ideia do criador do canal, Steven Brill, era educar o público enquanto os entretinha.

Na época do julgamento de O. J. Simpson, em 1994, o canal de TV já estava preparado para transmitir casos grandiosos como esse. E, durante o julgamento, a audiência do canal aumentou expressivamente. O Court TV existe até hoje, e é possível assistir no Brasil pelo site deles, em streaming — inclusive, o julgamento de O. J. está disponível lá.

Esse julgamento ganhou muita atenção da mídia e do público por vários motivos: O. J. ser uma celebridade amada no mundo esportivo e no entretenimento; ele ter os melhores advogados do país; a fuga ter sido transmitida ao vivo na TV; e, claro, a extrema relevância da discussão racial nesse caso. Seja porque muitos fãs de futebol americano e a comunidade negra em geral se recusavam a acreditar que O. J. tivesse sido capaz de cometer um ato tão horrendo, por medo de O. J. estar sendo acusado injustamente por racismo, seja porque uma das maiores provas foi encontrada por um policial violento e racista. Os advogados de defesa usaram muito a televisão e os jornais para tentar ganhar o caso, fosse para descredibilizar a promotora que o acusava ou indo à TV reclamar toda vez que o juiz negava algo.

O veredito do caso de O. J. Simpson saiu após somente quatro horas de deliberação dos jurados. Os advogados e promotores ficaram chocados: um caso que tinha levado quase nove meses para ser apresentado foi resolvido em menos de um dia. O réu foi considerado inocente.

> O primeiro julgamento transmitido ao vivo no Brasil aconteceu em março de 2013. Em maio de 2010, a advogada Mércia Nakashima, de 28 anos, desapareceu em Guarulhos. No mês seguinte, seu corpo e seu carro foram encontrados em uma represa. Ela teria sido baleada e morreu afogada. A acusação era de que o advogado e policial militar Mizael, ex-namorado dela, seria responsável pelo crime, por ciúmes e vingança, porque ela não queria reatar o relacionamento, e que ele teria tido ajuda de um amigo, Evandro. Ambos foram condenados pelos crimes de homicídio doloso qualificado por motivo torpe, meio cruel e recurso, o que dificultou a defesa da vítima.

Com a quantidade absurda de livros, séries e filmes de ficção que se passam em tribunais, os advogados se viram com a necessidade de explicar para os jurados no processo de seleção que os julgamentos da ficção não representam a realidade de forma fiel.

Perry Mason é um advogado ficcional que, desde a década de 1930, já apareceu em livros, radionovelas, filmes e séries. A exibição mais recente é a de 2020, em uma produção da HBO (chamada *Perry Mason*) em que o advogado de defesa é interpretado por Matthew Rhys. Nas histórias, Perry defende pessoas de acusações como homicídio, e geralmente resolve os casos encontrando o verdadeiro culpado.

Law & Order é uma série de drama legal que foi lançada em 1990 e teve 21 temporadas. Como se não bastasse, virou uma franquia, com diversas séries derivadas e filmes para a TV que, juntos, somam mais de mil horas de programação. A série foi um sucesso de audiência assim como *CSI: Crime Scene Investigation*, que começou em 2000 e também já gerou várias outras séries.

Todas essas narrativas são superdivertidas de assistir e até informativas, de certa maneira, mas não representam necessariamente o que se passa em tribunais e investigações reais. Assistindo apenas a esses programas, as pessoas podem ser induzidas a acreditar que as coisas acontecem muito rápido ou que todo o caso vai ser cheio de testes, impressões digitais, DNA, tudo com provas concretas, que dão 100% de certeza. O que, não custa repetir, nem sempre acontece.

Em 1997, um processo civil foi movido pelas famílias das vítimas para culpabilizar O. J. Simpson pelos homicídios de Nicole Brown e Ron Goldman (o anterior foi um processo criminal). O ex-jogador foi considerado culpado e teve que pagar uma indenização de 33,5 milhões de dólares às famílias. Parece estranho, e é mesmo: O. J. foi absolvido no processo criminal e não cumpriu pena de prisão, mas foi considerado culpado no processo civil e condenado a pagar multa. Depois de diversos outros problemas com a lei, em 2007, O. J. foi preso por sequestro e roubo à mão armada e condenado a passar 33 anos preso, pelo menos nove anos sem condicional, a que ele teve direito em 2017. Em dezembro de 2021, ele foi beneficiado com uma dispensa da liberdade condicional antecipada e, desde então, é um homem livre.

🎧 Modus Operandi Podcast – Episódios #85 e #86
O. J. Simpson: De celebridade a assassino | parte 1
O. J. Simpson: O julgamento do século | parte 2

8. SISTEMA CARCERÁRIO

DESDE QUE O MUNDO É MUNDO, muitas das normas sociais vinham da religião e das crenças de cada época. E, se existem regras, existem as pessoas que nem sempre estão dispostas a obedecê-las. Com o passar do tempo, foi se definindo o que realmente era ilegal, e o mais importante: **o que fazer com as pessoas que cometiam crimes**.

Em épocas mais primitivas, criminosos podiam ser expulsos da comunidade ou sofrer retaliação do grupo ofendido, mas em sociedades posteriores esse poder passou a ser do Estado (que muitas vezes ainda se guiava por preceitos religiosos!), e por milhares de anos as principais formas de punição às pessoas que não se encaixavam eram castigos corporais: elas sofriam torturas, constrangimentos, humilhação em público e até a morte.

Muitas das pessoas que passaram por tudo isso ao longo dos anos nem sequer seriam consideradas criminosas hoje em dia. Ser homossexual, trair o marido, fazer "bruxaria", ser promíscuo, beber demais (os *cringes* não podiam beber muito litrão), ser briguento, mentir e até fazer fofoca (fofoca realmente mata fofoqueira) já foram motivo de tortura e punição — na verdade, muitas dessas práticas ainda são consideradas criminosas por alguns Estados.

Mas é claro que também aconteciam coisas consideradas mais graves, como roubos, assassinatos e traição ao grupo (ou aos líderes). Geralmente as punições eram realizadas em praça pública, para servir de exemplo e todo mundo ver, mas tudo isso virava uma grande festa, o espetáculo da punição, menos, claro, para pessoa que estava ali sofrendo. No entanto, ninguém se importava: no fim das contas, pensavam que se a pessoa estava naquela situação é porque mereceu.

Ao longo da história já tivemos vários tipos de punição — que na verdade eram torturas das mais horríveis. Olha aqui alguns exemplos:

* MÁSCARA DA VERGONHA Criações de metal que lembravam animais e eram colocadas no rosto de pessoas que cometiam crimes menos graves no século XVI. Como o nome diz, o objetivo era a pessoa ser ridicularizada por dias. Era muito usada por difamadores.

* PURIFICAÇÃO DOS PÉS Na Europa Medieval, era comum amarrar os pés da pessoa em uma placa de madeira e colocar fogo ou queimar com uma tocha. A ideia era purificar a alma dos impuros, ou seja, quem não acreditava em Deus ou acreditava em outra religião que não a católica. Também podia ser usada para punir pessoas escravizadas.

* PELOURINHO Coluna de pedra que ficava em um lugar público para que criminosos fossem amarrados e punidos. Era muito usado em regimes escravocratas. O nome do bairro em Salvador, na Bahia, vem daí.

* APEDREJAMENTO (LAPIDAÇÃO) O indivíduo é enterrado no chão até a cintura ou o peito e outras pessoas jogam pedras até que ele morra. Como você deve ter imaginado, isso pode demorar muito, tornando esse processo extremamente doloroso. Ainda existe essa pena em alguns países

muçulmanos que consideram crimes, por exemplo, adultério e homossexualidade.

* **CRUCIFICAÇÃO** A punição que Jesus Cristo recebeu era muito comum na Roma Antiga — mas somente para os não romanos. A pessoa carregava uma cruz de madeira por um caminho (ou um pedaço de madeira que depois era preso em uma estaca) e em seguida era pregada pelas mãos e pelos pés na cruz, que continha escrito seu nome e seu crime. A pessoa ficava ali não só até a morte: seu corpo ainda era deixado exposto para ser devorado por animais.

* **EMPALAÇÃO** Na Europa medieval, era comum introduzir uma estaca de madeira do ânus até a boca dos prisioneiros rebeldes. Em outros casos atravessavam a estaca pela barriga até as costas, e depois a pessoa era deixada ali agonizando caso não morresse na hora.

* **ESQUARTEJAMENTO** Consiste em amarrar a ponta de uma corda em cada membro da pessoa e atar a outra ponta a quatro cavalos. Então, cada um puxava um membro em uma direção, dividindo o corpo do condenado em quatro partes.

* **ESTIRAMENTO** A pessoa era colocada em uma espécie de cama de madeira onde tinha os pés e as mãos amarrados. Uma alavanca era acionada para esticar aos poucos os membros da pessoa.

* **FORCA** Trata-se de um palanque de madeira destinado ao enforcamento. Geralmente possui uma tampa no piso, que é aberta, e a pessoa, com uma corda em volta do pescoço, cai num buraco, sendo enforcada. Em muitas regiões, o cadáver podia ficar pendurado por dias. Ainda acontece em alguns lugares da Ásia e da África.

* **GUILHOTINA** Forma de cortar a cabeça de alguém com uma lâmina suspensa que cai sobre o pescoço. Foi usada a partir da Revolução Francesa para uma morte mais rápida e "limpa".

* **FOGUEIRA** A pessoa era amarrada no centro de uma fogueira e deixada para morrer queimada. Aconteceu muito na Europa medieval e era punição para os considerados hereges.

* **PERA** Objeto de metal com formato semelhante ao da fruta, feito principalmente para os homens homossexuais. Era introduzido no ânus e, ao girar seu mecanismo interno, ele ia se expandindo dentro do corpo, causando muita dor. Também podia ser utilizada na boca para aqueles que cometiam blasfêmia.

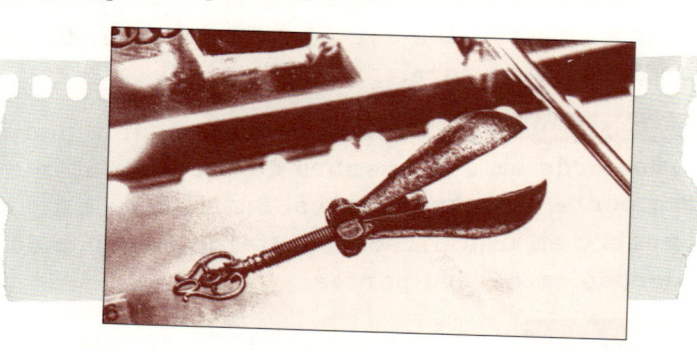

* **RATO NA GAIOLA OU CAIXA** Primeiro, era colocado um rato dentro de uma gaiola ou caixa que estava amarrada no corpo da pessoa imobilizada. Aos poucos, colocava-se fogo na parte de fora, deixando o rato desesperado a ponto de roer a barriga da pessoa para tentar escapar do calor.

* **FUZILAMENTO** A pessoa fica próxima a um muro (de costas ou de frente para o pelotão) e é morta a tiros. Acontece principalmente com prisioneiros de guerra.

> O filme *O Homem da Máscara de Ferro* (1998), baseado no livro homônimo do escritor Alexandre Dumas, publicado em 1850, foi inspirado em uma história real de um prisioneiro do reinado de Luís XIV cuja identidade não se sabe até hoje. Ele teria sido capturado por volta de 1669 e permanecido preso por 34 anos usando uma máscara de ferro, sem que ninguém pudesse ver seu rosto durante todo esse tempo. Existem diversas teorias sobre quem ele era. Uma, inclusive, defende que esse prisioneiro era um irmão bastardo do rei.

Como você já percebeu, a criatividade humana para punir é imensa, sendo que a restrição de liberdade era mais rara: muitas vezes as prisões eram usadas somente para o condenado esperar o seu momento de ser torturado e morto. No entanto, existem alguns registros, no Reino Médio do antigo Egito (2050-1786 a.C.), de que já havia prisões para alguns crimes, como dívidas, roubo e corrupção.

Na Idade Média — período entre os séculos V e XV — havia a pena de privação de liberdade para religiosos pecadores, que eram obrigados a ficar reclusos e meditar sobre seus erros até se arrependerem. Aos poucos esse tipo de pena foi se abrangendo para a população como um todo. Na Itália, no século VIII, por exemplo, o rei Liutprand estabeleceu uma lei em que ladrões deveriam pagar algum múltiplo do valor do furto e depois passar alguns anos em uma prisão subterrânea. Mas isso era raro nas épocas mais antigas: em geral, as penas eram mais uma questão de vingança, sendo que muitas vezes as punições se davam de forma desproporcional ao crime e sempre tinham como foco o corpo do condenado.

Baseado nas Leis de Talião, o Código de Hamurabi trazia diversas regras, entre as quais a famosa "olho por olho, dente por dente". Eram leis escritas em pedra que davam penas mais proporcionais aos crimes cometidos e, a partir de então, estavam registradas, pois antes eram passadas somente pela tradição oral.

O criminologista italiano **Cesare Beccaria** (1738-1794), um dos maiores pensadores do Iluminismo, provavelmente foi o primeiro estudioso a propor muitos dos fundamentos importantes — e humanitários — que usamos até hoje. Seu livro *Dos delitos e das penas*, publicado em 1764, entre outras coisas, sugeria que:

* Somente as leis podem fixar penas, e somente legisladores podem criar leis.
* Só se pode prender alguém com base em leis previamente estabelecidas.
* As provas de um crime devem ser muitas, a não ser que haja ao menos uma prova irrefutável de culpa do criminoso.

* Deve-se avaliar as testemunhas pelo interesse que têm em dizer a verdade ou não. Ou seja, não se pode confiar em qualquer testemunho.
* Tortura é uma barbárie e não deve ser usada para conseguir confissões ou detalhes dos crimes.
* A punição deve ter como objetivo impedir o culpado de cometer outro crime, assim protegendo a sociedade. Ou seja, não é uma questão de vingança.
* A punição deve ser proporcional ao crime e sem crueldade.
* A pena de morte deve acabar.
* O mesmo crime deve ter a mesma punição para todos os que o cometerem, independentemente do status social.
* Os tipos de crimes devem ser separados como contra a vida, com relação a bens e posses etc.
* Se possível, é melhor prevenir o crime do que punir.
* Quem cria as leis não deve julgar. Ou seja: deve-se separar o Legislativo do Judiciário.
* Deve haver limites entre a justiça divina e a justiça humana/política.

É até engraçado olhar isso hoje, porque tudo parece muito razoável, não? Mas naquela época, em que a vingança desmedida ainda era a base das punições, esse livro foi um choque para muita gente! "Por acaso tu é ateu, Beccaria?" "Então a gente não pode confiar no que qualquer pessoa fala?" "Ah, pronto, agora não pode sair matando alguém por ser fofoqueiro?"

Apesar das críticas, esse tipo de pensamento foi se estabelecendo, e no século seguinte essas ideias já eram usadas como base de muitas sociedades. Com a chegada do século XIX, os debates sobre direitos humanos foram aumentando. Aos poucos foram sendo criadas formas de punição mais "brandas", com mais respeito e menos sofrimento gratuito. E, com isso, as festas de punição para o grande público também perderam força e tais espetáculos passaram a ser vistos de forma negativa. A pena de morte também passou a ser questionada e em seu lugar ganhou terreno a ideia de "morte civil". A pessoa não morria literalmente, mas perdia seus direitos de cidadão. Inclusive, os códigos penais brasileiros foram influenciados por essa obra.

POPULAÇÃO NEGRA

Os dados não mentem, segundo o IBGE: os negros* correspondem a 56% da população brasileira, mais do que a metade. Cerca de 64% das pessoas desempregadas são negras, um jovem negro tem 2,5 vezes mais chances de ser vítima de homicídio no Brasil do que um branco e as pessoas negras correspondem a mais de 66% da população carcerária. Segundo o Anuário Brasileiro de Segurança Pública (2020), em casos de morte por ações policiais, 79% das vítimas são negras. Tudo isso acontece por diversos motivos, mas têm um ponto em comum: o racismo estrutural.

Todo mundo sabe sobre o sistema que escravizou o povo africano, que, contra sua vontade, foi comercializado e mandado para diversos locais do mundo a fim de ser usado como mão de obra. E, quando "acabou a escravidão", a situação que se sucedeu não foi simples: muitas pessoas escravizadas nem ficaram sabendo que estavam livres. Em outros casos, o senhor libertou, mas disse para ficarem trabalhando para ele em troca de um

---

* Para o IBGE, negros correspondem ao somatório de pretos e pardos. São consideradas pretas as pessoas de pele mais retinta, e pardas as que possuem a pele menos retinta, ou seja, mais clara.

teto para morar. Também houve ocorrências de que os senhores pediram para que ficassem até o fim da colheita e depois seriam pagos, mas os libertos nunca viram um centavo porque os senhores alegaram que gastaram muito com comida e o aluguel da moradia. Era um absurdo. Nos Estados Unidos ainda aconteceu uma guerra civil, também conhecida como Guerra de Secessão (1861-1865), em que milhares de pessoas morreram. O Brasil foi o último país da América a abolir a escravidão, somente em 13 de maio de 1888, quando a Lei Áurea foi sancionada.

É bem provável que o seu avô ou bisavô tenha vivido na época em que ainda existia escravidão. Consegue pensar o quão surreal é o fato de fazer apenas 134 anos que ela "acabou"?

Um detalhe importante é que com o fim da escravidão não acabaram os pensamentos preconceituosos que a cercavam, como a ideia de que as pessoas negras são inferiores, preguiçosas, indolentes, ladras, profanas, entre outros absurdos.

Mas, depois de escravizada por séculos mundo afora, essa população, quando liberta, não recebeu igualdade de direitos, e muito menos amparo social. A partir de 1877, ocorreu, no sul dos Estados Unidos, o regime Jim Crow, que sancionou a segregação racial. Sob o *slogan* "separados, mas iguais", as pessoas negras não tinham permissão de se misturar com as brancas em locais públicos. Esse regime só acabou em 1964, apenas 58 anos atrás!

A curto e a longo prazo, isso gerou a falta de oportunidade de estudo e trabalho, provocando a fome, a pobreza, o afastamento para as periferias, a falta de estrutura nas residências, de saneamento básico, de lazer, e algo muito relevante: o desaparecimento do Estado — que nada fez para tentar remediar os problemas que foram sendo gerados ao longo dos anos. Tudo isso corrobora para uma população mais criminalizada, à margem da sociedade, e, como resultado, que é mais presa.

Com o fim da escravidão, acabou também a mão de obra grátis, e muitos ficaram desesperados. Como manter seus negócios dando lucro? Com o tempo, as pessoas que estavam encarceradas começaram a ser obrigadas a realizar trabalhos forçados, ou seja, uma nova mão de obra gratuita.

Os alemães Georg Rusche e Otto Kirchheimer pontuam no livro *Punição e estrutura social* (1939) que a punição está relacionada ao contexto econômico, ou seja, que as penas variam de acordo com o meio de produção da sociedade. Se há escassez de mão de obra, como no momento pós-escravidão, aumenta-se a restrição de liberdade das camadas mais pobres para que elas supram essa carência, com a exploração do seu trabalho nas prisões.

Vale deixar claro que é importante o papel do trabalho para os encarcerados, como forma de ressocialização e aprendizagem de novas habilidades. O que não é certo é sair prendendo um monte de gente para conseguir mão de obra barata. Aliás, se você já assistiu ao filme *A 13ª Emenda* (2016) na Netflix, deve saber do que estamos falando.

Com direção de Ava DuVernay, o documentário mostra como a população negra foi criminalizada e encarcerada em massa após o fim da escravidão como forma de controle e busca de seu trabalho braçal, contribuindo para que os Estados Unidos sozinhos abriguem 20% dos prisioneiros do planeta — um quinto das pessoas presas no mundo todo está no país.

O nome da obra vem da 13ª Emenda da Constituição dos Estados Unidos, que diz: "Não haverá, nos Estados Unidos ou em qualquer lugar sujeito a sua jurisdição, nem escravidão, nem trabalhos forçados, salvo como punição de um crime pelo qual o réu tenha sido devidamente condenado." Após o fim da escravidão foi se criando uma cultura de medo das pessoas afro-americanas, e essa população foi presa em massa por crimes esdrúxulos, como vadiagem.

Os presidentes Richard Nixon e Ronald Reagan foram responsáveis pela criação de uma guerra contra as drogas. Mas é claro que quem sofreu mais com isso foram as populações negra e latina, que moravam nas regiões mais pobres, onde as drogas eram mais facilmente encontradas.

O crack era problema de bairros pobres, enquanto a cocaína era coisa de rico. A pena para quem fosse pego com trinta gramas de crack era a mesma de quem estivesse em posse de três quilos de cocaína. As pessoas negras eram tratadas na mídia como criminosos perigosíssimos e assim as prisões iam se enchendo cada vez mais. A partir da década de 1970, houve um boom populacional nos presídios americanos. De 200 mil em 1974 para os atuais 2,1 milhões.

O filme ainda levanta a questão de que hoje em dia as prisões viraram um negócio. Fundada em 1983, a Corporação de Correcionais da América (CCA), hoje chamada de CoreCivic, é uma empresa que tem e administra várias prisões privadas e ao longo dos anos fez vários acordos com os estados, que então precisavam manter as penitenciárias cheias. O filme mostra que as leis — respaldadas por essas empresas — vão ficando mais rígidas para cada vez aprisionar mais gente.

O curta-metragem de ficção *Dois Estranhos* (2020) ganhou o Oscar em 2021. O filme segue o estilo "ciclo temporal" para mostrar a história de um homem negro que acorda no mesmo dia todos os dias. E a cada dia ele morre de um jeito diferente nas mãos de um policial branco. Apesar de ser uma história de ficção, infelizmente a violência policial é uma dura realidade enfrentada pela população negra, como foi o caso de George Floyd, que morreu asfixiado por um policial em Minneapolis em maio de 2020.

PENAS

Quando alguém comete um crime e é condenado, podem ser aplicadas três tipos de penas aqui no Brasil:

* privativas de liberdade
* restritivas de direitos: prestação pecuniária, perda de bens e valores, limitação de fim de semana, prestação de serviço à comunidade ou a entidades públicas e interdição temporária de direitos
* pena pecuniária (multa)

As penas privativas de liberdade são algumas: reclusão, detenção e prisão simples na lei de contravenção. A detenção é aplicada em penas mais leves, que não podem se iniciar em regime fechado. Já a reclusão, que acontece para penas maiores e crimes mais graves, pode ser cumprida em três regimes:

* Fechado Pena superior a oito anos, cumprida em estabelecimento de segurança máxima ou média, intramuros.
* Semiaberto Pena superior a quatro anos e que não exceda oito (condenado não reincidente), a ser cumprida em colônia agrícola, industrial ou estabelecimento similar.
* Aberto Igual ou inferior a quatro anos (condenado não reincidente). Recolhimento na casa de albergado ou estabelecimento adequado.

Quem decide a pena de uma pessoa submetida ao sistema de justiça criminal é o juiz, cuja função é, em tese, proceder de acordo com a lei — apesar de, na prática, isso nem sempre acontecer. Então o juiz vai analisar qual o mínimo e o máximo da pena para aquele crime, antecedentes criminais do réu, grau de periculosidade, motivos, todo o contexto daquele crime para assim decidir o tempo de pena e como deve ser cumprida. É por causa desse cálculo meio doido que às vezes as penas ficam meio estranhas como: 5 anos, 4 meses e 23 dias.

O apenado tem o direito de cumprir sua pena de forma progressiva, ou seja, obedecendo à progressão do regime. Alguém que começa no **regime fechado** depois deve seguir para o semiaberto e, em seguida, para o aberto. Isso, em tese, se dá com base na lei e conforme o comportamento da pessoa. Também pode ocorrer a regressão do regime, que é o oposto disso. Alguém que é acusado de praticar um ato considerado falta grave pela lei pode sair de um regime aberto e voltar ao fechado — e nesse caso, sim, pode pular o semiaberto.

O **regime semiaberto** é uma transição e deve ser cumprido em colônias agrícolas, industriais e similares. Os presos trabalham nas próprias colônias, trabalho que diminui a pena. No Brasil, existem 95 unidades prisionais destinadas exclusivamente ao regime semiaberto, 7% do total, mas nem todas são colônias agrícolas. Muitas são centros de progressão penitenciária, em que não há estrutura para trabalho. Nesse caso, os detentos podem trabalhar ou estudar fora da prisão durante o dia e voltar para a cela à noite.

Já o **regime aberto** pode ser cumprido nas casas de albergado, que são estabelecimentos prisionais para os quais os apenados devem se recolher somente à noite. A maioria fica nas capitais, em centros urbanos, e o juiz faz a substituição caso a cidade em questão não contenha uma unidade do tipo. A lei fala em "estabelecimento adequado", mas fica em aberto como seria esse local. Há também a possibilidade de passar para prisão domiciliar, e hoje em dia os presos podem ser monitorados por tornozeleira eletrônica. É importante frisar que, se não houver um local apropriado, a pessoa não pode regredir para um regime mais severo, ou seja, se não houver casa de albergado, o indivíduo não pode voltar ao regime semiaberto ou fechado. Apenas 23 unidades prisionais brasileiras são voltadas para o regime aberto, menos de 2% do total.

==Aqui no Brasil é proibida a pena de prisão perpétua desde 1890, e uma pessoa não pode ficar presa por mais de quarenta anos.== Quando alguém é condenado a mais tempo, as penas são unificadas para chegar a esse limite. Se houver tempo cumprido antes da condenação, deve-se descontar o prazo já cumprido.

Existe a possibilidade de uma pessoa permanecer presa por mais de quarenta anos se ela cometer um novo crime. Por exemplo: se alguém já estava preso há 35 anos e cometeu um novo homicídio dentro do presídio, o tempo da nova pena será somado a esses cinco anos que faltavam do primeiro caso. Digamos que o novo homicídio tenha resultado em mais quinze anos, então esse número se somaria aos cinco faltantes e a pessoa ainda ficaria presa por mais vinte.

O tempo máximo de cumprimento da pena no Brasil era de trinta anos antes do ==Pacote Anticrime== (Lei 13.964/2019), que mudou alguns artigos do Código Penal. A mudança de trinta para quarenta anos gerou vários debates, sendo que uma das justificativas para o aumento foi a de que a expectativa de vida no Brasil aumentou e por isso faria sentido acrescer o tempo de pena. Mas existem muitas críticas de estudiosos que sabem que a qualidade do confinamento e as estatísticas de ressocialização ainda são baixíssimas, então esse aumento da pena não mudaria o cometimento de novos crimes quando em liberdade. Dados de 2019 apontam que, no Brasil, somente 18,9% dos presos trabalham e apenas um em cada oito estuda, o que dá 12,6%.

> Em 1900, a expectativa de vida no Brasil era de 33,7 anos, dando um salto significativo e atingindo 76,6 anos em 2020. Estudos indicam que a expectativa de vida de uma pessoa negra é de três a sete anos menor do que a de uma branca.

Esse aumento de dez anos do cumprimento da pena não significa que as pessoas terão mais medo de cometer crimes, mas isso realmente atrapalha a ressocialização. Levando-se em conta esse acréscimo, a pessoa terá muito mais chance de sair da cadeia na terceira idade, o que aumentará muito a dificuldade de conseguir um emprego e reconstruir a própria vida. Então fica a questão: será que as leis brasileiras realmente desejam que as pessoas voltem para a sociedade ou só querem punir?

> Em 2017, o tailandês Pudit Kittithradilok foi condenado por roubar 574 milhões de baht (o equivalente a 65 milhões de reais em valores da época) de 2.600 pessoas em um esquema de pirâmide. Ele foi condenado a 13.275 anos de prisão! O mais curioso é que, por ter confessado seus crimes, Kittithradilok teve a pena reduzida pela metade: 6.637 anos e seis meses. Apesar desse número ainda ser altíssimo, o código penal tailandês permite que ele permaneça "só" vinte anos preso.

LIVRAMENTO CONDICIONAL

A condicional é uma antecipação da liberdade, e a pessoa não precisa estar em regime semiaberto para consegui-la, pois não se trata da progressão de regime. É como se fosse um teste para avaliar a readaptação da pessoa à sociedade e, enquanto isso, sua pena fica suspensa. Em inglês, a condicional se chama *parole*, e *probation* se refere a algo parecido com progressão de pena.

Existem algumas penas em que o juiz especifica que o réu não pode ter direito à condicional, mas, quando há, a liberdade condicional pode ser concedida a uma pessoa que teve pena privativa de liberdade igual ou maior que dois anos. Isso também acontece de acordo com alguns fatores, como ter cumprido um terço da pena, bom comportamento, entre outros.

Durante esse tempo em liberdade condicional, a pessoa deve comparecer ao fórum todo mês, assim como no regime aberto. Se alguém em liberdade condicional descumpre algo da sentença ou comete outro crime, então a liberdade condicional será reavaliada pelo juiz e muito provavelmente retirada.

Você sabia por que "xadrez" é um sinônimo de cadeia? O nome vem do tabuleiro do jogo de xadrez, que é feito de vários quadrados. Acabou virando uma figura de linguagem, já que os presídios são cercados de grades, que muitas vezes formam vários quadrados. Tanto é que dizem que quem está na cadeia vê o sol nascer quadrado.

PENA PARA OS INIMPUTÁVEIS

No capítulo 7, a gente já conversou sobre as pessoas consideradas inimputáveis, ou seja, que possuem doença mental ou que no momento do delito não podiam entender que estavam cometendo um crime. Essas pessoas podem ter a pena reduzida ou ser absolvidas de acordo com a lei, mas isso não significa que elas sairão livres. Na realidade, são impostas medidas de segurança, como tratamento hospitalar ou ambulatorial. Mas os prazos dessas medidas causam polêmica. O Código Penal impõe um tempo mínimo no artigo 97, de um a três anos, mas o tempo de duração é indeterminado; ou seja, pode acabar sendo perpétuo.

Esse foi o caso de Febrônio Índio do Brasil, que ficou preso até morrer. O autodenominado "Filho da Luz" cometeu diversos crimes no Rio de Janeiro entre 1916 e 1927. Ele acreditava que precisava tatuar meninos com as letras "D.C.V.X.V.I", que significavam: Deus, Caridade, Virtude, Santidade, Vida, Ímã da Vida. Ele mesmo tatuou no próprio peito a frase "Eis o Filho da Luz" e ao redor do tronco as letras mencionadas. Febrônio ainda escreveu um livro, em um dos períodos em que esteve preso, chamado *As revelações do Príncipe do Fogo* (1926), que nós até tentamos ler para explicar, mas realmente nada faz muito sentido.

Quando estava solto, praticou o falso exercício da odontologia e da medicina, causando a morte de crianças e de uma mulher que estava em trabalho de parto. Foi internado no Hospital Nacional de Psicopatas após ser flagrado em atitude suspeita, mas acabou saindo semanas depois. Ao ser preso novamente, em 1927, estuprou dois colegas de cela. E, assim, ele entrava e saía da prisão diversas vezes. Depois de tatuar contra a vontade e estuprar diversos jovens de 17 e 18 anos, ser preso novamente e estuprar outro colega de cela, ele foi liberto.

Até que, em agosto de 1927, Febrônio estrangulou até a morte um jovem de 17 anos que não aceitou suas investidas sexuais. Alguns dias depois, tatuou outro adolescente que conseguiu fugir. Cerca de quinze dias depois, assassinou um garoto de 11 anos depois de tatuá-lo.

Apesar de ter sido preso e até julgado algumas vezes, em 1928 Febrônio foi julgado somente pelos dois homicídios de menores. Seu advogado alegou que ele era inimputável, o que foi confirmado por laudos de psiquiatria. Portanto, Febrônio foi absolvido e se tornou o primeiro internado no Manicômio Judiciário do Rio de Janeiro, em junho de 1929. Passou a vida inteira lá, exceto por uma fuga em 1935 que durou 24 horas, e morreu em agosto de 1984, aos 89 anos, permanecendo 55 anos preso nessa instituição.

Durante esse tempo encarcerado no hospital, ele teve tratamento com remédios e até eletroconvulsoterapia — técnica que utiliza eletrochoques para induzir convulsões em pacientes portadores de algumas patologias psiquiátricas —, e sempre eram feitos laudos médicos que diziam que ele não poderia retornar à sociedade. Febrônio, seu julgamento e reclusão marcaram a história do país e deixaram um legado.

Esse foi o primeiro caso brasileiro em que um réu foi considerado incapaz de entender seus atos, ou seja, inimputável, e que por isso ele deveria ter uma medida de segurança em vez de uma pena. Também foi o primeiro caso em que um juiz aceitou um laudo médico, que acabou influenciando sua decisão.

Existe uma segregação social em volta de transtornos mentais graves, já que pessoas psicoatípicas acabam sendo isoladas da sociedade, às vezes sendo internadas contra a vontade e muitas vezes sofrendo abandono das famílias nos antigamente chamados manicômios. Como Febrônio, pessoas inimputáveis podem acabar ficando em prisão perpétua, só estão chamando por outro nome. Desde os anos 1970 existe uma luta pela reforma psiquiátrica e antimanicomial.

Por causa de casos como o de Febrônio, o Superior Tribunal de Justiça (STJ) editou a Súmula nº 527: "O tempo de duração da medida de segurança não deve ultrapassar o limite máximo da pena abstratamente cominada ao delito praticado." Ou seja, uma pena de medida de segurança pode durar no máximo o limite da pena do mesmo crime, se fosse cometido por um imputável.

PRISÕES

> "Cadeias são microambientes sociais regidos por um código de leis de tradição oral, complexo a ponto de prever todos os acontecimentos inimagináveis sem necessidade de haver uma linha sequer por escrito."
> Dr. Drauzio Varella

No Brasil, o cuidado do sistema prisional em sua maioria é de cada estado — de 668.135 presos, somente 594 estão em penitenciárias federais. A Lei da Execução Penal determina que os detentos de penitenciárias tenham cela individual com dormitório, aparelho sanitário e lavatório, que deve ser salubre e com área mínima de seis metros quadrados. As penitenciárias são destinadas a quem está cumprindo pena em regime fechado e devem ser afastadas da cidade, mas não tanto que os familiares não consigam visitar.

Infelizmente, as penitenciárias brasileiras são superlotadas e contam com uma péssima estrutura física, com pouca ventilação, iluminação e higiene.

Os presos possuem direito a visita em dias determinados e isso se deve porque o convívio familiar e de amigos ajuda no processo de ressocialização. Se comprovado vínculo entre o detento e sua companheira (vamos falar de outros tipos de relacionamentos mais pra frente no capítulo), o preso tem direito a visita íntima, em que o casal tem um tempo sozinho em um quarto especial, para ficarem à vontade e matarem a saudade como quiserem.

Existem diversas séries e filmes — sejam de ficção ou *true crime* — que abordam presídios. Uma das primeiras séries de televisão a trazer o tema foi *Oz* (1997-2003), da HBO — aliás, foi a primeira série de drama de uma hora que a HBO produziu! A série se passa no presídio fictício de segurança máxima chamado Oswald State Correctional Facility, cujo apelido vem do filme *O Mágico de Oz* (1939). Existe uma unidade dentro da prisão chamada de Emerald City — sim, "Cidade das Esmeraldas", outra referência ao filme! —, cujo objetivo é a reabilitação. Essa unidade é gerida por regras diferentes, como celas com paredes de vidro e guardas o tempo todo. A série mostra a divisão de gangues por raça e grupos sociais, os conflitos entre os presidiários e como a equipe da prisão tenta controlar tudo.

"Pessoas matam para continuar vivas, essa é uma verdade dentro e fora da prisão. Mas eu fico pensando por que lutamos tanto para sobreviver aqui dentro. Um homem sentenciado a cem anos realmente acha que se ele se exercitar e se comportar vai sair andando daqui? Um juiz diz 'prisão perpétua sem possibilidade de condicional', sem nem dar a chance de conseguir liberdade condicional. Condenados por toda a vida. Em algum momento, eles percebem que não

> vão a lugar nenhum. Eu já vi isso acontecer. Uma calma lhes invade o olhar. É como se eles tivessem entendido algo que nenhum de nós nunca vai entender. Eles ficam livres de outra forma, estão prontos para morrer. E talvez eles façam o possível para ajudar essa situação de merda."
>
> Augustus Hill, personagem de *Oz* interpretado por Harold Perrineau

O dr. Drauzio Varella foi aclamado por seu livro *Estação Carandiru* (1999). A partir de 1989, o médico oncologista passou a ser voluntário na Casa de Detenção de São Paulo, conhecida como Carandiru — o maior presídio da América Latina naquele momento. Seu principal foco era a luta contra o HIV, que se espalhava assustadoramente dentro e fora do presídio. O livro relata as histórias dos presidiários e termina contando o massacre que matou 111 presos em um dos pavilhões, em 1992 — considerada a maior chacina já ocorrida em um presídio brasileiro. De acordo com os detentos, o número de mortos foi muito maior.

🎧 **Modus Operandi Podcast – Episódio #100 Massacre do Carandiru feat dr. Drauzio Varella**

A obra foi premiadíssima e deu origem ao filme *Carandiru* (2003), dirigido por Hector Babenco e estrelado por Rodrigo Santoro, Lázaro Ramos, Wagner Moura, Caio Blat, Milhem Cortaz e muitos outros atores de sucesso e outros novatos. A história foi filmada no próprio Carandiru antes de sua implosão, em 2002.

Além desse livro, Varella também já escreveu outros dois livros relacionados ao tema: *Prisioneiras* (2017), em que conta sobre seus onze anos de atendimento na Penitenciária Feminina da Capital, focando nas mulheres detentas, e *Carcereiros* (2014), mais focado nos agentes que trabalham nas prisões e suas histórias e condições de trabalho.

É importante lembrar que as prisões são organizadas também de acordo com facções. Drauzio Varella pontua que, por mais estranho que pareça, isso na verdade tem um lado positivo, porque as facções muitas vezes conseguem controlar a população carcerária melhor que os agentes da lei. Um exemplo disso foi o fim do consumo de crack nas prisões brasileiras.

Existe uma crise que assola o sistema penitenciário no Brasil e um dos fatores é a superlotação. De acordo com levantamento do site G1, em 2021 o número de presos no Brasil é de 682.182, sendo que o limite que o país comportaria é 440.530. Ou seja, existem mais de 200 mil prisioneiros que não "caberiam" no sistema.

De acordo com esses dados, o Brasil seria então o 26º país que mais prende, mas mesmo assim é o 3º país em quantidade de presos, ficando atrás somente da China (1,7 milhão de detentos) e dos Estados Unidos (2,1 milhões). Além de prender muito, diversas vezes as penas são excessivamente longas, sobrecarregando as penitenciárias e fazendo com que o Estado gaste mais dinheiro para manter tudo isso. Esse é um dos motivos que explicam diversas rebeliões em presídios, além da demora do andamento de processos no judiciário, as más condições decorrentes do encarceramentos em massa e a péssima infraestrutura.

É claro que existe uma taxa de criminalidade alta no país, mas a verdade é que as prisões não estão reabilitando as pessoas, muito menos em tamanho estado de lotação. Ainda existem críticos pontuando que pessoas que cometerem diferentes tipos de crime ficam juntas, e pessoas com delitos menores acabam se envolvendo em facções criminosas para sobreviver ali dentro, tornando os presídios no que muitos chamam de "escola de criminosos".

Como se isso não bastasse, a nossa sociedade dá poucas chances — quando dá — para quem tem passagem criminal. Há pouca oportunidade de trabalho e muitos acabam reincidindo no crime.

> O famoso cantor e compositor americano Johnny Cash compôs uma música em 1955 que falava da percepção que ele tinha da vida de um prisioneiro, "Folsom Prison Blues". A música virou um sucesso entre detentos, que mandavam cartas pedindo que ele se apresentasse nos presídios. E foi justamente o que Cash fez, inclusive gravando dois discos ao vivo em penitenciárias.

Apesar da lei que obriga os detentos a trabalharem, em 2019, dentre os mais de 700 mil presos, somente 144 mil estavam em atividade laboral, número que aumentou cerca de 48% desde 2015.

Isso é importante porque contribui para a ressocialização do detento. Ao fim da pena, ele terá aprendido uma nova profissão (às vezes várias). Existem programas de capacitação profissional, oficinas, seminários e diversas atividades que incentivam o trabalho prisional.

O apenado pode descontar um dia de pena por cada três dias de trabalho. Os trabalhos são definidos de acordo com as habilidades e capacidades do detento, então podem variar, mas é comum trabalhos com a própria manutenção da prisão, como limpeza, auxílio na parte administrativa e até mesmo artesanato, quando a prisão tem algum tipo de parceria com empresas privadas. O trabalho de um preso pode ser dentro ou fora do presídio (de acordo com a progressão de regime de cada um), funcionando mais ou menos nas mesmas regras que vemos geralmente (entre seis e oito horas, com descanso semanal aos domingos e feriados, com a diferença de que os apenados recebem um valor muito mais baixo do praticado no mercado de trabalho formal).

O trabalho deve ter finalidade educativa e produtiva, e deve ser remunerado (não podendo ser menos que três quartos de um salário mínimo), mas esse valor deve ser revertido para algumas coisas específicas de acordo com a lei, como indenização dos danos causados pelo crime, assistência à família, pequenas despesas pessoais etc.

Segundo a lei brasileira, o condenado também pode tirar um dia de sua pena por cada doze horas de estudos, divididas em no mínimo três dias, que podem ser do ensino fundamental, médio, profissionalizante, superior ou requalificação profissional.

É muito comum presidiários — inclusive *serial killers!* — receberem cartas de mulheres apaixonadas. No primeiro mês de cumprimento da pena, Francisco de Assis Pereira, o Maníaco do Parque, recebeu mais de mil correspondências. Ted Bundy foi outro encarcerado que era sucesso de cartas de amor.

FUGAS

A adaptação do livro de J. Campbell Bruce *Escape from Alcatraz*, de 1963, virou o filme *Alcatraz: Fuga Impossível* (1979), com Clint Eastwood, uma das mais clássicas histórias sobre fuga de presídios baseada em fatos. A Ilha de Alcatraz existe de verdade e fica localizada na baía de São Francisco, na Califórnia, e de 1934 até 1963 foi uma penitenciária federal de segurança máxima. Hoje a ilha funciona como atração turística e você pode ouvir áudios de ex-prisioneiros do local.

Alcatraz foi uma prisão considerada impossível de escapar, afinal era localizada em uma ilha cujo mar ao redor era extremamente gelado e bravo. Apesar disso, 36 corajosos homens tentaram! A maioria deles não sobreviveu ou foi pego, mas existe um mistério sobre três prisioneiros que simplesmente desapareceram.

John Anglin, seu irmão Clarence e Frank Morris não estavam em suas celas na manhã do dia 12 de junho de 1962, e sim umas cabeças tipo de papel machê com cabelos de verdade para dar uma enganada nos carcereiros. Inclusive existe uma grande teoria de que os irmãos Anglin vieram para o Brasil. Será que você não viu esses caras por aí?

Esse é um tema que permeia muito o imaginário humano, e não é à toa que existem diversos filmes e séries sobre o assunto. Um exemplo é a série *Prison Break* (2005-2009/2017), em que o engenheiro Michael Scofield (Wentworth Miller) comete um crime para ser enviado à prisão — que ele mesmo ajudou a construir — da qual pretende salvar o irmão, que está no corredor da morte. Em 2017 a série retornou para mais algumas temporadas.

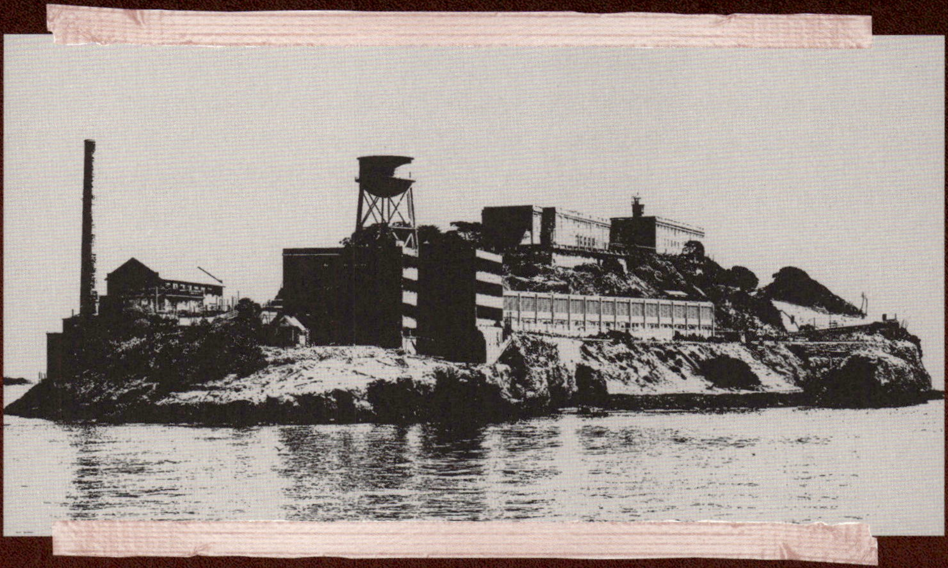

* O sul-coreano praticante de yoga Choi Gap-Bok foi preso em 2012 por roubo. Cinco dias depois, ele resolveu se espremer pela abertura de passagem de comida de sua cela, que tinha só 15 centímetros de altura por 45 de largura. Ele foi capturado após seis dias, mas pelo menos ganhou o apelido de "Houdini Coreano" na mídia, em referência ao famoso ilusionista.

* Você sabia que na época em que *Prison Break* passava na televisão a série foi censurada em treze presídios pelos Estados Unidos? Os detentos não podiam assistir para não terem ideias doidinhas de como escapar!

* Em 2012, o prisioneiro Ronaldo Silva se disfarçou com as roupas da esposa para fugir da penitenciária em que estava preso, em Alagoas. Ele vestiu itens que ela foi deixando para ele — sutiã, peruca, unhas, batom e até salto alto. Ah, ele também raspou os braços e as pernas para o disfarce ficar mais realista. O que ele não contava

era que para andar de salto tem que ter gingado, e um guarda notou que uma mulher estava andando de forma bem... suspeita. Quando ele estava já próximo ao ponto de ônibus, foi capturado.

* Ted Bundy, um dos *serial killers* mais famosos do mundo, conseguiu escapar duas vezes em 1977! Na primeira, ele pulou a janela de uma biblioteca do segundo andar onde estava supostamente estudando seu caso, em Aspen, no Colorado, e foi capturado somente seis dias depois. Na segunda vez, ele perdeu peso propositalmente e conseguiu sair por um buraco em cima de sua cela. Roubou roupas dos guardas, saiu andando da prisão, pegou um avião (!!!) e fugiu. Ele só foi preso novamente quase dois meses depois.

🎧 Modus Operandi Podcast – Episódio #01
Ted Bundy: A glamourização do *serial killer*

MULHERES ENCARCERADAS

Orange Is The New Black (2013-2019) é uma série da Netflix inspirada no livro de Piper Kerman em que ela conta sua experiência real em um presídio feminino de segurança mínima, FCI Danbury. A série mostra a realidade das detentas e suas histórias.

Aqui no Brasil, até 2019, mais de 37.200 mulheres estavam presas. Elas compõem cerca de 4,9% da população carcerária do país e ficam alocadas em uma das 103 penitenciárias femininas ou em uma das 238 mistas — sendo que existem 1.070 unidades masculinas. Mais da metade dessas mulheres foi presa por crimes relacionados a drogas, e cerca de 26%, por crimes contra o patrimônio.

De acordo com Nana Queiroz no livro *Presos que menstruam* (2015), a primeira penitenciária feminina do Brasil surgiu em Porto Alegre, no Rio Grande do Sul. A Penitenciária Madre Pelletier foi criada em 1937 por iniciativa de freiras católicas e se chamava Instituto Feminino de Readaptação Social. A princípio, a instituição era voltada para mulheres que precisavam de ajuda, como as que estavam em situação de rua, de prostituição ou até mulheres que engravidaram fora de um casamento e "encalhadas" (sim, que ódio). Décadas depois, o presídio passou a ser administrado pelo Estado.

Em 1942, foi fundada uma penitenciária feminina em São Paulo com sete detentas, que também era administrada pelo mesmo grupo religioso que geria a de Porto Alegre, a Congregação de Nossa Senhora da Caridade do Bom Pastor. Após 35 anos, a instituição passou para os cuidados do Estado.

Antes disso, as apenadas eram obrigadas a viver em presídios mistos, por incrível que pareça: tinham que dividir celas com homens, e muitas vezes eram estupradas ou precisavam se prostituir para sobreviver. Depois dessas iniciativas, várias outras penitenciárias foram abrindo no Brasil todo.

Apesar disso, a maioria dos presídios femininos foi construída por homens e para homens, não atendendo às necessidades específicas das detentas. Um exemplo chocante é que penitenciárias masculinas e femininas recebem a mesma quantidade de papel higiênico, sendo que é bem óbvio que as mulheres precisam de muito mais do que homens. Outro recurso indispensável são os **absorventes**, que chegam em quantidades insuficientes e obrigam as mulheres a se virarem como podem, chegando até a usar miolo de pão como absorvente interno. Em muitos lugares também não há a disponibilidade de ginecologistas para atender às detentas, o que as priva de cuidados básicos com a saúde.

E as poucas penitenciárias que existem também sofrem com a superlotação. Em 2017, prisioneiras realizaram um motim na Penitenciária Feminina do Paraná, em Piraquara, em busca de melhores condições. Naquele momento, o local abrigava 440 presas, sendo que o espaço permitia cerca de 370.

Mesmo assim, ainda existem presídios mistos, em que não há um local específico para as mulheres, que configuram minoria e acabam sendo prejudicadas, sendo direcionadas para alas dentro de estabelecimentos masculinos. Já que não há como conviver com os homens, muitas vezes elas acabam ficando sem pequenos direitos, como tomar banho de sol ou estudar. Isso quando não há um local apropriado para suas celas e elas acabam ficando nos piores locais. Em alguns lugares, há casos em que homens e mulheres são mantidos na mesma cela. Em 2007, o caso de uma garota de apenas 15 anos que passou quase um mês em uma cela com 24 homens no Pará causou grande choque. Ela teve que trocar comida por relações sexuais e foi torturada.

Um ponto muito relevante que muda quando comparamos mulheres com homens presos são os **filhos**. Muitas vezes quando um homem que é pai vai preso, os filhos ficam com a mãe, mas, quando a mãe vai presa, aí a coisa muda de figura. Na maioria dos casos, a mãe não pode contar com o pai para criar os filhos, que então são encaminhados para os parentes ou para instituições de acolhimento. Muitas vezes, as mães até perdem a guarda das crianças simplesmente por não comparecerem às audiências — das quais elas raramente ficam sabendo: às vezes no processo nem existe a informação de que a mãe está presa e ela não recebe a intimação, que vai parar em algum endereço antigo.

Essas crianças às vezes são separadas dos irmãos e de outros parentes, ficando mais suscetíveis a abusos e criminalidade. Ou seja, quando a mãe não está, a família corre grande risco de se desestruturar.

Em algumas penitenciárias femininas, existe a possibilidade de visitas conjugais, mas infelizmente essa é uma possibilidade somente para mulheres com parceiros homens, pois casais LGBTQIAPN+ raramente têm direito a esse tipo de visita. Em março de 1999, houve uma regulamentação que dizia que a visita íntima deveria existir para as pessoas de ambos os sexos. Apesar disso, somente em 2002 as mulheres realmente tiveram esse direito na prática, por causa da pressão de grupos defensores dos direitos da mulher.

No caso das mulheres com parceiros homens, eles devem provar que têm relacionamento estável com a detenta ou ser casados no papel. Geralmente, os encontros acontecem pelo menos uma vez por mês, e o casal recebe preservativos. Infelizmente, somente cerca de 9,68% das presas conseguem usufruir desse benefício, porque a maioria dos seus companheiros as abandona depois que são encarceradas.

Praticamente não existem filas nos dias de visita nos presídios femininos, e não estamos falando só da visita íntima. E a maioria dos visitantes é composta por outras mulheres. Em geral, o companheiro visita algumas vezes e depois some. Existe toda uma burocracia para se fazer visita em presídios: além da papelada, é preciso fazer uma revista nos visitantes — que pode ser bastante constrangedora —, e muitas vezes os homens não estão dispostos a passar por tudo isso de maneira recorrente para verem suas companheiras.

Angela Davis, uma das maiores referências no assunto, reforça em seu livro *Estarão as prisões obsoletas?* que, "ao passo que os criminosos do sexo masculino eram considerados indivíduos que tinham simplesmente violado o contrato social, as criminosas eram vistas como mulheres que tinham transgredido princípios morais fundamentais da condição feminina".

Em diversos presídios, não existe a possibilidade de haver visita conjugal, mas em sua maioria as visitas íntimas acabam acontecendo sob a vista grossa da administração. O problema disso é a falta de preservativos ou informações. Inclusive, a falta de visitas também é um problema, porque é por meio delas que as apenadas têm acesso a muitos itens, como livros, artigos de higiene pessoal, cigarros, alimentos, entre outros. Além disso, nesse momento a família pode conferir como as apenadas estão, e, em caso de agressões ou alguma injustiça, podem fazer denúncias para as agências de fiscalização.

Existe muita resistência a mulheres obterem o benefício da visita conjugal por causa de gravidez. Afinal, num presídio masculino, se uma parceira engravida em uma visita íntima, ela faz o que bem entender com essa criança, pois está livre. A partir do momento que uma detenta fica grávida, isso vira um problema do Estado.

A prisão de uma mulher que está grávida gera diversas questões. O que fazer com o bebê nos primeiros meses de vida? Será que é melhor já separar a criança da mãe e entregar a familiares ou ao sistema ou é melhor para o bebê "nascer preso" e ficar um tempo com a mãe? Depois de muitos debates e estudos, aqui no Brasil se decidiu que ao menos nos primeiros seis meses a criança tem direito a ficar com sua mãe e ser amamentada.

E tudo isso gera uma questão importante: ao ser presa, a mulher teve retirada apenas sua liberdade de ir e vir. O Estado não pode tirar o direito da sexualidade e da maternidade da mulher. Essas são decisões que cabem somente à mulher, e, se ela desejar ter um filho mesmo estando presa, esse direito deve ser garantido pelo Estado.

POPULAÇÃO LGBTQIAPN+

Por séculos, a população LGBTQIAPN+ sofreu perseguições e punições ao redor do mundo todo, o que, infelizmente, ainda ocorre em pleno século XXI. Isso tudo porque vivemos numa sociedade heteronormativa, que consiste em uma ideia — completamente errada — de que todos os corpos devem ser cis e heterossexuais, e o que for diferente disso é considerado errado e era até crime.

Você sabia que em diversas culturas a **sodomia** foi considerada crime por muito tempo? Sodomia é um termo de origem religiosa que se refere a certos comportamentos sexuais. É comumente usado para designar sexo anal, ou qualquer tipo de sexo que não resulte em procriação, como sexo oral. E, para piorar, em diversos lugares a punição era a morte!

O filósofo e escritor francês Michel Foucault acreditava que, por mais que existissem leis sobre sodomia, os sodomitas eram considerados uma "aberração temporária" e a punição era para os atos em si. Foi apenas no fim do século XIX que as pessoas começaram a ser "classificadas" como homossexuais e punidas por isso. Começou-se a criar a narrativa de que essas pessoas eram doentes.

Somente em maio de 1990 a Organização Mundial da Saúde

(OMS) retirou a homossexualidade da lista internacional de doenças. Parece uma piada de muito mau gosto, mas no Brasil só em 2019 que a LGBTfobia passou a ser crime. E, mesmo assim, o nosso país ainda é um dos que mais discriminam e o que mais matam essa população.

Segundo o jornal *O Globo*, a Associação Nacional de Travestis e Transexuais (Antra) liberou um dossiê que mostra que em 2021 o Brasil acumulou 38,2% de todas as mortes de pessoas trans no mundo, e é o país que mais mata trans e travestis.

E vale lembrar que esses são apenas números que foram reportados — muitas vezes esses crimes nem chegam aos ouvidos da polícia. Até julho de 2020, 69 países ainda tinham leis criminalizando a homossexualidade. Em nove deles, o "crime" é punido com a morte. Em janeiro de 2021, somente 29 países reconheciam casamento entre pessoas do mesmo sexo.

> O podcast americano *Ear Hustle* (2017) é apresentado de dentro da Penitenciária Estadual San Quentin, na Califórnia. Conta histórias incríveis de dentro da prisão e de pessoas que já foram soltas. Em 2020, o podcast foi finalista do Prêmio Pulitzer em reportagem de áudio por "levar ao público uma série surpreendente e criada com beleza sobre a vida atrás das grades". Fica a recomendação!

Em São Paulo já se observa que alguns presídios oferecem visita para casais LGBTQIAPN+, mas mesmo assim os funcionários ainda dificultam muito esse processo por puro preconceito. Isso tudo é péssimo para os prisioneiros, já que a sexualidade faz parte do ser humano, a visita íntima tem o propósito de manter a família unida, manter relacionamentos, o carinho dos parceiros, e ainda existem estudos que comprovam que uma vida sexual ativa ajuda os prisioneiros a se manterem mais felizes e com boa autoestima. Essa privação, principalmente para quem tem parceiros, aumenta a sensação de isolamento e afasta os detentos da ressocialização.

Ao cumprir pena, a pessoa tem seu sexo avaliado, seu órgão genital. Por isso, muitas vezes mulheres transexuais — pessoa que foi atribuída ao sexo masculino ao nascer e que possui uma identidade de gênero feminina — são encaminhadas para presídios masculinos e homens trans, para penitenciárias femininas. Isso causa situações absurdas e desumanas.

A grande maioria das mulheres trans é obrigada a se prostituir quando chega a um presídio masculino, isso quando não são estupradas. Sem contar que geralmente não existe cuidado médico específico, portanto muitas não conseguem continuar tomando seus hormônios e remédios necessários, o que causa verdadeiros desastres na saúde mental dessas mulheres.

Desde março de 2021, o Supremo Tribunal Federal (STF) decidiu que pessoas trans e travestis, que se identificam com o gênero feminino, poderão escolher cumprir pena em presídios femininos ou masculinos, porém em área reservada (caso a opção seja por um presídio masculino), que garanta a sua segurança. Apesar disso, ainda existem centenas de mulheres trans em prisões masculinas.

A Prisão de Halden, na Noruega, é conhecida por ser a mais humanizada do mundo. Lá, não existem grades nem superlotação, e o foco é a reabilitação das pessoas, que têm acesso a educação de alta qualidade e oportunidades de trabalho. O tempo médio de prisão na Noruega é de somente oito meses. Ao serem libertados, os ex-detentos ainda têm acesso a

> medidas que facilitam seu retorno à sociedade, como ajuda para encontrar moradia e emprego. Em 2016, a taxa de reincidência norueguesa era de apenas 20%, a mais baixa do mundo, em comparação com 76% nos Estados Unidos.

CRÍTICAS AO SISTEMA CARCERÁRIO

O Brasil atualmente é o terceiro país que mais prende no mundo. Isso se dá por diversos motivos, mas quatro deles são mais relevantes:

* prisões baseadas no flagrante
* prisões provisórias usadas em excesso e para crimes não violentos
* baixa quantidade de defensoras e defensores, por falta de interesse do Estado em promover o acesso à justiça às camadas mais pobres da sociedade
* a (falida e ineficaz) guerra às drogas. A esmagadora maioria dos apenados (e também das apenadas) existe pela aplicação do artigo 33 da Lei de Drogas (Lei 11.343/2006), que tipifica o crime de tráfico

A triste realidade é que no mundo todo a maioria das pessoas que está presa é pobre e, principalmente, negra. Muitas vezes elas estão desempregadas no momento da prisão, não têm condições de pagar por um advogado e muito menos uma fiança — ficando em prisão provisória até seu julgamento. Em 2020, 33% das pessoas presas ficaram em prisão provisória.

Estudos comprovam que penas longas de prisão não previnem a reincidência ou até mesmo o cometimento de crimes. Em 2009, uma pesquisa norte-americana constatou que, depois de três anos de prisão, 67% dos presos foram detidos novamente por um novo crime, 46,9% foram considerados culpados e 25,4% foram condenados à prisão. Segundo especialistas, esses números mostram que as pessoas não acham que vão ser pegas e por isso cometem novos crimes. Ou seja, a possibilidade de ir para a prisão não impede a grande maioria das pessoas de cometer delitos.

A Justiça Restaurativa ou Reintegrativa é uma abordagem que não busca o punitivismo e complementa o sistema penal tradicional. A ideia é que haja um diálogo ativo entre as partes (infrator, vítima ou família da vítima e comunidade) procurando a reparação do dano causado e a restauração da relação entre as partes. O infrator assume sua responsabilidade em um encontro, a vítima ou seus familiares falam sobre como tiveram a vida afetada por causa do crime, e, junto com representantes da comunidade, eles discutem sobre a reparação que deve ser feita. O objetivo não é necessariamente a reconciliação, que em muitos casos acontece, mas a reparação do dano do criminoso com participação da vítima, coisa que na justiça comum não acontece, já que o Estado toma partido pela vítima. A Justiça Restaurativa não pretende acabar com o encarceramento, mas que todos juntos cheguem a um consenso.

Ainda em *Estarão as prisões obsoletas?*, Angela Davis explica que é difícil vermos alguma solução para o fim do encarceramento. O sistema judicial atual está muito focado em prender e a reforma do sistema carcerário não deve somente trocar as prisões por apenas uma alternativa: são diversos fatores que devem ser considerados. Existem três pontos que Davis considera essenciais:

* Nos Estados Unidos existem muitas penitenciárias privadas, ou seja, empresas estão lucrando às custas das pessoas ali presas. Seria preciso impedir que a punição de pessoas gere lucro corporativo.
* Raça e classe são motivos básicos pelos quais muitas pessoas ainda são presas, o que é inadmissível.
* A sociedade não deveria ter como foco que a justiça seja feita com punição.

Um ponto de extrema relevância é a descriminalização do uso de drogas. Essa é uma questão de saúde pública e não de polícia. A guerra às drogas só serve para punir a população pobre e negra.

Davis acredita que as escolas são a melhor alternativa para as prisões: o ambiente de ensino deve ser agradável e incentivar o prazer de aprender. Na área da saúde, o atendimento a pessoas pobres com distúrbios mentais deve ser mais abrangente, e as instituições voltadas a essa população deveriam ser prioridade. Não para prendê-los, mas para tratá-los e apoiá-los.

O combate à LGBTfobia, ao machismo e ao racismo é essencial para o desencarceramento. Os debates sobre essa reforma do sistema carcerário são extensos, e a nossa ideia aqui é provocar reflexões. É claro que isso não é algo que vai acontecer da noite para o dia. Mas uma coisa é certa: precisamos de mudanças estruturais, precisamos humanizar o sistema.

> "Se os governantes não construírem escolas, em vinte anos faltará dinheiro para construir presídios."
> Darcy Ribeiro

9. CASOS ARQUIVADOS

VOCÊ JÁ DEVE TER OUVIDO ISTO em alguma série ou filme: as primeiras 48 horas são cruciais para a resolução de um crime. Quanto mais cedo a investigação começar, mais fácil será conseguir informações mais precisas, mas, mesmo com vários recursos, nem sempre as pistas levam a uma prisão. Alguns casos requerem muito tempo e dedicação e podem acabar se arrastando por semanas, meses, até anos.

Quando um caso demora muito para ser resolvido, ele corre o risco de virar um *cold case*, um "caso frio", na tradução literal. Trata-se de um caso que ainda não foi resolvido e que depois de um tempo — independentemente da duração, pode ser uma semana ou anos e anos — acaba sem ter mais opções de investigação e para onde ir. No Brasil, costuma-se chamar de caso arquivado ou caso morto. Um caso pode esfriar ou ser arquivado por diversos motivos. Algumas vezes a cena do crime não tem evidências o suficiente. Para conseguir fazer um exame ou obter arquivos, pode ser que se precise dar entrada em todo um processo burocrático, que pode levar muito tempo pra ser aceito. Dependendo do momento ou do lugar, pode ser que não exista tecnologia adequada à disposição, e há vezes em que, com a demora, as pessoas envolvidas acabam morrendo.

Um dos casos de *serial killers* mais famosos do mundo nunca foi resolvido. Até hoje não descobriram quem foi de fato Jack, o Estripador. Estamos falando de 1888. É claro que as técnicas investigativas melhoraram muito desde então. Naquela época não havia como fazer uma análise superapurada da cena do crime (muito menos com DNA), o corpo era manipulado de qualquer jeito, não havia registros da procedência do cadáver nem de quem lidou com ele, tudo era meio bagunçado.

A polícia conversou com mais de duas mil pessoas, fez até um perfil criminal (como citado no capítulo 5), vasculhou os locais dos crimes em todos os horários, mas, com o tempo, o caso foi esfriando e ninguém foi considerado culpado pelos assassinatos.

Essa história ficou tão famosa e tão misteriosa que Jack, o Estripador, tem até uma linha de estudo própria, que se chama "ripperologia". O nome vem de *ripper*, que é "estripador" em inglês. O grupo tem milhares de adeptos que pesquisam, criam teorias, compartilham informações e continuam fazendo a história se perpetuar.

Como o *serial killer* nunca foi descoberto, o mistério deu margem para inúmeras especulações. A popularidade de Jack se deve em grande parte à cultura pop, e até hoje surgem novas obras sobre ele. Dois notórios exemplos de filmes são: *O Inquilino Sinistro* (1927), dirigido por Alfred Hitchcock, levemente baseado na história do assassino de Whitechapel, e *Do Inferno: A Verdadeira História de Jack, o Estripador* (2001), baseado na história em quadrinhos homônima de Alan Moore.

A parte triste de quando um caso se torna muito famoso é que as pessoas ficam tão embriagadas pelo mistério que esquecem que pessoas foram mortas. Nesse caso específico, cinco mulheres tiveram a vida brutalmente interrompida e suas memórias foram ofuscadas.

🎧 Modus Operandi Podcast – Episódio #56
Jack, o Estripador: O assassino de Whitechapel

✳ ✳ ✳

DNA

A partir da utilização de testes de DNA, alguns casos, após anos e anos arquivados, sofreram uma reviravolta: a polícia descobre uma informação nova, tem acesso a algo pela primeira vez e consegue fazer um exame de DNA que na época não era disponível. Esse foi o caso do "Bedroom Basher". Em tradução livre, o espancador no quarto.

Em 1978 e 1979, várias mulheres foram espancadas, estupradas e mortas na Califórnia. Uma das vítimas foi uma enfermeira de 20 anos chamada Dianna D'Aiello, que estava grávida de nove meses. Ela foi dormir por volta de uma e meia da manhã e o seu marido, Kevin Green, de 21 anos, resolveu sair para comer um hambúrguer do outro lado da rua, mas o estabelecimento estava muito cheio, então foi procurar outro lugar. Ele ficou quase quarenta minutos fora, mas quando voltou encontrou uma cena horrível: sua esposa estava em uma poça de sangue, com o crânio amassado e mal respirava. Apesar de ter ficado em coma, ela sobreviveu, mas perdeu a filha que estava para nascer.

Ao acordar do coma, ela não se lembrava de nada que tinha acontecido. Impossibilitada de falar, só conseguia se comunicar por gestos. Foi assim que a mãe de Dianna lhe contou que ela tinha perdido o bebê. Então Dianna apontou para a aliança e depois para cabeça e então a mãe desconfiou que Kevin teria feito aquilo com ela. Isso levou a polícia a prendê-lo.

Cinco dias depois, ele foi solto, mas uns meses após o ocorrido Dianna deu um depoimento acusando novamente o marido, que voltou a ser preso. Ele, no entanto, tinha um bom álibi: os vizinhos tinham visto Kevin saindo de carro, e um funcionário do restaurante se lembrava de ter visto o homem lá. Além disso, a cena do crime e o aspecto do sangue mostravam que o delito tinha sido recente, então não teria como ele ter ido comer e cometer o crime no mesmo período.

Por outro lado, Kevin saía com várias mulheres, bebia bastante, usava drogas e já tinha batido em Dianna algumas vezes, então isso foi usado no tribunal contra ele e o júri condenou Kevin a prisão perpétua, podendo pedir condicional somente após cumprir quinze anos.

Quase vinte anos depois, em 1996, vários promotores, detetives e criminalistas estavam coletando DNA de casos antigos e colocando-os no sistema do novo laboratório do Departamento de Justiça da Califórnia, quando descobriram que o DNA da cena do crime de Dianna D'Aiello dava match com um cara chamado Gerald Parker, que naquele momento estava preso, mas prestes a ser posto em liberdade. Parker confessou o assassinato de cinco mulheres e também o ataque a Dianna.

Com essa reviravolta, as acusações contra Kevin Green foram retiradas. Como ele não chegou a assumir a culpa pelo crime, não conseguiu sair em condicional e ficou dezesseis anos preso por um delito que não cometeu.

Esse foi um dos primeiros casos em que o DNA de crimes antigos bateu com algum criminoso do sistema, e foi muito importante porque deu uma nova perspectiva para os casos arquivados. As caixas com provas de *cold cases* agora poderiam ser reabertas, e a polícia teria alguma chance de finalmente capturar os responsáveis.

A organização americana The Innocence Project, fundada em 1992, conseguiu levar quase duzentas condenações injustas de volta para os tribunais. Graças ao trabalho desse projeto e de outras iniciativas, em pelo menos trezentos casos ficou provada a inocência do condenado por meio de análises de DNA pela Justiça. Em 69% desses casos houve identificação incorreta da testemunha; em 29% ocorreram confissões falsas; e em 17% houve problemas com informantes. Desse total de casos, foram mais de cinco mil anos servidos, e muitos dos que foram condenados injustamente tinham vinte e poucos anos quando foram presos.

Quanto aos acusados injustamente, 60% eram afro-americanos, 31% caucasianos, 8% latinos, e o restante asiático-americanos, nativos americanos e outros. Isso também é um reflexo do racismo estrutural que molda a sociedade.

No Brasil a situação não é diferente. Um levantamento divulgado em fevereiro de 2021 pela Condege, entidade que reúne defensores públicos, e pela Defensoria Pública do Rio de Janeiro mostra que 83% dos presos injustamente por reconhecimento fotográfico são negros.

Em muitos desses casos, o reconhecimento por fotografia é a única prova na hora de incriminar alguém, por isso especialistas cada vez mais falam sobre as possíveis falhas nesse método e vem sendo motivo de debate.

Hoje existem diversos tipos de análise de DNA e sistemas disponíveis com base de dados para cruzamento, eliminando suspeitos e libertando pessoas inocentes. Nos Estados Unidos, eles contam com o CODIS (Combined DNA Index System), um software que combina informações do país inteiro, e com o IAFIS (Integrated Automated Fingerprint Identification System), que centraliza as impressões digitais.

O avanço nas análises de DNA fez com que as leis fossem alteradas para que abarcassem a forma com que atualmente casos arquivados são investigados e processados. Leis como as que permitem a admissibilidade de DNA em tribunais e a criação e a expansão de bancos de dados, por exemplo, podendo assim acusar culpados e absolver pessoas inocentes.

Outro ponto importante é que nos Estados Unidos existem Estatutos de Limitação que estabelecem um tempo-limite para a apresentação de acusações criminais de determinados tipos de crime. Isso ocorre porque alguns tipos de evidência vão se tornando cada vez menos confiáveis com o tempo, como o depoimento de testemunha ocular. Apesar disso, o DNA é um tipo de prova que pode colocar uma pessoa no local do crime mesmo décadas após o ocorrido. Ou seja, alguns desses estatutos precisam ser analisados novamente.

É muito interessante pensar que algo invisível e que fica escondido por anos pode capturar um criminoso e resolver um caso antigo. Nos casos recentes, a agilidade é tão grande que é possível dizer que a tecnologia é capaz de evitar que o criminoso tenha tempo de cometer novos crimes.

Para saber mais sobre DNA, veja o capítulo 6, sobre investigação. Lá também contamos o caso do Golden State Killer e como sites recentes de genética ajudaram a resolver esse caso que já estava arquivado.

* * *

MÉTODOS

As técnicas e os métodos para lidar com casos arquivados foram mudando ao longo do tempo. O sargento David W. Rivers, que comandou uma unidade de investigação de casos arquivados da Flórida, desenvolveu um protocolo para esse fim.

1. Conduzir uma revisão completa dos arquivos do caso e reorganizar como necessário.
2. Determinar quais evidências estão atualmente disponíveis e revisá-las.
3. Envolver um promotor para garantir que todas as evidências e os futuros procedimentos poderão ser processados legalmente.

4. Determinar quem se beneficiaria mais com a morte da vítima.
5. Checar novamente o passado de suspeitos, testemunhas e afins. Procurar novas prisões desde o incidente e mudanças de relacionamento.
6. Fazer contato com médicos-legistas e revisar a autópsia.
7. Fazer contato com a família da vítima e descobrir se há novas informações.
8. Entrevistar testemunhas e amigos da vítima.
9. Antes de entrevistar testemunhas muito importantes, determinar se elas passaram por alguma experiência que poderia afetar as respostas atuais.
10. Após conseguir todas as informações novas, pedir um mandado judicial.
11. O ideal é que detetives que estejam trabalhando em casos arquivados não se envolvam com casos novos.

* * *

CASOS COM REVIRAVOLTAS MUITOS ANOS DEPOIS

E tem aqueles casos que até parecem ter saído de um roteiro superelaborado de cinema, cheios de reviravoltas, e anos depois aparece uma nova informação, uma testemunha antiga, alguma nova evidência é descoberta ou alguém decide confessar.

MADELEINE MCCANN

"Tudo o que queremos é encontrá-la, descobrir a verdade e levar os responsáveis à justiça. Nunca perderemos a esperança de encontrar Madeleine viva, mas, seja qual for o resultado, precisamos saber."
Nota dos pais de Madeleine McCann no site oficial do caso

Um tipo de caso que muitas vezes acaba arquivado é o de pessoas desaparecidas. Uma história extremamente famosa, que até deu origem a uma série na Netflix, é a da família inglesa McCann, que saiu de férias em abril de 2007. O casal Kate e Gerry foi com os três filhos — Madeleine, de 3 anos, e os gêmeos Sean e Amelie, de 2 — para um resort na Praia da Luz, em Portugal, com um grupo de amigos, todos britânicos, e estavam se divertindo muito.

Na noite de 3 de maio, Kate e Gerry foram jantar com os amigos no restaurante do resort e deixaram as crianças dormindo nos apartamentos, que ficavam a cerca de cinquenta metros. De vez em quando um dos adultos fazia a ronda em todos os apartamentos, para ver como as crianças estavam, até que, em uma dessas idas, descobriram que Madeleine tinha sumido do quarto, a polícia foi acionada e todo mundo se mobilizou na busca pela menina. Mas ela nunca mais foi vista.

Nesses últimos quinze anos, a polícia seguiu diversas linhas de investigação, inclusive a de que os próprios pais poderiam estar envolvidos. A história é bastante controversa, a ponto de um investigador português ter escrito um livro culpando os pais. Nenhum suspeito foi preso até hoje.

Em 2020, a Promotoria de Brunswick, na Alemanha, declarou que existem "fatos concretos" que levam a acreditar que um alemão de 44 anos chamado Christian Brueckner teria sequestrado e matado Madeleine. A polícia disse que ele era uma das seiscentas pessoas investigadas, mas nunca havia sido considerado suspeito, até 2017, quando, depois de um apelo público na TV, foram obtidas novas informações sobre ele. Christian tem uma ficha criminal bem extensa, que inclui roubo, estupro, tráfico de drogas e pedofilia.

Atualmente, Christian está preso por outro crime num presídio de segurança máxima em Kiel, na Alemanha. Isolado, ele nega qualquer envolvimento no desaparecimento de Madeleine.

Desde março de 2020, devido à pandemia de Covid-19, a investigação está avançando mais lentamente, mas o caso foi reativado. Na Alemanha, assim como em diversos países, você não pode ser acusado de um mesmo crime duas vezes, por isso a promotoria não quer correr o risco de Christian ser absolvido. Eles querem juntar evidências fortes o bastante para que ele não consiga escapar. Pode ser que agora que você está lendo o caso já tenha sido atualizado, mas no momento é tudo o que temos.

🎧 **Modus Operandi Podcast – Episódio #106**
O desaparecimento de Madeleine McCann

* * *

O ASSASSINO DO ZODÍACO

O Zodíaco foi um *serial killer* americano que ficou conhecido por enviar cartas para os jornais descrevendo os próprios crimes e inserindo códigos e pistas que supostamente ajudariam a descobrir sua identidade. Sim, bem supostamente mesmo, porque até hoje ele não foi encontrado.

A história começa em Vallejo, uma pequena cidade da Califórnia, na noite de 20 de dezembro de 1968. David Faraday, de 17 anos, e sua namorada, Betty Lou Jensen, de 16, estavam estacionados perto de uma estrada à noite, namorando no carro, quando um veículo parou ao lado deles e um homem saltou atirando em direção ao casal, e sua intenção parecia ser forçar os jovens a saírem pelo lado direito. Os dois tentaram escapar e Betty Lou conseguiu sair, mas David escorregou pelo assento e acabou caindo dentro do carro. O homem que atirava enfiou a mão pela janela aberta, colocou a arma atrás da orelha esquerda de David e puxou o gatilho.

Betty Lou, enquanto isso, correu para o norte. O homem correu atrás dela e atirou cinco vezes. Mesmo estando bem escuro, ele conseguiu acertar *todos* os tiros e Betty Lou acabou morrendo. Uma investigação foi aberta, mas não havia pistas, testemunhas, motivos nem suspeitos, então não foi possível avançar muito.

Poucos meses depois, no dia 4 de julho, uma garçonete de 22 anos chamada Darlene Ferrin e Michael Mageau, de 19 anos, foram atacados em um estacionamento. Eles eram amigos, e ela tinha passado na casa dele de carro para buscá-lo para comprar fogos de artifício, que seriam usados em uma festa que ia dar em sua casa.

Dessa vez, o motorista saiu do carro apontando uma lanterna para eles e começou a atirar. Darlene levou cinco tiros e Michael, quatro. Infelizmente, só ele sobreviveu.

Nessa mesma noite, um homem ligou para a delegacia de Vallejo, informou onde estavam as duas vítimas, disse que tinha atirado nelas e que também tinha matado o casal anterior. A ligação foi rastreada até um telefone público de um posto de gasolina, mas não conseguiram encontrar mais nada.

E então, no dia 31 de julho, aconteceu o mais bizarro: três jornais muito importantes receberam cartas bem estranhas na redação. Essa é a carta que o *San Francisco Chronicle* recebeu:

Aqui está parte de um código, as outras 2 partes estão sendo enviadas aos editores do *Vallejo Times-Herald* e do *SF Examiner*.

Quero que o senhor publique esse código na primeira página do seu jornal. Nesse código está a minha identidade. Se o senhor não publicar até a tarde da sexta-feira, 1º de agosto de 1969, vou iniciar uma matança louca na sexta à noite.

Vou perambular todo o fim de semana matando pessoas solitárias à noite e continuar matando, até que eu tenha matado uma dúzia de pessoas no fim de semana.

Ao juntar as três cartas, o código era este aqui:

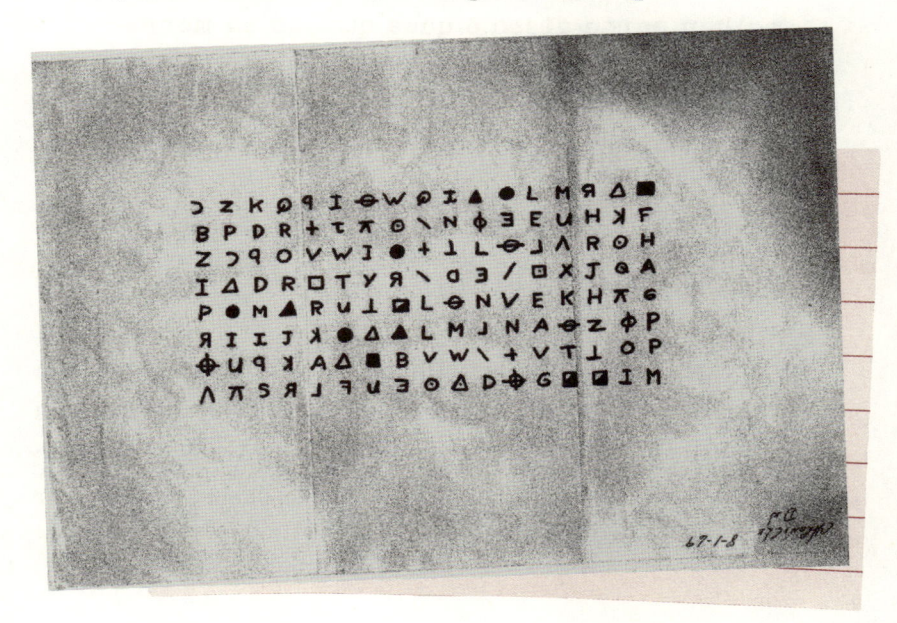

Será que essas cartas realmente eram do assassino? Qualquer um pode enviar uma carta e falar que cometeu um crime, mas como provar? A polícia tinha dúvidas, e, por mais que as informações não fossem públicas, havia muitas testemunhas e o caso já estava ficando midiático.

Os jornais resolveram publicar o tal código. Um professor de história, leitor do jornal, decidiu tentar decifrá-lo. Ele passou dois dias tentando resolver o enigma com a esposa, que não tinha nenhuma experiência com isso. Na manhã seguinte, ele desistiu, mas a esposa prosseguiu. E eles chegaram a um resultado:

> Gosto de matar pessoas porque é muito divertido é mais divertido do que matar animais selvagens na floresta porque o homem é o animal mais perigozo de todos para matar alguma coisa me dá a mais emocionante experiência é melhor até do que fazer sexo com uma garota, a melhor parte disso é quee quando eu morrer vou renascer no paraízo e o que eu matei se tornarão meus escravos não vou dizer meu nome porque vocês vão tentar atrasar ou dificultar minha colessão de escravos para depois da morte
>
> EBEORIETEMTHHPITI

Sim, o casal conseguiu decodificar antes mesmo da própria polícia! Mas os recados não pararam aí. No dia 1º de agosto, mais uma carta de três páginas chegou à redação do *Vallejo Times-Herald*, e dessa vez com vários detalhes sobre os casos, para provar que ele era de fato o autor dos crimes.

> Caro Editor,
> Aqui é o assassino dos dois jovens no último Natal no lago Herman & da moça no dia 4 de julho perto do campo de golfe em Vallejo. Para provar que os matei, vou contar alguns fatos que só eu e a polícia sabemos.
>
> Natal
> * marca da munição Super X
> * 10 tiros disparados
> * o jovem estava de costas com os pés apontados para o carro
> * a jovem estava deitada sobre o lado direito pés voltados para oeste
>
> 4 de julho
> * a jovem estava usando uma calça estampada
> * o jovem foi baleado também no joelho
> * marca da munição foi Western

E depois, no dia 7 de agosto, foi enviada uma carta ao *San Francisco Examiner*, e foi nela que, pela primeira vez, a pessoa se denominou como Zodíaco.

No dia 27 de setembro de 1969, Cecelia Shepard, de 22 anos, e Bryan Hartnell, de 20, estavam no lago Berryessa, perto de Napa, na Califórnia, quando um homem chegou usando uma máscara, capuz preto e uma camisa com a imagem de um círculo cortado por uma cruz no centro, que depois se tornaria o símbolo do Zodíaco.

Recriação do desenho original.

    O homem falou que precisava do carro deles para ir para o México, porque tinha acabado de matar um guarda e fugir da cadeia. O Zodíaco os amarrou com uma corda de varal e de início agiu como se fosse um roubo simples. Porém, quando eles já estavam amarrados, o homem sussurrou: "Agora vou ter que esfaquear vocês." Ele deu oito facadas em Bryan e 24 em Cecelia. Como de costume, a mulher sempre era mais atingida.
    Ele foi até o carro e escreveu na porta: as datas dos dois crimes anteriores, a data daquele dia, o horário, a palavra "faca", o desenho do círculo cortado pela cruz e depois foi embora. Em seguida, ligou para a polícia informando onde estavam as vítimas e admitiu que fora o responsável, assim como no caso anterior.
    De novo só o homem sobreviveu e a polícia rastreou a ligação até um telefone público perto de um lava a jato, mas não encontrou mais nada.
    A essa altura, você deve ter lido o capítulo 5, sobre os perfis de criminosos, então sabe a importância de se traçar um bom perfil. Com essas informações e com as mortes acontecendo em intervalos cada vez mais curtos, a polícia precisava ser ágil. Eles

perceberam que todos os crimes tinham algumas características em comum:

* As vítimas eram estudantes, jovens, casais.
* Todos os ataques ocorreram em finais de semana, dois perto de feriado.
* Sempre no fim da tarde ou à noite.
* Não havia sinal de roubo.
* Foi usada uma arma diferente em cada crime.
* O assassino gostava de se gabar dos crimes.
* Os crimes ocorriam em locais afastados, onde casais costumavam namorar.
* Todas as mortes foram em carros ou perto do carro.
* As vítimas sempre estavam perto da água.
* O assassino tinha mais ódio pelas vítimas do sexo feminino, já que elas eram atacadas com mais brutalidade.

No dia 11 de outubro de 1969, o taxista Paul Stine, de 29 anos, levava um passageiro para o trabalho. Ao final da corrida, o sujeito colocou o cano da arma na cabeça de Paul e atirou. O assassino deu a volta no táxi, roubou a carteira e rasgou um pedaço da camisa de Paul.

Em um apartamento próximo estava acontecendo uma festa e algumas pessoas viram a cena e ligaram para a polícia para denunciar o crime. O relato foi registrado às 21h58. O operador preencheu a ficha com o endereço e perguntou se o crime ainda estava em andamento. A pessoa disse que sim, então ele pediu uma descrição da aparência física do suspeito. Nesse momento houve um erro gravíssimo: o criminoso foi descrito como um

NMA (*negro male adult*), quando na verdade ele deveria ter sido descrito como WMA (*white male adult*). E então essa anotação foi entregue para outro operador, que transmitiu uma chamada geral para todos os carros e unidades da polícia.

A polícia fez um comunicado identificando o assassino, então as viaturas começaram a circular procurando um homem negro. A polícia parou um homem branco corpulento e lhe perguntou se ele tinha visto algo de estranho. O homem prontamente respondeu que havia um indivíduo armado a duas quadras dali. Sim, parece coisa de filme: a polícia tinha acabado de falar com o Zodíaco.

A polícia colheu o depoimento dos adolescentes e um retrato falado do assassino foi feito. Foi aí que descobriram o engano: o homem fora descrito como um homem branco, de cabelo ruivo ou loiro, entre 25 e 30 anos. Usava óculos, era corpulento e tinha cerca de 1,75 metro. Essa informação errada custou mais vidas.

No dia 14 de outubro, chegou uma nova carta na redação do *San Francisco Chronicle*, na qual o Zodíaco revelava que os policiais haviam passado muito perto dele, mas não o tinham capturado. Junto com a carta, havia o pedaço da camisa de Paul Stine ensanguentada dizendo que ele o tinha matado. Depois da morte de Stine, suspeita-se que vários outros assassinatos do início dos anos 1970 tenham sido cometidos pelo Zodíaco, mas não houve confirmação nem da parte da polícia nem do próprio. Então a morte de Paul Stine foi a última oficialmente ligada ao *serial killer*. Mas as cartas continuaram.

No dia 9 de novembro de 1969, o Zodíaco mandou uma carta de sete páginas ao *San Francisco Chronicle*, a maior que tinha escrito até então. Dizia que a polícia era burra demais e incapaz de capturá-lo e que ele sempre usava um disfarce, além de usar "cimento" de modelos de avião na ponta dos dedos e nas mãos, para que não conseguissem sua impressão digital. Ainda falou que iria mudar seu modo de matar para dificultar o trabalho dos policiais. Disse que a partir de então poderia fazer com que os crimes parecessem acidentes, assaltos ou algo do tipo. Talvez seja por isso que nenhuma outra morte desde então pôde realmente ser associada a ele.

No dia 5 de outubro de 1970, chegou um cartão para o jornal *Chronicle*, usando letras recortadas da edição do próprio jornal do dia anterior, e uma cruz feita com sangue.

> CARO EDITOR:
> Você vai me odiar, mas preciso dizer.
> O ritmo não está de forma nenhuma diminuindo!
> De fato há um grande treze
> 13
> "Alguns deles resistiram
> foi horrível"

Debaixo do número 13, tinha uma cruz desenhada com sangue e um "P.S." colado de cabeça para baixo que dizia:

> HÁ NOTÍCIAS
> de que tiras porcos da polícia da cidade
> estão fechando o cerco ao meu redor Fd-s
> Sou indecifrável, Qual é o preço agora?

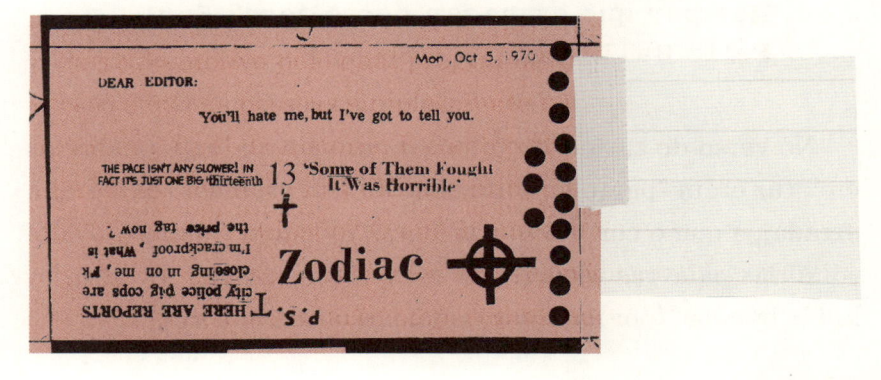

A palavra "Zodíaco" estava no lado direito, junto de um grande símbolo do Zodíaco, e tinha 13 buracos na lateral do cartão, dando a entender que já tinha feito 13 vítimas.

A polícia não conseguiu confirmar se era do mesmo autor das outras cartas, e essa mensagem acabou sendo considerada uma imitação.

No dia 27 de outubro de 1970, chegou mais uma carta, dessa vez endereçada a Paul Avery, repórter investigativo do *Chronicle* que escreveu as matérias mais importantes sobre o Zodíaco. Era um bizarro cartão infantil de Halloween, com um esqueleto dançando com uma abóbora preta e laranja.

> Do seu amigo secreto
> Sinto nos
> meus ossos,
> você pena
> para saber
> meu nome,
> então vou
> dar uma
> pista...

E, no interior do cartão:

> Mas por que estragar nosso jogo? Buu!
> Feliz Halloween

No verso do cartão ele criou um anagrama, cujas palavras em cruz eram "paradice" ("paraíso" em inglês, mas com a grafia errada, já que o correto é "paradise") e "slaves" (escravos). Em volta das palavras estavam as expressões "by fire, by gun, by knife, by rope" (por fogo, por arma, por faca, por corda).

Ele escreveu mais duas vezes em março de 1971. Depois só reapareceu em 1974, em 29 de janeiro, 8 de maio e 8 de julho. Em 1977, um especialista avaliou todo esse material e chegou às seguintes conclusões sobre o suspeito:

* Era um jovem caucasiano, solteiro e com cerca de vinte e poucos anos.
* Não passou do colegial, lê pouco.
* É solitário e retraído.
* Passou bastante tempo em cinemas que exibem filmes sobre sadomasoquismo e erotismo oculto.
* Se encaixa bem no padrão de esquizofrenia.
* Tem profundos sinais de depressão.
* Não seria improvável que ele cometesse suicídio.

Depois de anos sem aparecer, o silêncio foi quebrado novamente. Em abril de 1978, a última carta do assassino chegou e a mídia foi à loucura. Ela dizia que ele esperava que criassem um filme sobre ele e que estava voltando.

Foi nessa mesma época que a carreira do detetive Dave Toschi, um dos principais responsáveis pelo caso do Zodíaco, acabou. Descobriram que Toschi tinha mandado cartas anônimas para alguns jornais elogiando as qualidades do detetive do caso! Olha que modesto, ele! Quando a verdade veio à tona, ele foi afastado. Imaginou-se que ele tivesse feito isso porque o caso estava perdendo relevância e, por consequência, ele também. Toschi não foi formalmente acusado, mas é claro que perdeu sua credibilidade, e a carta de 1978 acabou sendo considerada mais uma tentativa de imitação.

Existem outros crimes cometidos entre 1970 e 1972 que algumas pessoas atribuem ao Zodíaco, porém nunca se chegou a provar de fato que havia seu envolvimento. Isso vale também para sua identidade, que é desconhecida até hoje O FBI tem uma lista de cerca de 2.500 suspeitos. Você tem ideia do que é ter 2.500 arquivos de suspeitos de um único caso? Pois vamos a todos eles! Brincadeira, vamos só dar uma olhada no mais provável.

SUSPEITO: ARTHUR LEIGH ALLEN

No início dos anos 1970, o FBI trabalhou muito investigando esse suspeito. Arthur nasceu no Havaí, mas cresceu em Vallejo, na Califórnia, onde ocorreram alguns dos crimes. Quando o Zodíaco surgiu e os casos foram ficando cada vez mais midiáticos, um amigo do suspeito, Don Cheney, foi até a polícia e contou algumas coisas estranhas sobre ele que poderiam estar relacionadas ao Zodíaco.

Os dois amigos costumavam caçar, e um belo dia Arthur perguntou: "O que você acha de caçar humanos?" Além disso, ficou falando sobre como faria e que jamais seria pego pela polícia. De acordo com Cheney, em janeiro de 1969, Arthur contou a ele sobre a ideia de um assassino chamado Zodíaco que matava casais e mandava cartas misteriosas.

Ao ser interrogado pela polícia, o irmão de Arthur contou que ele tinha um relógio da marca Zodíaco, cuja logo é parecida com o símbolo do criminoso. Outras coincidências estranhas foram descobertas: por exemplo, no mesmo dia em que um casal foi morto perto de um lago, Arthur disse que tinha ido mergulhar em um... lago. Para piorar, ainda voltou para casa com uma faca e sujo de sangue. Ele disse que estava matando galinhas.

Em 1972, a polícia finalmente conseguiu um mandado para uma busca no trailer de Arthur, e lá encontraram facas com sangue e objetos sexuais. Só que tudo isso eram provas circunstanciais, nada realmente o colocava nas cenas dos crimes.

Em 1974, Arthur acabou sendo preso por abuso sexual infantil de um garoto de 12 anos. Foi nesse mesmo ano que as cartas do Zodíaco pararam. Em março de 1975, ele foi mandado para o Atascadero State Hospital, uma instituição de segurança máxima para criminosos com distúrbios psiquiátricos, e foi solto dois anos depois. Sem nunca terem encontrado evidências que o ligavam aos crimes do Zodíaco, Arthur Leigh Allen seguiu sua vida tranquilamente.

Esse caso teve tanta repercussão na mídia que surgiram diversos livros, sendo o mais famoso deles o de Robert Graysmith, de 1986, *Zodíaco: A história real da caçada ao serial killer mais misterioso dos Estados Unidos*.

Graysmith fazia as charges do *San Francisco Chronicle* e acompanhou o desenrolar de todos os acontecimentos desde que os assassinatos tinham começado: as cartas chegando, as ligações, tudo. Dessa forma, ele foi investigando e anotando tudo o que descobria para lançar o livro. Graysmith acreditava que Arthur Leigh Allen era o Zodíaco, mas todas as evidências sempre foram circunstanciais.

O livro de Graysmith serviu de base para o filme *Zodíaco*, de David Fincher, lançado em 2007, com Jake Gyllenhaal, Robert Downey Jr. e Mark Ruffalo no elenco. Aliás, um ótimo filme, fica aí a indicação!

Mas a história ainda não acabou, já que em dezembro de 2020 uma notícia invadiu as redes sociais: um grupo conseguiu decifrar um código antigo do Zodíaco! O FBI até tuitou a respeito — achamos supermoderno o FBI usar o Twitter, aliás.

> **FBI SanFrancisco** ✓
> @FBISanFrancisco
>
> O FBI está ciente de que um código atribuído ao Assassino do Zodíaco foi recentemente decodificado. Devido à natureza da investigação em andamento e em respeito às vítimas e suas famílias, não forneceremos mais comentários neste momento.
>
> **FBI** FEDERAL BUREAU OF INVESTIGATION

No fim, o código não deu em muita coisa, a identidade do Zodíaco permanece desconhecida e o caso continua em andamento.

🎧 **Modus Operandi Podcast – Episódio #43
Zodíaco: O assassino dos enigmas**

Você deve se lembrar de alguma cena assim em séries investigativas: alguém descobre uma evidência nova ou quer reabrir uma investigação, então vai até um depósito e procura pelos arquivos do caso. Isso não seria possível no Brasil, pois, uma vez arquivados, os autos ficam com a Justiça e não na polícia.

A MAIORIA DOS CRIMES NÃO TEM SOLUÇÃO

Independentemente de como o processo de arquivamento é feito, aqui no Brasil ainda estamos muito longe quando o assunto é resolução de casos. Para solucionar um crime, é preciso um bom trabalho de perícia, ciência, equipamentos atualizados, recursos humanos, capacitação, salários dignos, enfim, uma estrutura que possibilite que esse trabalho seja desempenhado com qualidade. E isso está longe de ser a realidade dos profissionais brasileiros.

Segundo dados da pesquisa de 2020 *Onde mora a impunidade?*, do Instituto Sou da Paz, que reuniu dados de onze estados, 70% dos casos de homicídios no Brasil ficaram sem solução.

Segundo dados do relatório de Investigação de Homicídios no Brasil, do Conselho Nacional de Justiça, de 2012, apenas 5% a 8% dos homicídios em território nacional são solucionados, ou seja, mais de 90% dos casos de homicídio no Brasil ficam sem solução.

O México é um pouco parecido com a gente em termos de porcentagens, já que no período de 2010 a 2016 mais de 150 mil pessoas foram assassinadas e 95% dos casos não tiveram um culpado condenado, segundo dados do Instituto Nacional de Estatística e Geografia (INEGI).

Nos Estados Unidos, esse número é bem menor. Segundo levantamento do Murder Accountability Project, que usa a base de dados do FBI e outros recursos, temos o seguinte cenário:

HOMICÍDIOS NÃO SOLUCIONADOS NOS EUA POR ANO:

* 2019 – 42%
* 2018 – 41%
* 2017 – 42%
* 1999 – 38%
* 1980 – 28%

Você conhece o Caso Evandro, já citado anteriormente, no capítulo 7. Nos anos 1990, na cidade de Guaratuba, uma criança desapareceu e seu corpo foi encontrado dias depois. Até hoje ninguém sabe o que realmente aconteceu. É imensurável o impacto que essa única história teve em uma cidade e na vida de todos os envolvidos.

Agora imagina 250 mil casos. São 250 mil vidas interrompidas, famílias que tiveram perdas, que têm dificuldade para seguir em frente, que não descansam diante da falta de respostas. O impacto é imenso.

O cenário fica ainda pior quando tomamos ciência de que, entre os casos solucionados, há muitos inocentes presos sem julgamento ou com base em provas inconclusivas, como conversamos no capítulo sobre o sistema judicial.

✳ ✳ ✳

Há alguns casos muito famosos, como o da família Dupont de Ligonnès. A família vivia em uma casa em Nantes, na França, e era constituída por Xavier Dupont, o pai, Agnès, a mãe, e os quatro filhos, Arthur, Thomas, Anne e Benoît.

Um belo dia, os vizinhos deram falta deles, pois a casa estava fechada havia alguns dias e nenhum membro da família tinha sido visto, então chamaram a polícia. Como ninguém atendeu, a polícia invadiu a casa. Realmente não tinha nenhum sinal deles, mas também nada estranho que indicasse algum tipo de crime.

A polícia continuou investigando e revistou a casa mais cinco vezes, mas sem encontrar nenhum vestígio. O promotor deu uma coletiva e anunciou que iam abrir uma investigação, até que no meio da coletiva o telefone tocou, e ele saiu para atender.

Era a polícia, que estava revistando a casa pela sexta vez e agora tinha encontrado algo surreal. O corpo da mãe, dos quatro filhos e dos dois cachorros enterrados no quintal da casa. Como o corpo do pai não foi encontrado, ele logo se tornou o principal suspeito.

O crime ocorreu em 2011 e até hoje não se sabe nada sobre o que aconteceu com Xavier. Essa história foi contada no terceiro episódio da série *Mistérios Sem Solução*, da Netflix.

A série é um reboot de um programa bem famoso que estreou nos anos 1980, e que ao todo teve umas quinze temporadas, mais de quinhentos episódios e já passou em diversos canais de TV. Ao fim de cada capítulo, aparecia um contato para as pessoas ligarem se soubessem de alguma informação que pudesse ajudar na investigação. Mais de 250 casos foram resolvidos ao longo de todos esses anos graças ao programa. O reboot da Netflix manteve isso: ao fim de cada episódio, aparece o aviso para entrar em contato com o site oficial *unsolved.com* para quem tiver alguma informação que possa ser útil.

Parte do motivo pelo qual programas desse tipo fazem tanto sucesso é que as pessoas simplesmente não suportam a ideia de não saber o final da história. É como começar um filme e nunca saber o que acontece nos últimos minutos. Como a história termina? Quem é o culpado? O que aconteceu de verdade? E, para conseguir essas respostas, muitas vezes as pessoas buscam fóruns, informações extras, criam e compartilham teorias.

O processo que leva até uma condenação é tão complexo, com tantos indivíduos envolvidos — e às vezes tantas falhas —, que concluir um caso nem sempre é tarefa fácil. Assim, não é incomum que os familiares das vítimas virem ativistas e se engajem na busca por novas informações. Foi o caso de Sarah Turney.

CASO ALISSA TURNEY

Em maio de 2001, Alissa Turney desapareceu em Phoenix, nos Estados Unidos. Na época, ela tinha 17 anos e sua meia-irmã mais nova, Sarah, 12. O padrasto de Alissa, e pai de Sarah, Michael Turney, disse à polícia que achava que Alissa tinha fugido de casa, mas Sarah nunca aceitou essa história.

A mãe das garotas havia falecido nove anos antes, vítima de um câncer, e as duas moravam com Michael. No dia 17 de maio, Alissa foi vista saindo da escola no meio do dia. Segundo seu namorado, ela avisou que o padrasto ia buscá-la mais cedo. Ela tinha feito planos com alguns amigos para sair no fim do dia, mas, depois de sair da escola, nunca mais foi vista.

Quando Sarah chegou em casa, viu a cama da irmã bem bagunçada e, ao lado, um bilhete explicando que ela tinha fugido para a Califórnia. Ela estranhou ainda mais quando notou que a irmã não tinha levado maquiagem nem celular. Naquela noite, Michael, que era ex-policial, resolveu abrir um chamado de pessoa desaparecida.

Em casa, Michael tinha instalado câmeras, algumas até escondidas, e um gravador no telefone. Ele se recusou a entregar para a polícia as gravações do dia do desaparecimento. Uma semana depois, informou às autoridades que a enteada havia ligado dizendo que tinha fugido por culpa dele, só que curiosamente bem nesse dia o gravador instalado no telefone estava desligado.

O padrasto era bem rígido com Alissa, e costumava vigiá-la no fast-food em que ela trabalhava, procurando manter a garota sempre sob seu controle. De acordo com amigos de Alissa, Michael era muito mais severo com ela do que com Sarah ou com os filhos de um relacionamento anterior e que ele era, inclusive, obcecado pela garota.

Desde a última vez que a viram, Alissa nunca tirou dinheiro da sua conta, nunca usou seu número de *social security* (algo parecido com o CPF no Brasil, exigido para conseguir trabalho, dar entrada no hospital ou solicitar benefícios sociais, por exemplo) e nunca entrou em contato com amigos ou familiares. Com o passar do tempo, a única pessoa que a polícia suspeitou que tivesse algum envolvimento com o caso foi o próprio Michael. Ele se recusou a dar depoimento ou fazer teste de polígrafo. Mais tarde, descobriram que, um ano antes do desaparecimento de Alissa, ele havia ligado para o Serviço de Proteção Infantil dizendo que, se por acaso a garota o acusasse de abuso sexual, era mentira.

Em 2008, a polícia encontrou na casa de Michael várias bombas caseiras, alguns dispositivos incendiários, um manifesto chamado *Diário de um Mártir Doido* e ainda vídeos e áudios dele perseguindo Alissa.

Também havia alguns "contratos" que Michael teria feito para Alissa assinar, garantindo que ela nunca tinha sido molestada por ele. Em 2010, Michael foi condenado por posse ilegal de dispositivos destrutivos não registrados e passou sete anos preso dos dez a que foi condenado.

Sarah nunca se conformou com a falta de respostas e com o fato de que a polícia não investigava mais a fundo o próprio pai. Já adulta, resolveu clamar por justiça de uma forma um pouco diferente: usando as redes sociais.

Ela começou a reunir vídeos antigos, coletar depoimentos de conhecidos e até entrevistas. Em 2019, criou contas no Twitter, Facebook, Instagram e YouTube e, em 2019, fez um podcast. Nas redes sociais, Sarah postava os vídeos antigos da família, as entrevistas que fez com amigos e familiares e informações sobre o caso. Em um dos vídeos, inclusive, filmado em 1997, quatro anos antes do desaparecimento, Alissa diz: "Sarah, o papai é um pervertido!"

No podcast chamado *Voices for Justice*, ela conta a história da irmã, a cronologia dos fatos, as provas que juntou durante esse ano de buscas, além de falar sobre outros casos que também permanecem sem solução.

Mas o caso ganhou notoriedade mesmo quando ela decidiu abrir uma conta no TikTok e, usando memes e brincadeiras que estavam rolando no momento, criou vídeos pedindo justiça para sua irmã. Em pouco tempo ela chegou a 1 milhão de seguidores. Depois de criar uma campanha e pedir ajuda para que um dos maiores suspeitos do caso, seu próprio pai, fosse investigado, ela finalmente conseguiu. Em agosto de 2020, dezenove anos depois do desaparecimento, Michael foi condenado pelo homicídio em segundo grau de Alissa Turney.

> "Sua perseverança e compromisso em encontrar justiça para a irmã é uma prova do seu amor. Por isso, a luz de Alissa nunca se apagou."
> Allister Adel, promotora do caso Alissa Turney

GLOSSÁRIO

ABSOLVIÇÃO Decisão judicial que reconhece que a acusação ou queixa prestada é improcedente, ou seja, o acusado (réu) sai livre.

ACAREAÇÃO Procedimento que busca apurar a verdade no depoimento das partes que ofereceram informações divergentes. Coloca-se as pessoas frente a frente para tentar chegar a um consenso.

ÁLIBI Algo que prove que uma pessoa não estava em determinado local em horário específico. Muitas vezes o álibi é usado para liberar alguém que supostamente poderia ter cometido um crime.

ANIQUILAÇÃO FAMILIAR (FAMILICÍDIO) Um tipo de assassinato em massa de dois familiares por um outro membro da família, que na maioria das vezes tira a própria vida em seguida.

ASSINATURA Atos gratuitos de violência excessiva ou crueldade sádica que o criminoso comete para se satisfazer.

AUTÓPSIA Exame médico feito em um cadáver.

AUTOS PROCESSUAIS A condução de um processo se dá por trâmites de autos, que são o conjunto de documentos que vão sendo produzidos ao longo do caso.

BOPE Batalhão de Operações Policiais Especiais que atua contra terrorismo, tráfico e crime organizado. A tropa de elite do Rio de Janeiro faz parte do BOPE.

COLD CASE Caso arquivado, que não está mais sendo investigado.

CONDICIONAL Antecipação da liberdade de uma pessoa que cumpre pena. É como um teste para avaliar a readaptação da pessoa à sociedade.

CRIME CAPITAL Ato ilegal que é punido com a pena de morte.

CRIMINOLOGIA Ciência que estuda o crime e os criminosos como fenômenos sociais.

`CSI` *Crime scene investigation*. Em português, investigação da cena do crime. Existem equipes que fazem esse trabalho de análise de como uma cena é encontrada.

`CULPOSO (CRIME)` Quando a pessoa não tinha a intenção, mas algum crime ocorreu por sua negligência, imperícia ou imprudência.

`DEA` Drug Enforcement Administration, órgão federal dos Estados Unidos que atua na repressão contra narcóticos e traficantes.

`DEFENSOR PÚBLICO` Responsável por defender o réu, é fornecido pelo Estado, já que é direito de todo cidadão ter defesa apropriada.

`DNA` Material genético que pode estar no sangue, urina, fezes, suor, esperma, pele, em vários lugares do corpo. Esse material pode ser usado para identificar uma pessoa.

`DOLOSO (CRIME)` Quando a pessoa teve intenção de cometer o crime ou quando aceitou os riscos de fazer algo que não poderia ter outro resultado.

`ENURESE NOTURNA` Vazamento involuntário de urina, pode ocorrer principalmente durante a noite de sono.

`FBI` Federal Bureau of Investigation. Uma agência norte-americana que trabalha sob a jurisdição do Departamento de Justiça dos Estados Unidos em frentes como: segurança nacional, inteligência, terrorismo, investigação criminal e, sim, *serial killers*!

`FEMINICÍDIO` Assassinato de uma mulher cometido por razões da condição do sexo feminino, por exemplo, que envolva violência doméstica.

`HABEAS CORPUS` Pedido de liberdade nos casos em que a pessoa está presa ilegalmente (passou do prazo, não tem motivo etc.).

`HOMICÍDIO QUALIFICADO` Homicídio em que houve alguma circunstância que agrava o crime. Por exemplo: atacar alguém que não pode se defender (esfaquear alguém que está dormindo).

`IMPUTÁVEL` É a pessoa que consegue entender que o ato que pratica é ilícito e que pode ser responsabilizada.

INIMPUTÁVEL É a pessoa que por doença mental ou desenvolvimento mental incompleto ou retardado, não era, ao tempo da ação ou da omissão, inteiramente capaz de entender o caráter ilícito do fato ou de determinar-se de acordo com esse entendimento. Nosso Código Penal também considera menores de dezoito anos inimputáveis.

INSANIDADE Termo jurídico que significa quando há dúvida sobre a sanidade mental do acusado para checar se, à época dos atos, ele era ou não inimputável.

INTIMAÇÃO Notificação que obriga alguém a fazer algo, ou até deixar de fazer algo, com base na lei. Notifica os envolvidos de algum ato do processo.

JÚRI Grupo de cidadãos e um juiz que analisa a culpabilidade de criminosos. No Brasil, somente crimes contra a vida são julgados por um júri e é composto por sete cidadãos.

LEGÍTIMA DEFESA Quando alguém comete um crime para se defender, proteger outros ou uma propriedade.

LOLLAPALOOZA Festival de música muito famoso mundialmente. No contexto do nosso podcast, sempre falamos que "algo virou um Lollapalooza" quando vira uma grande festa, confusão ou a mídia fica muito em cima.

MASS KILLER (ASSASSINO EM MASSA) Assassino que mata quatro ou mais vítimas de uma vez em um local e evento únicos, não havendo intervalo entre os crimes.

MODUS OPERANDI Além do nome do nosso podcast, é claro, é o modo de operação (nesse caso, de um criminoso). É algo que tenta assegurar o sucesso do crime, como vai abordar a vítima, proteger a identidade do agressor e garantir a fuga, por exemplo.

NECROFILIA Violação de cadáver para satisfazer algum desejo sexual.

PAPILOSCOPIA Ciência forense que trata da identificação humana por meio das papilas dérmicas, ou seja, das impressões digitais que estão presentes nos dedos, na palma das mãos e na sola dos pés.

PARAFILIAS Preferências sexuais que desviam da norma (como objetos casuais ou situações). Transtorno parafílico é quando essa preferência pode causar prejuízo a si ou a outros.

PERFIL CRIMINAL Perfil biopsicossocial de um criminoso desconhecido. Feito com a junção de diversas técnicas, pode conter características biológicas, físicas, psicológicas e sociais para orientar a investigação.

POLÍGRAFO Aparelho que supostamente detecta mentiras, mas na verdade mede o ritmo da respiração, a pressão sanguínea, os batimentos cardíacos e o suor na ponta dos dedos da pessoa examinada.

POST MORTEM Vem do latim e significa depois da morte.

PRESCRIÇÃO A perda do direito estatal de punir o transgressor com o passar do tempo, pois o direito de punir deve ser feito dentro de um prazo estabelecido por lei. Não se pode mais punir o criminoso caso termine o prazo prescricional.

PROGRESSÃO DE REGIME O réu tem o direito de cumprir sua pena de forma progressiva. Alguém que começa no regime fechado depois deve seguir para o semiaberto e, em seguida, aberto.

PSICOPATA Pessoa que manipula outras sem qualquer empatia, não se importa em quebrar normas e expectativas sociais e não sente arrependimento.

PSICOSE Condição psíquica em que se observa um acentuado prejuízo de pensamento, percepção e julgamento. Os principais sintomas psicóticos são: pensamento e discurso desorganizados, perda de contato com a realidade, alucinações e delírios.

QUALIFICADORAS Circunstâncias que podem agravar um crime e aumentar a pena.

RETRATO FALADO Quando uma testemunha descreve alguém e é feita uma imagem visual/gráfica daquela pessoa. É muito usado pela polícia.

RIGOR MORTIS A rigidez de um cadáver que acontece entre quatro e oito horas depois da morte e pode terminar após 24 a 36 horas.
SCOTLAND YARD A polícia metropolitana de Londres.
SERIAL KILLER (ASSASSINO SERIAL) Assassino que mata em série. De acordo com o FBI, que mata mais de duas vezes em eventos diferentes, com algum intervalo entre os crimes.
SÍNDROME DE MUNCHÄUSEN POR PROCURAÇÃO Quando uma pessoa simula sintomas ou força o aparecimento de doenças em alguém.
SPREE KILLER (ASSASSINO RELÂMPAGO) Assassino que mata em um único evento estendido em dois ou mais lugares, com mais de duas vítimas. Geralmente faz um caminho em que sai matando pessoas.
SWAT Special Weapons and Tactics, em português seria "armas especiais e táticas". É uma unidade policial de elite norte-americana que trabalha em casos de muito risco.
TRÍADE MACDONALD (TRÍADE PSICOPATOLÓGICA) Três fatores que o psiquiatra forense John MacDonald considera indicadores de que uma criança ou adolescente poderia virar um *serial killer*: enurese noturna, piromania e crueldade contra animais.
TROFÉUS Objetos ou partes de um corpo que *serial killers* muitas vezes levam para se lembrarem do assassinato.
TRUE CRIME Termo em inglês que significa crime real e virou um gênero de entretenimento com filmes, séries, podcasts, livros e muitos outros que falam de crimes que aconteceram de verdade.
UNIDADE DE ANÁLISE COMPORTAMENTAL Departamento do FBI que auxilia nas investigações criminais e fornece apoio investigativo ou operacional. A Unidade de Análise Comportamental 2 é onde estão os crimes incomuns, como assassinatos em massa, casos de estupro em série e sequestros.

LISTA DE FILMES, SÉRIES, LIVROS E PODCASTS

Aqui apresentamos uma lista de todos os filmes, séries, livros e podcasts que apareceram nas páginas de *Modus operandi: Guia de true crime*, além de outras indicações nossas que você não pode perder. No fim da lista, tem um QR Code para você compartilhar com seus amigos tudo o que você ouviu, leu e viu por aqui!

Filmes

- [ ] A 13ª Emenda
- [ ] Aileen: Life and Death of a Serial Killer
- [ ] Alcatraz: Fuga Impossível
- [ ] Carandiru
- [ ] Do Inferno: A Verdadeira História de Jack, o Estripador
- [ ] Dois Estranhos
- [ ] Doze Homens e Uma Sentença
- [ ] Entre Segredos e Mentiras
- [ ] Era uma vez em... Hollywood
- [ ] Gênio Indomável
- [ ] K-9
- [ ] Long Shot
- [ ] Louco Não, Doido
- [ ] Memórias de Um Assassino
- [ ] Monster: Desejo Assassino
- [ ] O Homem da Máscara de Ferro
- [ ] O Inquilino Sinistro
- [ ] O Mágico de Oz
- [ ] O Massacre da Serra Elétrica
- [ ] O Silêncio dos Inocentes
- [ ] Psicopata Americano
- [ ] Psicose
- [ ] Sangue no Gelo
- [ ] Tropa de Elite
- [ ] Truque de Mestre
- [ ] Tubarão
- [ ] U.S. Marshals: Os Federais
- [ ] Unabomber: The True Story
- [ ] Zodíaco

▶ SÉRIES

- ☐ Airport Security
- ☐ Aeroporto: São Paulo
- ☐ American Horror Story
- ☐ Bates Motel
- ☐ Bones
- ☐ Breaking Bad
- ☐ Chuck
- ☐ Condenados pela Mídia
- ☐ Confession Tapes
- ☐ Covert Affairs
- ☐ Criminal Minds
- ☐ CSI: Crime Scene Investigation
- ☐ Dexter
- ☐ Glee
- ☐ Homeland
- ☐ House
- ☐ Inacreditável
- ☐ Law & Order: Special Victims Unit
- ☐ Making a Murderer
- ☐ Manhunt
- ☐ Mindhunter
- ☐ Mistérios sem Solução
- ☐ Monster: The Jeffrey Dahmer Story
- ☐ Narcos
- ☐ NCSI
- ☐ O Último Narc
- ☐ Orange Is The New Black
- ☐ Oz
- ☐ Perry Mason
- ☐ Prison Break
- ☐ Ratched
- ☐ S.W.A.T.
- ☐ Scandal
- ☐ Scream Queens
- ☐ Seduced
- ☐ Smallville
- ☐ The Americans
- ☐ The Jinx: The Life and Deaths of Robert Durst
- ☐ The People v. O. J. Simpson: American Crime Story
- ☐ The Vow
- ☐ The West Wing
- ☐ Unabomber — Suas Próprias Palavras

📖 LIVROS

- [ ] A Father's Story
- [ ] A sangue-frio
- [ ] Carcereiros
- [ ] Casebook of a Crime Psychiatrist
- [ ] De frente com o serial killer
- [ ] Dos delitos e das penas
- [ ] Escape from Alcatraz
- [ ] Estação Carandiru
- [ ] Estarão as prisões obsoletas?
- [ ] Eu terei sumido na escuridão
- [ ] Helter Skelter
- [ ] Killer Clown Profile: Retrato de um assassino
- [ ] It: A coisa
- [ ] Lady Killers: Assassinas em série
- [ ] Meu amigo Dahmer
- [ ] Mindhunter
- [ ] Mindhunter Profile
- [ ] Monster: My True Story
- [ ] Murder Most Rare: The Female Serial Killer
- [ ] Nunca coloque a mão de um cadáver na boca
- [ ] O Caso Evandro: Sete acusados, duas polícias, o corpo e uma trama diabólica
- [ ] O povo contra O. J. Simpson
- [ ] Presos que menstruam
- [ ] Prisioneiras
- [ ] Punição e estrutura social
- [ ] Psicose
- [ ] Sexual Homicide: Patterns and Motives
- [ ] Sybil
- [ ] Zodíaco: A história real da caçada ao serial killer mais misterioso dos Estados Unidos

PODCASTS

- [ ] Ear Hustle
- [ ] My Favorite Murder
- [ ] Praia dos Ossos
- [ ] Projeto Humanos
- [ ] Serial
- [ ] Voices for Justice
- [ ] The Truth About True Crime
- [ ] This American Life

CRÉDITOS DAS IMAGENS

18	(Agatha Christie): spatuletail/Shutterstock.com
77	(Andrew Cunanan): FBI/Handout/Getty Images
108	(Jeffrey Dahmer): Eugene Garcia/Getty Images
149	(Ed Kemper): Bettmann/Getty Images
164	(Mad Bomber sorrindo): Antonio Rhoden
189 e 191	(desenho Unabomber): Antonio Rhoden
195	(Unabomber): Donaldson Collection/Getty Images
201	(Vampiro de Sacramento): domínio público
219	(luminol): Minnesota Bureau of Criminal Apprehension Forensic Science Services
225	(gatinho): Dora Zett/Shutterstock.com
290	(máscara): Roman Nerud/Shutterstock.com
292	(pera): John Silver/Shutterstock.com
298	(segregação): Everett Collection/Shutterstock.com
315	(Alcatraz): Pyty/Shutterstock.com
316	(Houdini Coreano): Antonio Rhoden
339	(recado cifrado Zodíaco): domínio público
342	(desenho Zodíaco): Antonio Rhoden
345	(carta Zodíaco): San Francisco Chronicle/Polaris
350	(recriação do tuíte do FBI): Antonio Rhoden

BIBLIOGRAFIA

"12 CRAZIEST Prison Escapes of all Time", *in Time*. Disponível em: <https://intime.com/blog/entertainment/12-craziest-prison-escapes/>. Acesso em: 25 mar. 2022.

AAMODT, Mike. "Radford/FGCU Serial Killer Database", 4 set. 2016. Disponível em: <http://maamodt.asp.radford.edu/Serial%20Killer%20Information%20Center/Serial%20Killer%20Statistics.pdf>. Acesso em: 10 fev. 2022.

"ABOLIÇÃO da escravatura e seus reflexos", Secretaria de Ações Afirmativas e Diversidades. 13 maio 2019. Disponível em: <https://saad.ufsc.br/2019/05/13/abolicao-da-escravatura-e-seus-reflexos/>. Acesso em: 24 mar. 2022.

ADCOCK, James M.; STEIN, Sarah L. *Cold Cases. Evaluation Models with Follow-up Strategies for Investigators*. Londres: Routledge, 2015.

ALEXANDRE, Elisabete. "Teste do polígrafo: Como funciona e qual a credibilidade", *QG*, 15 abr. 2021. Disponível em: <https://gq.globo.com/Noticias/noticia/2021/04/teste-poligrafo-confiavel-como-funciona.html>. Acesso em: 22 mar. 2022.

ALLEN, Alex. *Serial Killers — Ed Kemper, the Co-ed Butcher*, 2017

ANGIMAHTZ, Gustavo; NASCIMENTO, Mirella; MIWA, Renata. "Como funciona a necropsia", *Superinteressante*, 15 jan. 2012. Disponível em: <https://super.abril.com.br/ciencia/como-funciona-a-necropsia/>. Acesso em: 23 mar. 2022.

"APENAS 48 das 1.420 prisões brasileiras têm celas adequadas para grávidas", *Consultor Jurídico*, 7 jan. 2016. Disponível em <www.conjur.com.br/2016-jan-07/brasil-apenas-48-prisoes-celas-adequadas-gravidas>. Acesso em: 25 mar. 2022.

"ARTIGO 158A do Decreto Lei nº 3.689 de 03 de Outubro de 1941", *jusbrasil*. Disponível em: <www.jusbrasil.com.br/topicos/250911206/artigo-158a-do-decreto-lei-n-3689-de-03-de-outubro-de-1941>. Acesso em: 22 mar. 2022.

"AS 'FAZENDAS de cadáveres' onde corpos se decompõem ao ar livre", *G1*, 19 jun. 2019. Disponível em: <https://g1.globo.com/ciencia-e-saude/noticia/2019/06/19/as-fazendas-de-cadaveres-onde-corpos-se-decompoem-ao-ar-livre.ghtml> Acesso em: 21 mar. 2022.

ASSOCIAÇÃO AMERICANA DE PSIQUIATRIA. *Manual diagnóstico e estatístico de transtornos mentais [recurso eletrônico]: DSM-5*. 5. ed. Porto Alegre: Artmed, 2014.

BALIARDO, Rafael. "90% dos júris acontecem nos Estados Unidos", *Consultor Jurídico*, 28 out. 2010. Disponível em: <www.conjur.com.br/2010-out-28/estima-90-tribunais-juri-acontecem-estados-unidos>. Acesso em: 24 mar. 2022.

BARROS, Ivo Emanuel Dias. *Onde crime, marginalização e psicose se entrecruzam: Caso Febrônio Índio do Brasil*. Revista Brasileira de Direito e Gestão Pública, 2021.

BECCARIA, Cesare. *Dos delitos e das penas*. São Paulo: Edipro, 2017.

BLOCK, Kitty. "Sheriffs Stand Strong against Animal Cruelty, and So Do We", *A Humane World*, 12 abr. 2017. Disponível em: <https://blog.humanesociety.org/2017/04/sheriffs-stand-strong-animal-cruelty.html>. Acesso em: 25 jun. 2021.

BRANTINGHAM, P. L.; BRANTINGHAM, P. J.; ANDRESEN, M. A. *The geometry of crime and crime pattern theory*. R. Wortley & Townsley (Eds.), Environmental criminology and crime analysis. Nova York: Routledge, 2016.

BRASIL. Código de Processo Penal (1941). Disponível em: <http://www.planalto.gov.br/ccivil_03/decreto-lei/del3689compilado.htm>. Acesso em: 24 mar. 2022.

BRASIL. Código Penal (1940). Disponível em: <http://www.planalto.gov.br/ccivil_03/decreto-lei/del2848compilado.htm>. Acesso em: 24 mar. 2022.

BRASIL. Lei nº 10.216, de 6 de abril de 2001. Disponível em: <www.planalto.gov.br/ccivil_03/leis/leis_2001/l10216.htm>. Acesso em: 24 mar. 2022.

CABRAL, Danilo C. "Quanto tempo um corpo leva para se decompor?", *Superinteressante*, 25 jul. 2012. Disponível em: <https://super.abril.com.br/mundo-estranho/quanto-tempo-um-corpo-leva-para-se-decompor/>. Acesso em: 23 mar. 2022.

CANTER, David V. *Resolving the Offender "Profiling Equations" and the Emergence of an Investigative Psychology*. Current Directions in Psychological Science 20, n. 1 (fev. 2011): 5–10. Disponível em: <https://doi.org/10.1177/0963721410396825>. Acesso em: 23 dez. 2020.

"CASO EVANDRO: Governo do Paraná pede perdão por torturas a Beatriz Abbage", *Istoé*, 15 jan. 2022. Disponível em: <https://istoe.com.br/caso-evandro-governo-do-parana-pede-perdao-por-torturas-a-beatriz-abagge/>. Acesso em: 23 mar. 2022.

CASOY, Ilana. *Arquivos serial killers: Louco ou cruel?* Rio de Janeiro: DarkSide Books, 2017.

_____, *Arquivos serial killers: Made in Brazil*. Rio de Janeiro: DarkSide Books, 2014.

_____, Ilana. *Casos de Família: Arquivos Richthofen e Arquivos Nardoni*. Rio de Janeiro: DarkSide Books, 2016.

CAVALCANTE, João Gabriel D. "Livramento condicional não é progressão de regime", *jus.com.br*, maio 2019. Disponível em: <https://jus.com.br/artigos/73860/livramento-condicional-nao-e-progressao-de-regime>. Acesso em: 25 mar. 2022.

"CLASSIFICAÇÃO brasileira de ocupações", Ministério do Trabalho e do Emprego. Disponível em: <https://wp.ufpel.edu.br/observatoriosocial/files/2014/09/CBO-Livro-1.pdf>. Acesso em: 22 mar. 2022.

"CNJ SERVIÇO: o que são as cláusulas pétreas", Conselho Nacional De Justiça, 30 out. 2018. Disponível em: <https://www.cnj.jus.br/cnj-servico-o-que-sao-as-clausulas-petreas/>. Acesso em: 25 mar. 2022.

COELHO, Daniela C. "Como alegar insanidade mental no processo penal", *Jusbrasil*, 2019. Disponível em: <https://danicoelho1987.jusbrasil.com.br/artigos/639134956/como-alegar-insanidade-mental-no-processo-penal>. Acesso em: 24 mar. 2022.

COELHO, Daniela. "O maior clássico do direito penal: Cesare Beccaria", *Jusbrasil*, 2018. Disponível em: <https://danicoelho1987.jusbrasil.com.br/artigos/602039036/o-maior-classico-do-direito-penal-cesare-beccaria>. Acesso em: 17 jan. 2022.

COLLUCCI, Claudia. "Estudo britânico traça o perfil de autores de familicídio", *Folha de S.Paulo*, 25 set. 2019. Disponível em: <www1.folha.uol.com.br/cotidiano/2013/09/1346985-estudo-britanico-traca-o-perfil-de-autores-de-familicidios.shtml>. Acesso em: 25 jun. 2021.

COPSON, G. *Coals to Newcastle? Part 1: A Study of Offender Profiling*. Londres: Home Office, Police Research Group, 1995.

CORREIA, Elisabete; LUCAS, Susana; LAMIA, Alicia. "Profiling: Uma técnica auxiliar de investigação criminal", 2007, vol. 25, n. 4, p. 595-601. Disponível em: <http://www.scielo.mec.pt/pdf/aps/v25n4/v25n4a05.pdf>. Acesso em: 23 dez. 2020.

"CRIME in the USA 2019", FBI, 2019. Disponível em: <https://ucr.fbi.gov/crime-in-the-u.s/2019/crime-in-the-u.s.-2019/topic-pages/clearances>. Acesso em: 10 maio 2021.

"CRIME Scene Processing", Bureau Of Criminal Apprehension. Disponível em: <https://dps.mn.gov/divisions/bca/bca-divisions/forensic-science/Pages/forensic-programs-crime-scene.aspx>. Acesso em: 21 mar. 2022.

DAHMER, Lionel. *A Father's Story: One Man's Anguish at Confronting the Evil In His Son*. Boston: Little, Brown and Company, 1994.

DAVIS, Angela. *Estarão as prisões obsoletas?*. Rio de Janeiro: Difel, 2018.

DESTA, Yohana. "*Mindhunter* Season 2: Holt McCallany Really Tried to Talk to Son of Sam", *Vanity Fair*, 16 ago. 2019. Disponível em: <www.vanityfair.com/hollywood/2019/08/mindhunter-season-2-holt-mccallany-interview>. Acesso em: 27 jun. 2021.

DI MAIO, Vincent e Franscell, Ron. *O segredo dos corpos*. Rio de Janeiro: DarkSide Books, 2017.

DOTTO, Renner F. "O júri no mundo — Direito comparado", *Jus.com.br*, nov. 2014. Disponível em: <https://jus.com.br/artigos/33862/o-juri-no-mundo-direito-comparado>. Acesso em: 24 mar. 2022.

DOUGLAS, John E.; BURGESS, Ann W.; BURGESS, Allen G.; RESSLER, Robert K. *Crime Classification Manual: A Standard System for Investigating and Classifying Violent Crimes*. Hoboken: John Wiley & Sons, 2013.

_____ e OLSHAKER, Mark. *De frente com o serial killer: Novos casos de Mindhunter*. Rio de Janeiro: HarperCollins Brasil, 2019.

_____. *Mindhunter: O primeiro caçador de serial killers americano*. Rio de Janeiro: Intrínseca, 2017.

_____. *The Anatomy Of Motive: The FBI's Legendary Mindhunter Explores The Key To Understanding And Catching Violent Criminals*. Scribner, 1999.

EDITORS, Charles Rivers. *America's Most Notorious Domestic Terrorists: The Life and Crimes of the Unabomber and Timothy McVeigh*. CreateSpace Independent Publishing Platform, 2016.

"EM 2019, EXPECTATIVA de vida era de 76,6 anos", *Agência IBGE*, 26 nov. 2020. Disponível em: <https://agenciadenoticias.ibge.gov.br/agencia-sala-de-imprensa/2013-agencia-de-noticias/releases/29502-em-2019-expectativa-de-vida-era-de-76-6-anos>. Acesso em: 24 mar. 2020.

"ENGLISH Crimes and Execution Broadsides", Harvard Library. Disponível em: <https://curiosity.lib.harvard.edu/crime-broadsides>. Acesso em: 20 jun. 2021.

"EXUMAÇÃO", Serviço Funerário da Cidade de São Paulo. Disponível em: <https://www.prefeitura.sp.gov.br/cidade/secretarias/subprefeituras/servico_funerario/como_proceder/exumacao/index.php?p=3548> Acesso em: 23 mar. 2022.

FERNANDES, Maria R. de Oliveira. "A influência da mídia nos casos de grande comoção social e no processo penal", *jus.com.br*, jul. 2016. Disponível em: <https://

jus.com.br/artigos/50786/a-influencia-da-midia-nos-casos-de-grande-comocao-social-e-no-processo-penal>. Acesso em: 23 mar. 2022.

FERREIRA, Aline A. "Inquérito policial: Considerações acerca do arquivamento e trancamento do inquérito policial", *jus.com.br*, nov. 2015. Disponível em: <https://jus.com.br/artigos/44369/inquerito-policial>. Acesso em: 10 maio 2021.

FOUCAULT, M. *Vigiar e punir: História da violência nas prisões*. Petrópolis: Editora Vozes. 1987.

FRANK, Paulo R. O. *Uma introdução à criminalística: Guia para a perícia criminal*. Editora Ruta, 2019.

GAYA, Edir. "Autor de feminicídio é condenado a mais de 40 anos de prisão", Tribunal de Justiça do Estado do Paraná. Disponível em: <www.tjpa.jus.br/PortalExterno/imprensa/noticias/Homenagens/434707-Autor-de-feminicidio-e-condenado-a-mais-de-40-anos-de-prisao.xhtml>. Acesso em: 21 mar. 2022.

GAZZANIGA, Michael S. HEATHERTON, Todd F. *Ciência psicológica: Mente, cérebro e comportamento*. Porto Alegre: Artmed, 2005.

GELLER, Lindsay. "What is The MacDonald Triad — And What Does It Say About Serial Killers?", *Women's Health*, 24 maio 2019. Disponível em: <www.womenshealthmag.com/life/a27573737/macdonald-triad/>. Acesso em: 21 jun. 2021.

"GÊMEOS idênticos têm a mesma impressão digital?", *Superinteressante*, 18 abr. 2011. Disponível em: <https://super.abril.com.br/mundo-estranho/gemeos-identicos-tem-a-mesma-impressao-digital/>. Acesso em: 23 mar. 2022.

GRAYSMITH, Robert. *Zodíaco*. Ribeirão Preto: Novo Conceito, 2007.

HARE, Robert D. *Sem consciência: O mundo perturbador dos psicopatas que vivem entre nós*. Porto Alegre: Artmed, 2012.

HAZELWOOD, Robert R.; DOUGLAS, John E. "The Lust Murderer", FBI Law Enforcement Bulletin, abr. de 1980.

"HENRY Faulds (1843-1930)", *BBC*. Disponível em: <www.bbc.co.uk/history/historic_figures/faulds_henry.shtml>. Acesso em: 23 mar. 2022.

HEUSI, Tálita. "O Perfil criminal como prova pericial no Brasil", *Brazilian Journal of Forensic Sciences, Medical Law and Bioethics*, 2016, n.5, p. 232-250. Disponível em: <http://dx.doi.org/10.17063/bjfs5(3)y2016232>. Acesso em: 23 dez. 2020.

HOJO, Harumi; IDE, Sergio. "Entomologia forense: Insetos e outros artrópodes e o sistema judicial", Instituto Biológico de São Paulo, 20 ago. 2008. Disponível em: <www.biologico.sp.gov.br/publicacoes/comunicados-documentos-tecnicos/comunicados-tecnicos/entomologia-forense-insetos-e-outros-artropodes-e-o-sistema-judicial>. Acesso em: 21 mar. 2022.

HOLDMAN, Raetta. "Who Is Marc O'Leary, Rapist Who Was Captured In Colorado and the Subject of Netflix Series 'Unbelievable'?", *CBS Denver*, 19 mar. 2021. Disponível em: <https://denver.cbslocal.com/2021/03/19/marc-oleary-rapist-sexual-assault-golden-coloradonetflix-unbelievable/>. Acesso em: 22 mar. 2022.

"HOW NEW YORK'S First Terrorist Led to the Birth of Criminal Profiling", *New Yorker*, vídeo no YouTube. Disponível em: <www.youtube.com/watch?v=xdLNbsoPD5c>. Acesso em: 21 mar. 2022.

INNOCENCE PROJECT. Disponível em: <https://innocenceproject.org/>. Acesso em: 23 mar. 2022.

"INTELIGÊNCIA da polícia científica esclarece 'crimes perfeitos'", Portal do Governo do Estado de São Paulo, 26 out. 2009. Disponível em: <www.saopaulo.sp.gov.br/ultimas-noticias/inteligencia-da-policia-cientifica-esclarece-crimes-perfeitos/>. Acesso em: 22 mar. 2022.

"INTERNATIONAL Good Practice: Alternatives to Imprisonment for Women Offenders", The Pilgrim Trust. Disponível em: <www.prisonreformtrust.org.uk/portals/0/documents/international%20good%20practice%20final.pdf>. Acesso em: 25 mar. 2022.

JEWELL, Tim. "Can the Macdonald Triad Prodict Serial Killers?", *Heathline*, 24 mar. 2020. Disponível em: <www.healthline.com/health/macdonald-triad#accuracy>. Acesso em: 27 jun. 2021.

KELLER, Robert. *Unhinged: The Horrific True Story of Ed Gein - The Butcher of Plainfield*. CreateSpace Independent Publishing Platform, 2017.

KELLEHER, M. D., KELLEHER, C. L. *Murder Most Rare: The Female Serial Killer*. Nova York: Dell Pub, 1998.

KEPPEL, Robert D., WEIS, Joseph G., BROWN, Katherine M., WELCH, Kristen. "The Jack the Ripper Murders: A Modus Operandi and Signature Analysis of the 1888–1891 Whitechapel Murders", *Journal of Investigative Psychology and Offender Profiling*, 2005, n.2, p. 1–21. Disponível em: <https://onlinelibrary.wiley.com/doi/10.1002/jip.22>. Acesso em: 23 fev. 2022.

KOCELKO, Aleksandra. "The Effect of Legal Television Shows On the Trial Process", 2010-2011. Disponível em: <https://dra.american.edu/islandora/object/1011capstones:4/datastream/PDF/view>. Acesso em: jun. 2021.

KOLATA, Gina. "Cat Hair Find Way Into Courtroom in Canadian Murder Trial", *The New York Times*, 24 abr. 1997. Disponível em: <www.nytimes.com/1997/04/24/world/cat-hair-finds-way-into-courtroom-in-canadian-murder-trial.html>. Acesso em: 21 mar. 2022.

KOLLMANN, Dana. *Nunca coloque a mão de um cadáver na boca: Aventuras reais de uma CSI*. São Paulo: Editora Landscape, 2009.

KONVALINA-SIMAS, Tânia. *Introdução à biopsicossociologia do comportamento*. Rei dos Livros, 2012.

JACK, Jenny. *True Crime Vol. 1: Famous Murders, Haunting Unsolved, Disappearances, Killing Stories that remain bone-chilling to this day*. Autopublicação, 2020.

LAMPEN, Claire, "Did TikTok Help Solve a Decades-Old Disappearance?", *The Cut*, 26 ago. 2020. Disponível em: <https://www.thecut.com/2020/08/alissa-turneys-stepfather-michael-charged-with-homicide.html>. Acesso em: 23 fev. 2021.

"LEVANTAMENTO nacional de informações penitenciárias", Departamento Penitenciário Nacional, jun. 2014. Disponível em: <https://www.justica.gov.br/news/estudo-traca-perfil-da-populacao-penitenciaria-feminina-no-brasil/relatorio-infopen-mulheres.pdf>. Acesso em: 25 mar. 2022.

LAYTON, Julia. "How Crime Scene Investigation Works", *howstuffworks*, 6 abr. 2021. Disponível em: <https://science.howstuffworks.com/csi.htm>. Acesso em: 22 mar. 2022.

LEO, Richard A. "Police Interrogation and Suspect Confessions." Disponível em: <https://papers.ssrn.com/sol3/papers.cfm?abstract_id=3176634>. Acesso em: 23 mar. 2022.

LINO, Denis. *Criminal Profiling — Perfil Criminal: Análise do comportamento na investigação criminal*. Curitiba: Juruá, 2021.

LINO, Denis e MATSUNAGA, L. H. "Perfil criminal geográfico: Novas perspectivas comportamentais para investigação de crimes violentos no Brasil", 2018.

LUFKIN, Bryan. "O mito por trás das longas penas de prisão", *BBC News*, 7 jun. 2018. Disponível em: <www.bbc.com/portuguese/vert-fut-44285495>. Acesso em: 25 mar. 2022.

MACHEMER, Theresa. "Many Identical Twins Actually Have Slightly Different DNA", *Smithsonian Magazine*, 13 jan. 2021. Disponível em: <https://www.smithsonianmag.com/smart-news/identical-twins-can-have-slightly-different-dna-180976736/>. Acesso em: 23 mar. 2022.

"MANUAL de rotinas", Polícia Civil do Distrito Federal. Disponível em: <https://www.tjdft.jus.br/institucional/administracao-superior/corregedoria/MANUALDEROTINASIML.pdf>. Acesso em: 22 mar. 2022.

MARINS, Lucas Gabriel. "Empresas cobram até R$ 10 mil para limpar casas com sangue de cadáveres", *UOL*, 22 ago. 2019. Disponível em: <https://economia.uol.com.br/empreendedorismo/noticias/redacao/2019/08/22/empresas-limpeza-cenas-de-crime-mortes.htm>. Acesso em: 22 mar. 2022.

MARTINES, Fernando. "Advogados criticam aumento de pena máxima para 40 anos de prisão", *Consultor Jurídico*, 25 dez. 2019. Disponível em: <www.conjur.com.br/2019-dez-25/advogados-criticam-aumento-pena-maxima-40-anos-prisao>. Acesso em: 25 mar. 2022.

MASTERS, Brian. *The Shrine of Jeffrey Dahmer*. Londres: Coronet Books, 1993.

MAYA, Laura de Oliveira Tomasi. "Sobre a (des)estruturaçao psicótica e a psicose de Norman Bates", 2018.

MILLER, T. Christian; ARMSTRONG, Ken. "An Unbelievable Story of Rape", *ProPublica*, 16 dez. 2015. Disponível em: <www.propublica.org/article/false-rape-accusations-an-unbelievable-story&sa=D&source=editors&ust=1626761496118000&usg=AOvVaw2878U4UpQMOM_tRERLf-Fr->. Acesso em: 22 mar. 2022.

MINISTÉRIO DA MULHER, DA FAMÍLIA E DOS DIREITOS HUMANOS. "Artigo 11º: Todos são inocentes até que se prove o contrário", 30 nov. 2018. Disponível em: <www.gov.br/mdh/pt-br/assuntos/noticias/2018/novembro/artigo-11o-todos-sao-inocentes-ate-que-se-prove-o-contrario>. Acesso em: 24 mar. 2022.

"MIZAEL BISPO de Souza volta à P2 de Tremembé após STJ revogar prisão domiciliar", *G1*, 5 dez. 2020. Disponível em: <https://g1.globo.com/sp/vale-do-paraiba-regiao/noticia/2020/12/05/mizael-bispo-de-souza-volta-a-p2-de-tremembe-apos-stj-revogar-prisao-domiciliar.ghtml>. Acesso em: 24 mar. 2022.

MODA, Ana Beatriz. "Relatório mostra que, em 2021, Brasil foi país em que mais se matou pessoas trans no mundo", *O Globo*, 28 jan. 2022. Disponível em: <https://oglobo.globo.com/brasil/relatorio-mostra-que-em-2021-brasil-foi-pais-em-que-mais-se-matou-pessoas-trans-no-mundo-25370228>. Acesso em: 25 mar. 2022.

MOGUL, Joey L., RITCHIE, Andrea J. e WHITLOCK, Kay. *Queer (In)Justice: The Criminalization of LGBT People in the United States (Queer Ideas/Queer Action)*. Boston: Beacon Press, 2012.

MOIÓLI, Julia. "Como o corpo humano se decompõe?", *Superinteressante*, 18 abr. 2011. Disponível em: <https://super.abril.com.br/mundo-estranho/como-o-corpo-humano-se-decompoe/>. Acesso em: 23 mar. 2022.

MORANA, Hilda C. P., STONE, Michael H., ABDALLA FILHO, Elias. "Transtornos de personalidade, psicopatia e serial killers", 2006.

MULHERES sem prisão. Disponível em: <http://mulheresemprisao.org.br/>. Acesso em: 25 mar. 2022.

MUÑOZ, Fernando. "El funcionamiento psicótico de Patrick Bateman", 2012.

NEWTON, Michael. *A enciclopédia de serial killers: Um estudo de um deprimente fenômeno criminoso, de "Anjos da morte" ao matador do "Zodíaco"*. São Paulo: Madras Editora, 2014.

"O ENCARCERAMENTO feminino no Brasil", Centro de Estudos Estratégicos da Fiocruz. Disponível em: <https://cee.fiocruz.br/?q=node/997>. Acesso em: 25 mar. 2022.

OLIVEIRA, Alice, FREIRE, Fábia Carolyne; COSTA, Maria de Fátima da. "Evolução histórica das penas: dos espetáculos punitivos à alternativa ressocializadora", *Jusbrasil*, 2016. Disponível em: <https://aliceoliveira1.jusbrasil.com.br/artigos/347455966/evolucao-historica-das-penas>. Acesso em: 17 jan. 2022.

OLIVEIRA, Gabriel Garcia de. "Prisões na antiguidade: o direito penal nas sociedades primitivas", Âmbito Jurídico, 1 out. 2016. Disponível em: <https://ambitojuridico.com.br/cadernos/direito-penal/prisoes-na-antiguidade-o-direito-penal-nas-sociedades-primitivas>. Acesso em: 17 jan. 2022.

OLIVEIRA, Nielmar de. "IBGE: expectativa de vida dos brasileiros aumentou mais de 40 anos em 11 décadas", *Agência Brasil*, 29 ago. 2016. Disponível em: <https://agenciabrasil.ebc.com.br/geral/noticia/2016-08/ibge-expectativa-de-vida-dos-brasileiros-aumentou-mais-de-75-anos-em-11>. Acesso em: 24 mar. 2022.

OSHINSKY, David M., *Worse than Slavery. Parchman Farm And The Ordeal Of Jim Crow Justice*. Nova York: Simon & Schuster, 1996.

PARFITT, Charlotte Hannah e ALLEYENE, Emma. "Not the Sum of Its Parts: A Critical Review of the MacDonald Triad", *Sage Journals*, 9 abr. 2018. Disponível em: <https://journals.sagepub.com/doi/10.1177/1524838018764164>. Acesso em: 27 jun. 2021.

PAUL, Angelique M. "Turning the Camera on Court TV: Does Televising Trials Teach Us Anything About the Real Law?" Disponível em: <https://core.ac.uk/download/pdf/159596645.pdf>. Acesso em: 23 mar. 2022.

PEARSON, Muriel; DUBREUIL, Jim; VALIENTE, Alexa. "Inside the Mind of the Serial Killer Who Murdered Gianni Versace", *ABC News*, 7 jul. 2017. Disponível em: <https://abcnews.go.com/US/inside-mind-serial-killer-murdered-fashion-icon-gianni/story?id=48459029>. Acesso em: 23 mar. 2022.

PIZA, Paulo Toledo; TOMAZ, Kleber. "Laudos levam até 1 ano para serem concluídos e travam inquéritos em SP", *G1*, 28 fev. 2013. Disponível em: <http://g1.globo.com/sao-paulo/noticia/2013/02/laudos-levam-ate-1-ano-para-serem-concluidos-e-travam-inqueritos-em-sp.html>. Acesso em: 22 mar. 2022.

POE, Edgar Allan. *Contos de imaginação e mistério*.

PONTES, Camilla; CORREA, Suzana. "Entenda o que é o 'viés inconsciente' que impede empresas de enxergarem talentos negros", *O Globo*, 20 nov. 2020. Disponível em: <https://oglobo.globo.com/economia/entenda-que-o-vies-inconsciente-que-impede-empresas-de-enxergarem-talentos-negros-1-24757330>. Acesso em: 2 mar. 2022.

"POR DENTRO da 'prisão de luxo' da Noruega, que divide opinião por tratamento a detentos", *BBC News*, 23 mar. 2018. Disponível em: <www.bbc.com/portuguese/internacional-43515908>. Acesso em: 25 mar. 2022.

PRUDENTE, Neemias. "Justiça restaurativa: a construção de um outro paradigma", *Jusbrasil*, 2014. Disponível em: https://neemiasprudente.jusbrasil.com.br/artigos/136366558/justica-restaurativa-a-construcao-de-um-outro-paradigma>. Acesso em: 25 mar. 2022.

"QUAL o significado da sigla LGBTQIA+?", *Educa Brasil*, 6 out. 2020. Disponível em: <www.educamaisbrasil.com.br/educacao/dicas/qual-o-significado-da-sigla-lgbtqia>. Acesso em: 25 mar. 2022.

QUEIROZ, Nana. *Presos que menstruam: A brutal vida das mulheres — tratadas como homens — nas prisões brasileiras*. Rio de Janeiro: Record, 2015.

"RELEMBRE casos em que a perícia foi essencial para solucionar os crimes", *Globo Universidade*, 30 mar. 2012. Disponível em: <http://redeglobo.globo.com/globouniversidade/noticia/2012/03/relembre-casos-em-que-pericia-foi-essencial-para-solucionar-os-crimes.html>. Acesso em: 23 mar. 2022.

RESSLER, Robert K. *Mindhunter profile: serial killers*. Rio de Janeiro: DarkSide Books, 2020.

_____, BURGESS, Ann e DOUGLAS, John. *Sexual Homicide: Patterns and Motives*. Nova York: Free Press, 1995.

ROBINSON, Bryan. "Polygraphs Accurate But Not Foolproof", *ABC News*, 7 jan. 2006. Disponível em: <https://abcnews.go.com/US/story?id=92847&page=1>. Acesso em: 23 mar. 2022.

ROHRER, Finlo. "Why are we obsessed with Jack the Ripper?", *BBC News*, 26 nov. 2004. Disponível em: <http://news.bbc.co.uk/2/hi/uk_news/4042087.stm>. Acesso em: 19 fev. de 2021.

ROMERO, Luiz. "Como é feita uma autópsia?", *Superinteressante*, 22 jun. 2011. Disponível em: <https://super.abril.com.br/mundo-estranho/como-e-feita-uma-autopsia/>. Acesso em: 23 mar. 2022.

ROSE, Tori W. "Black Widows, Sexual Predators, and the Reality of Female Serial Killers", 13 maio 2019. Disponível em: <https://repositories.lib.utexas.edu/bitstream/handle/2152/75503/rosetori_Black%20Widows%2C%20Sexual%20Predators%2C%20and%20the%20Reality%20of%20Female%20Serial%20

Killers__2019.pdf?sequence=1&isAllowed=y>. Acesso em: 29 jun. 2021.

ROSEWOOD, Jack. *Edmund Kemper: The True Story of the Co-ed Killer*. CreateSpace Independent Publishing Platform, 2015.

_____. *Jeffrey Dahmer: A terrifying true story of rape, murder and cannibalism*. LAK Publishing, 2017.

RUSCHE, Georg; KIRCHHEIMER, Otto. *Punição e estrutura social*. 2. ed. Rio de Janeiro: Revan, 2004.

SANTANA, Wendell. *Direito penal brasileiro e psicologia jurídica: Uma análise sobre os casos de psicopatia*. Autopublicação, 2017.

SANTOS, Victoria da S.; ANDRADE, Thainá A. de F.; BELO, Warley R. "Visitas íntimas em presídios femininos: conflito entre o direito à maternidade e o direito à sexualidade", *Jusbrasil*, 2020. Disponível em: <https://santosvictorias268.jusbrasil.com.br/artigos/781111902/visitas-intimas-em-presidios-femininos>. Acesso em: 25 mar. 2022.

SCHECHTER, Harold. *Deviant: The Shocking True Story of Ed Gein, the Original Psycho*. Nova York: Gallery Books, 1998.

SCHREIBER, Flora Rheta. *Sybil*, São Paulo: Círculo do Livro, 1976.

SILVA, Camila R. da; GRANDIN, Felipe; CAESAR, Gabriela; REIS, Thiago. "Com 322 encarcerados a cada 100 mil habitantes, Brasil se mantém na 26ª posição em ranking dos países que mais prendem no mundo", *G1*, 17 maio 2021. Disponível em: <https://g1.globo.com/monitor-da-violencia/noticia/2021/05/17/com-322-encarcerados-a-cada-100-mil-habitantes-brasil-se-mantem-na-26a-posicao-em-ranking-dos-paises-que-mais-prendem-no-mundo.ghtml>. Acesso em: 25 mar. 2022.

SILVESTRINI, Luiza. "Peritos e legistas do RJ denunciam falta de condições de trabalho", *G1*, 3 nov. 2020. Disponível em: <https://g1.globo.com/rj/rio-de-janeiro/noticia/2020/11/03/peritos-e-legistas-do-rj-denunciam-falta-de-condicoes-de-trabalho.ghtml>. Acesso em: 22 mar. 2022.

"SERIAL Murder: Multi-disciplinary perspectives for investigators", FBI, Unidade de Análise Comportamental. Disponível em: <https://www.fbi.gov/stats-services/publications/serial-murder>. Acesso em: 21 mar. 2021.

SHERRILL, Martha. "City In the Grip of Fear Fascination", *The Washington Post*, 7 ago. 1991. Disponível em: <www.washingtonpost.com/archive/lifestyle/1991/08/07/city-in-the-grip-of-fear-fascination/1cc4b7a6-3b55-4b67-b1a8-99d4b5920fa8/>. Acesso em: 21 mar. 2021.

SOARES, Jaqueline de A. N. "Sentença no processo penal, suas características e classificações", *jus.com.br*, dez. 2017. Disponível em: <https://jus.com.br/artigos/62658/sentenca-no-processo-penal-suas-caracteristicas-e-classificacoes#:~:text=As%20senten%C3%A7as%20se%20dividem%20em,a%20acusa%C3%A7%C3%A3o%2C%20absolvendo%20o%20r%C3%A9u>. Acesso em: 24 mar. 2022.

SOARES, Rafael. "Polícia tem primeira perita especialista em rastros de sangue, que se inspira na série *Dexter*", *O Globo*, 12 maio 2019. Disponível em: <https://oglobo.globo.com/rio/policia-tem-primeira-perita-especialista-em-rastros-de-sangue-que-

se-inspira-na-serie-dexter-23659868>. Acesso em: 21 mar. 2022.

STONE, Michael H.. "Serial Sexual Homicide: Biological, Psychological and Sociological Aspects". *Journal of Personality Disorders*. The Guilford Press, 2001.

STUNZNER, Inga. "Dead Bodies Move While Decomposing, a Significant Find for Death Investigators", *ABC News*, 11 set. 2019. Disponível em: <www.abc.net.au/news/2019-09-12/dead-bodies-move-while-decomposing-significant-find-for-police/11492330>. Acesso em: 23 mar. 2022.

"TAKING Animal Cruelty", FBI, 1 fev. 2016. Disponível em: <www.fbi.gov/news/stories/-tracking-animal-cruelty>. Acesso em: 25 jun. 2021.

TALON, Evinis. "Quando um jurado pode ser recusado no tribunal do júri?", *Jusbrasil*, 2018. Disponível em: <https://evinistalon.jusbrasil.com.br/artigos/561777043/quando-um-jurado-pode-ser-recusado-no-tribunal-do-juri>. Acesso em: 24 mar. 2022.

TELFER, Tori. *Lady Killers: Assassinas em série*. Rio de Janeiro: DarkSide Books, 2019.

"THE MURDER of Clarnell", *Edmund Kemper Stories*, 21 abr. 2021. Disponível em: <http://edmundkemperstories.com/blog/2021/04/21/the-murder-of-clarnell-strandberg/>. Acesso em: 27 jun. 2021.

"THE 5 STAGES of Human Decomposition", *Act of Libraries*. Disponível em: <www.actforlibraries.org/the-5-stages-of-human-decomposition/>. Acesso em: 22 mar. 2022.

TRIBUNAL DE JUSTIÇA DO DISTRITO FEDERAL E DOS TERRITÓRIOS. "Tribunal do Júri". Disponível em: <www.tjdft.jus.br/institucional/imprensa/campanhas-e-produtos/direito-facil/edicao-semanal/tribunal-do-juri#:~:text=Depois%20que%20os%20jurados%20d%C3%A3o,import%C3%A2ncia%20da%20democracia%20na%20sociedade>. Acesso em: 24 mar. 2022.

TURVEY, Brent E.; Esparza, M. *Behavioral Evidence Analysis: International Forensic Practice and Protocols*. San Diego: Elsevier Science, 2016.

TURVEY, Brent E. *Criminal Profiling. An Introduction to Behavioral Evidence Analysis*. Cambridge: Academic Press, 2011.

VELASCO, Clara; REIS, Thiago; CARVALHO, Bárbara, et al. "Menos de 1/5 dos presos trabalha no Brasil; 1 em cada 8 estuda", *G1*, "Monitor da Violência", 26 abr. 2019. Disponível em: <https://g1.globo.com/monitor-da-violencia/noticia/2019/04/26/menos-de-15-do-presos-trabalha-no-brasil-1-em-cada-8-estuda.ghtml>. Acesso em: 24 mar. 2022.

VARELLA, Drauzio. *Carcereiros*. São Paulo: Companhia das Letras, 2012.

VRONSKY, Peter. *Female Serial Killers: How and Why Women Become Monsters*. Berkeley: Berkeley Publishing Group, 2007.

"UNIFORM Crime Report for Homicides: 1965-2019", Project Cold Case. Disponível em: <https://projectcoldcase.org/cold-case-homicide-stats>. Acesso em: 10 maio 2021.

"USING DNA to Solve Cold Cases", Departamento de Justiça dos Estados Unidos, 2002. Disponível em: <www.ojp.gov/pdffiles1/nij/194197.pdf>. Acesso em: 23 de fevereiro de 2021.

VIGGIANO, Giuliana. "Quem é Ed Kamper, assassino-chave para FBI definir o que é um serial killer", *Galileu*, 24 ago. 2019. Disponível em: <https://revistagalileu.globo.com/Sociedade/noticia/2019/08/quem-e-ed-kemper-assassino-chave-para-fbi-definir-o-que-e-um-serial-killer.html>. Acesso em: 21 mar. 2022.

WALKER, Fiona. "We Spent Almost Two Years Sitting on a Jury", *BBC Scotland*, 27 ago. 2017. Disponível em: <www.bbc.com/news/uk-scotland-40946653>. Acesso em: 24 mar. 2022.

WEAVER, Matthew. "Rachel Nickell: A Case History", *The Guardian*, 18 dez. 2008. Disponível em: <www.theguardian.com/news/blog/2008/dec/17/rachel-nickell-case-history>. Acesso em: 30 abr. 2021.

"WHAT STORIES Can Human Bodies Review After Death, and How Are Those Stories Discovered?", *Australian Academy Of Science*. Disponível em: <www.science.org.au/curious/decomposition>. Acesso em: 22 mar. 2022.

WHITE, Chris. "Brother of Serial Killer Edmund Kemper — Who Killed and Dismembered His Victims, Had Sex With Their Corpses, and is Depicted in Netflix Hit *Mindhunter* — Says Family Live In Fear of His Release from Prison", *Mail Online*, 13 dez. 2017. Disponível em: <www.dailymail.co.uk/news/article-5168247/Brother-Edmund-Kempner-speaks-time.html>. Acesso: 12 jun. 2021.

WILKINSON, C. "Facial Anthropology and Reconstruction", *in Forensic Human Identification, an Introduction*, 2006.

ÍNDICE REMISSIVO

A 13ª Emenda (2016) (documentário), 299
A Father's Story (1994) (livro), 112
A sangue-frio (livro), 19, 28
A Tarde É Sua (programa de tv), 246
abandono paterno, 126
abolição, 297
aborto, 269
absolvição, 13, 264, 272, 278, 279, 281, 282, 284, 287, 306, 307, 333, 337, 361
abuso físico, 127
abuso psicológico, 127, 249
abuso sexual, 64, 78, 105, 124, 127, 135, 144, 209, 210, 244, 349, 356
abusos infantis, 78, 94, 96, 180, 240, 241, 244, 320, 349
Academy of Behavioral Profiling (ABP), 182
ação penal privada, 263
ação penal pública, 261, 263
acareação, 264, 361
Adnan Syed, 12
    Hae Min Lee (vítima), 12
adultério, 268, 291
advogado, 13, 32, 59, 94, 103, 118, 148, 196, 240, 261, 268, 274, 275, 278, 279, 285, 286, 307, 325
Aeroporto (Airport Security ou Border Security) (série), 31
Aeroporto: São Paulo (2018) (série), 31
Agatha Christie, 17-18, 28
Agência Brasileira de Inteligência (ABIN), 40

Agência Central de Inteligência (CIA), 40, 47-48
Agência de Segurança Nacional (National Security Agency, NSA), 49
agente secreto, 47
agente de operações, 47
agressão sexual, 46, 169
agressividade, 86, 94, 99, 121
Aileen Wuornos (A Dama da Morte), 130, 137
Aileen: Life and Death of a Serial Killer (2003) (documentário), 130
Airton Bardelli do Santos, 280-281
Alan Moore, 330
Alcatraz: Fuga Impossível (1979) (filme), 314
alcoolismo, 100, 106, 112, 126, 139
Aldo Abagge, 280
Alexandre Dumas, 293
Alfred Hitchcock, 81, 121, 330
álibi, 208, 210, 231, 239, 240, 331, 361
Allison Mack, 78
alucinação, 89, 91, 364
Amanda Knox, 284,
American Horror Story (série), 112, 120
Análise das Evidências Comportamentais — AEC (Behavioral Evidence Analysis — BEA), 181
Anatoly Moskvin (Senhor das Múmias), 57
Andrew Cunanan, 76, 245

Gianni *Ve*rsace (vítima), 76, 245
William Reese (vítima), 245
Andrew Jarecki, 13
Angela Davis, *321, 326-327*
Angela Diniz (vítima), 268-269
   Doca Street, 268-269
aniquilação familiar, 74, 361
Ann W. Burgess, 126, 168
ansiedade, 88, 89, 171
antecedentes criminais, 302
Anthony Hopkins, 21, 155
Anthony Perkins, 81
Antônio de Pádua Serafim, 82
Antônio Eduardo Souza Nascimento, 59
   Ingred de Kássia Israel (vítima), 59
apelação, 128, 264
armas de fogo, 135, 143, 144, 171-173, 179, 195, 205, 206, 209-211, 213, 217, 220, 267, 272, 338, 343, 347
Arthur Bremer, 167
Arthur Conan Doyle, 17, 27
Arthur Leigh Allen, 348-349
assassinato em massa, 46, 71-74
assassino em massa (*mass murderer*), 72-75, 211, 212
Assassino Possuído, 273
assassino relâmpago (*Spree Killer*), 75-76, 211, 365
assassinos em série, 11, 21-23, 37, 71, 76, 82, 83, 89, 94, 99, 104, 118, 123-138, 150-152, 155, 157, 179, 203, 205, 211, 223-224, 245, 252-253, 279, 285, 317, 329, 330, 337, 344, 349, 362, 365
assinatura, 126, 151, 182, 264, 361
assistant chief (chefe assistente), 42
ataques de 11 de setembro, 46, 48, 54

audiência, 21, 119, 263, 270 - 272, 274, 275, 320
audiência de instrução, 269
Augustus Hill (personagem), 310
autos processuais, 262, 361
Ava Du Vernay, 299

Batalhão De Operações Policiais Especiais (BOPE), 38, 361
Bates Motel (2013-2017) (série), 81
Beatriz Abagge, 280-283
"Bedroom Basher", 331
Behavioural Investigative Adviser (BIA), 178
Bernhard Goetz (Atirador do Metrô), 284
Bill Tench (personagem), 151, 155
Billy Jensen, 24
blasfêmia, 292
Bones (série), 216
Bong Joon-Ho, 129
Boyd Holbrook, 53
Brad Pitt, 78
Breaking Bad (2008-2013) (série), 53, 104
Bret Easton Ellis, 81
Bruno Gagliasso, 91
Bruxas de Guaratuba, *ver* Celina e Beatriz Abagge
Bryan Cranston, 53
Buckley Crist, 186
Buffalo Bill (personagem), 21-22, 118

C. L. Kelleher, 136
cachorros policiais, 44
Caio Blat, 310
Caminho das Índias (2009) (novela), 91

canibalismo, 21-22, 98, 112, 114, 118, 151, 155
Capitão Nascimento (personagem), 38
captain (capitão), 42
Carandiru (2003) (filme), 310
cárcere privado, 62, 67-68, 246, 253
Carcereiros (2014) (livro), 311
Carolina Rodrigues Linhares, 37
cartas, 19, 35, 157, 161-163, 186, 188-190, 192, 194, 207, 212, 213, 216, 220, 221, 274, 277, 312, 313, 337, 339, 340, 341, 344, 346-349
Casebook of a Crime Psychiatrist (livro), 165
Caso Bizarro (quadro do podcast), 24
caso Nardoni
    Alexandre Nardoni, 219
    Anna Carolina Jatobá, 219
    Isabella Nardoni (vítima), 219
caso Tate-LaBianca, 20-21, 78
castigos corporais, 289
catatonia, 92
Celina Abagge, 280-283
Celso Ribas, 281
cemitérios forenses (*body farms*), 233
cena do crime, 21, 29-30, 37, 42-43, 125, 133, 135, 151, 156-157, 161, 167-170, 172-173, 181-182, 201, 203-204, 215-218, 222-223, 227, 234, 236-239, 241-242, 253, 256, 257, 329, 331-332, 343, 349, 362
Centro Nacional de Análise de Crimes Violentos (NCAVC), 46
Cesare Beccaria, 294, 296
chacina, 19, 310
Charles Bonaparte, 45
Charles Darwin, 220-221

Charles Manson, 11, 20-21, 78, 167
    Sharon Tate (vítima), 20, 78
Charlize Theron, 130
chief of police (chefe de polícia), 42
Choi Gap Bok, 316
Christian Bale, 81
Christian Brueckner, 337
Christopher Berry-Dee, 130
Christopher Nolan, 260
Christopher Watts, 229
    Shannan Watts (vítima), 229
Chuck (2007-2012) (série), 48
ciências forenses, 126, 216, 219, 223, 363
Clarence Anglin, 314
Clarice Starling (personagem), 20-22
Clint Eastwood, 314
Clint Hill, 50
Código de Hamurabi, 294
caso arquivado ou caso morto (*cold case*), 11, 257, 260, 329-330, 332-336, 350-351, 361
Colin Stagg, 174-175
condenação, 111, 219, 253, 264, 303, 354
Condenados pela Mídia (2020) (série), 284
Confession Tapes (série), 250
confissão, 13-15, 22, 98, 104-106, 117, 129, 148, 151, 175, 196, 207, 210, 215, 221, 229, 252, 274, 304, 332, 335
confissões falsas, 248-250, 280-281
conflito neurótico, 89
consistência interpessoal, 179
controle sexual, 179
Cornelia B. Wilbur, 95, 97
Corpo de Bombeiros Militar, 30
corrupção, 46, 54, 88, 293
Court TV, 285

Covert Affairs (2010-2014) (série), 48
crianças homicidas, 94
crime cibernético, 46, 54
crime culposo, 266, 362
crime de explosão, 61
crime de incêndio, 61, 157
crime doloso, 266, 269, 362
crimes contra a vida, 218, 269, 274, 295, 363
crimes ritualísticos, 14, 78, 157, 175, 280-282
crimes violentos, 46, 127, 215, 221, 242, 260, 269
Criminal Minds (série), 29, 155,
criminologia, 125, 155, 165, 178, 294, 361
criminoso desorganizado, 170, 171, 173, 174, 181, 184, 190, 192, 196, 203, 207
criminoso organizado, 170-174, 181, 184, 190, 192, 196, 203, 210
criminosos de alto risco, 51
crueldade contra animais, 98, 100, 114, 134, 135, 160, 206, 365
CSI: Crime Scene Investigation (série), 37, 216, 287
CSI (Crime Scene Investigation – Investigação da Cena do Crime), 20, 216, 224, 235, 237, 362
cultos, 69, 77, 96
cultura pop, 11, 16-17, 256, 330
Curb Your Enthusiasm (série), 240

Dana Kollmann, 224, 235, 236
Daniel e Cristian Cravinhos, 58
Daniel Greenberg, 24
Dateline NBC (programa de tv), 22
Dave Franco, 55
Dave Toschi, 347

Davi dos Santos Soares, 280, 282
David Berkowitz (O Filho de Sam), 11
David Canter, 176
David Fincher, 349
David Kaczynski, 186-188, 194, 197
David W. Rivers, 334
Dean Norris, 52
decomposição inicial ou fresca, 230
    algor mortis, 230
    rigor mortis, 230, 365
    livor mortis, 230, 232
Dee Dee Blanchard, 137
Defensor público, 196, 261, 273, 278, 333, 362
deliberações, 274, 277, 285
delírios, 89, 91, 364
    delírios bizarros, 91
    delírios de grandeza, 91
    delírios de referência, 91
    delírios erotomaníacos, 91
    delírios não bizarros, 91
    delírios niilistas, 91
    delírios persecutórios, 91
    delírios somáticos, 91
Dennis Lynn Rader, 126, 133
    BTK (bind, torture, kill), 126, 133
denúncia, 22, 189, 242-244, 263, 266, 269, 321, 343
deputy chief (subchefe), 42
Derf Backderf, 112
desaparecimento, 14, 42, 52, 53, 116, 131, 144, 157, 229, 246, 255, 257, 283, 298, 336-337, 352, 355-357,
desencarceramento, 327
desorganização do pensamento, 72, 89, 91, 92, 173, 203, 364
detective (detetive), 42

Dexter (personagem), 29, 37
Dexter (série), 29, 218
Diógenes Caetano, 280
direitos humanos, 30, 36, 296
disforia de gênero, 185
disfunções cerebrais, 94
dispersão larval, 231
dissimulação, 86, 268
distúrbio de personalidade passivo-agressiva, 141
DNA, 11, 29, 35, 36, 48, 125, 128-129, 133, 176, 221-225, 235, 238, 243, 287, 329-334, 362
Do Inferno: A Verdadeira História de Jack, o Estripador (2001) (filme), 330
Dois Estranhos (2020) (filme), 300
Dom Pedro II, 70
Don Cheney, 348
Donald Saari, 186
Dorothy Otnow, 93-95
Dos delitos e das penas (livro), 294
Douglas Beamish, 225
    Shirley Duguay (vítima), 224-225
Doze Homens e Uma Sentença (1957) (filme), 273
Dr. House (personagem), 17
Dr. George Huang (personagem), 28
Dr. Maguire (personagem), 48
Drauzio Varella, 308-311
Drug Enforcement Administration (DEA), 52-53 362
Dylan Klebold, 73
Ear Hustle (2017) (podcast), 324
Ed Gein (Carniceiro de Plainfield), 22, 112-119
    Edward Theodore Gein, 112

Bernice Worden (vítima), 115-119
Mary Hogan (vítima), 117
Ed Kemper (O Matador de Colegiais), 21, 24, 123, 132, 139-143, 144-148, 150-152, 167, 172
Aiko Koo (vítima), 123, 143, 144, 150
Alice Liu (vítima), 145, 150,
Anita Luchessa (vítima), 143
Co-Ed Killer, 145, 147
Cindy Schall (vítima), 144
Clarnell Stage (vítima), 139, 141, 145-147
Edmund Emil Kemper III, 139
Mary Ann Pesce (vítima), 143
Rosalind Thorpe (vítima), 144, 150
Sally Hallet (vítima), 146-147
Edgar Allan Poe, 26-28
Edna Hendershot, 67, 243
Edward J. Pavlik, 255
Eloá Cristina Pimentel (vítima), 24, 245-246
    Lindemberg Alves, 245
Eliza Samudio (vítima), 67-68
    Bruno Fernandes, 67-68
Elizabeth Báthory (Condessa Sangrenta), 138
Elizabeth Piest, 253
Elize Matsunaga, 34
    Marcos Matsunaga (vítima), 34
Ellen Tarmichael, 187
empatia, 85-88, 242, 364
encarceramentos em massa, 299, 311, 326
Entre Segredos e Mentiras (2010) (filme), 13
Era uma vez em... Hollywood (2019) (filme), 78

Eric Harris, 73
Escape from Alcatraz (1963) (livro), 314
escravidão, 27, 63-64, 290, 297-299
espionagem, 40, 46-47
esquartejamento, 34-35, 68, 104, 151, 167, 291
esquizofrenia, 82, 90, 91, 119, 347
esquizofrenia paranoide, 141, 148, 163, 196, 203
Estação Carandiru (1999) (livro), 310
estágio seco ou esqueletização, 231
Estarão as prisões obsoletas? (2003) (livro), 321, 326
Estrangulador de Boston, 165
Estuprador da Ferrovia (Railway Rapist), 176
estupro, 11, 23, 35, 46, 57, 66-69, 71, 123, 129, 131, 132, 144, 146, 157, 168, 175, 176, 178, 207, 210, 222, 240-244, 269, 279, 281, 306, 318, 324, 331, 337, 365
Evan Peters, 112
Evandro Ramos Caetano (vítima), 14, 250, 262, 280-283, 286, 352
evidências forenses, 36, 43-44, 125, 142, 174, 181, 202, 215, 217, 221-222, 227, 234, 239, 242, 246-247, 257, 329, 333-335, 337, 349, 350
execução, 15, 19, 70, 179, 268
execution broadsides (panfletos), 15
exploração sexual, 64, 78

facções, 311
família Clutter, 19
família Dupont, 74, 353
família Richthofen, 58
família Rigueira, 63
    Madalena Gordiano (vítima), 63

FAQ (quadro do podcast), 24, 273
Fase probatória, 263
Febrônio Índio do Brasil (Filho da Luz), 306-308
    As revelações do Príncipe do Fogo (1926), 306
Federal Bureau of Investigation (FBI), 20-22, 28-29, 45-48, 52, 71, 76-77, 90, 124, 127, 128, 135, 150-151, 155, 165, 167, 169-170, 174, 176-179, 182, 184, 187, 189-194, 196-197, 208-209, 215, 348-351, 362, 365
feminicídio, 59-60, 240, 268, 362
fermentação, 231
Flora Rheta Schreiber, 95, 96
fluidos corporais, 217-218, 221
Forensic Files (programa de tv), 22
Francis Galton, 220-221
Francisco (escravizado), 70
Francisco de Assis Pereira (Maníaco do Parque), 172, 279, 313
Francisco Sérgio Cristofolini, 280-282
Frank Morris, 314
Fred Inbau, 247, 248
Freddie Highmore, 81

Gabinete de Segurança Institucional (GSI), 40
Gary Copson, 177-178
Gary Ridgway (Serial Killer de Green River), 252
gênero policial, 11, 27-28
Gênio Indomável (1997) (filme), 49
Georg Rusche, 298
George Floyd, 300
George Metesky (Mad Bomber - Bombardeiro Louco), 162-163

George Wallace, 167
Georgia Hardstark, 12
Gerald Ford, 167
Gerald Parker, 332
    Dianna D'Aiello (vítima), 331-332
Gillian Flynn, 223
Glee (série), 112
going postal ("indo ao correio"), 77
graphic novel, 112
guerra contra as drogas, 299, 325, 327
Gypsy Rose, 137
habeas corpus, 265, 362
Hank Schrader (personagem), 53
Hannibal Lecter (personagem), 21-22, 155
Harold Perrineau, 310
Harold Schechter, 72, 135
Harry Truman, 47
Hattie Dorsett, 96
Hector Babenco, 310
Héctor Berrellez (personagem), 53
Helter Skelter (livro), 20
Henry Faulds, 220-221
Henry Fonda, 274
Henry Murray, 184-185
Hercule Poirot (personagem), 28
histórias em quadrinhos, 16, 330
Holden Ford (personagem), 155
Holt McCallany, 151
Homeland (2011-2020) (série), 48
homicida em série, *ver* assassinos em série
homicídio culposo (*manslaughter*), 57, 267
homicídio doloso (*murder*), 57, 206, 267, 286

homicídio qualificado, 58, 286, 362
homicídio sexual, 71, 168
homossexualidade, 99, 106, 107, 212, 213, 289, 291, 292, 322, 323
hospital psiquiátrico, 76, 94, 119, 141, 150, 279, 306, 349
House (série), 17
Howard Finney, 162
Howard Teten, 165
Howard Unruh (Caminhada da Morte), 74
hung jury, 275
Ice Brothers (livro), 188
ideações suicidas, 127
identificação das vítimas, 35, 235, 238
I'll be gone in the Dark (Eu terei sumido na escuridão) (livro), 24
imagem psicossocial, 156
impressões digitais, 35-36, 193, 215, 217, 219-222, 234, 235, 287, 333, 344, 363
impulsividade, 85-86, 107, 121, 130, 173
imputável, 278, 308, 362
Inacreditável (2019) (série), 66, 241, 244
incidente de insanidade mental, 278
incomunicabilidade, 271
indeferimento, 264
India Oxenberg, 79
induzimento, instigação ou auxílio a suicídio, 60, 269
infanticídio, 14, 74, 138, 211, 212, 269, 279, 306
infotenimento, 19, 25
inibição social, 85
inimputável, 83, 278-279, 306-307, 363
insanidade, 76, 83, 94, 106, 118-119, 132-133, 141, 148, 151, 196, 278, 363

Interpol (ICPO), 52-53
Interrogation and Confessions (manual), 247
interrogatório, 30, 40, 68, 115, 117, 118, 185, 210, 239, 247-250, 271, 280, 348
 intervalo *post mortem (post-mortem interval)*, 228, 231-232
intimação, 237, 264, 320, 363
investigação criminal, 27, 221, 362
investigadores forenses, 216, 223, 228
isolamento social, 127
IT: A coisa (livro), 131, 256
Ivan Mizanzuk, 14, 282-283, 352
J. Campbell Bruce, 314
Jack, o Estripador, 138, 157, 329, 330
Jake Gyllenhaal, 349
James A. Brussel, 162-166
James Bond (personagem), 47
James Jackson, 148
James R. Fitzgerald, 193
Janet Leigh, 81
Janet Reno, 192
Javier Peña, 53
Jeffrey Lionel Dahmer (Canibal de Milwaukee), 98-103, 105-107, 111-112, 125
 James Doxtator (vítima), 102
 Richard Guerrero (vítima), 103
 Somsack Sinthasomphone (vítima), 103
 Steven Hicks (vítima), 99
 Steven Tuomi (vítima), 101
 Tracy Edwards (vítima), 105
Jeffrey Toobin, 259
Jerome Brudos, 125
Jerry Givens, 70
Jessica Lange, 97

Jim Crow, 297
Jim Fitzgerald (personagem), 197
Jim Horn, 209
Jodie Foster, 20
John Anglin, 314
John Conway, 167, 206, 207
John Cusack, 211
John Douglas, 21, 69, 90, 94, 124, 126, 143, 150, 151, 155, 166 - 169, 190 - 192, 208 - 213, 215, 252
John F. Kennedy, 50
John Fisher, 137
John MacDonald, 134-135, 365
John Reid, 247-249
John Wayne Gacy (Palhaço Assassino), 125, 131, 253, 254, 256
 Rob Piest (vítima), 253, 254
Johnny Cash, 312
Jonathan Demme, 22
José Padilha, 38
Joseph Bell, Dr., 17
Joseph James DeAngelo Jr. (Assassino do Estado Dourado) (Golden State Killer), 24, 132, 223, 224
Juan Catalan, 240
Judy Clarke, 196,
Julgamento, 11, 13-15, 42-43, 68-69, 89, 106, 109, 110, 118, 119, 148, 150, 151, 175, 206, 210, 215, 252, 260, 261, 263, 266, 268, 269, 271, 275-278, 281, 282, 307, 325, 352, 364
julgamento pela mídia (*trial by media*), 283-286
jury foreperson, 275
jury pool, 274
jury sequestration, 275
justiça restaurativa, 326

K-9 (1989) (filme), 44
Karen Kilgariff, 12
Keith Raniere, 78
Kelly Borges Almeida, 65
Kevin Green, 331, 332
Killer Clown Profile: Retrato de um assassino (livro), 131, 253, 255
Kirsten Dunst, 13
Kori Ryan, 135

laboratório forense, 29, 35-37, 217, 222, 224, 233, 234, 236, 247, 332
Lady Killers: Assassinas em série (livro), 138
Larry David, 240
lavagem cerebral, 78, 200
Lavinia Fisher, 137-138
Law & Order (série), 216, 286
Law & Order: Special Victims Unit (série), 28
Lázaro Ramos, 310
Leatherface (personagem), 120
Lee Choon-jae (Estrangulador de Hwaseong), 129
legítima defesa, 13, 14, 59, 68-69, 207, 268, 284, 363
Leonardo DiCaprio, 78
LGBTfobia, 106, 320, 322, 323, 327
liberdade condicional, 14, 101, 103, 110, 128, 132, 152, 196, 224, 242, 243, 287, 305, 309, 332, 361
lieutenant (tenente), 41
Linda Patrik, 194
linguista forense, 193
Linha Direta (programa de tv), 22
Lionel Dahmer, 98, 100, 103, 112
lobotomização, 104

Long Shot (documentário), 240
Louco Não, Doido (2020) (documentário), 94
Louis Freeh, 192
Lucio Mota, 273
luminol, 33, 217-219
Lyndon B. Johnson, 50
Lynette "Estridente" Fromme, 167

Madeleine McCann, 55, 336-337
Making a Murderer (série), 12
Manhunt (série), 197
Manifesto Unabomber, 192-194, 200
manipulação, 86-88, 121, 136, 141, 155, 172, 185, 249, 364
Marc O'Leary, 67, 243
Marcelo Costa de Andrade (Vampiro de Niterói), 279
Margot Robbie, 78
Marie (personagem), 66, 241-245
Marion Crane (personagem), 81
Mark Olshaker, 155
Mark Ruffalo, 349
Martha Puebla (vítima), 240
Martha Stewart, 21
Mary Ann Cotton, 138
Massacre do Carandiru, 310
Massacre em Columbine, 73
masturbação, 102, 104
Matt Damon, 49
Matthew Rhys, 286
médico-legista, 29, 34, 36, 114, 157, 169, 227, 236, 335
Melvyn Wayne Foster, 252
Memórias de Um Assassino (2003) (filme), 129
Mércia Nakashima (vítima), 286

Meu amigo Dahmer (2012) (*graphic novel*), 112
Meu Amigo Dahmer (2017) (filme), 112
Michael D. Kelleher, 136
Michael Donahoe, 196
Michael Henry Stone, 83
Michael Scofield (personagem), 314
Michael Turney, 354-357
    Alissa Turney (vítima), 354-357
Michel Foucault, 322
Michelle McNamara, 23-24, 132, 223
Milhem Cortaz, 310
Mindhunter (série), 21, 151, 155, 211
Mindhunter Profile: Entre na mente dos serial killers (livro), 143, 203
Mistérios sem Solução (programa de tv), 22, 74, 353
mitos, 82, 128-134
modus operandi, 21, 29, 54, 103, 125, 126, 143, 145, 151, 182, 242, 363,
Modus Operandi (podcast), 24, 76, 78, 79, 367
Monster: Desejo Assassino (2003) (filme), 130
Monster: My True Story (livro), 130
Monster: The Jeffrey Dahmer Story (minissérie), 112
motivação sexual (*sexually-based*), 130
mulheres *serial killers*, 135-138
    anjos da morte, 136
    assassinas por lucro, 136
    assassinas por vingança, 136
    predadores sexuais, 136
    viúvas-negras, 136
mumificação, 57, 228
Murder Most Rare: The Female Serial Killer (livro), 136

mutilação, 57, 99, 106, 157-160, 179, 187, 238
My Favorite Murder (podcast), 12

Nana Queiroz, 318
Nancy Holden, 204, 205, 207
Napoleão Bonaparte, 45
Narcos (2015-2017) (série), 53
narcóticos, 52-53, 362
National Central Bureau (NCB), 53
NCSI (série), 216
necrofilia, 102, 104, 106, 107, 151, 363
necrópsia, 34, 234, 235
neurose, 89
Nick Broomfield, 130
Nickole Atkinson, 229
Nicolas Cage, 211
NMA (negro male adult), 343
Norman Bates (personagem), 81-82, 120, 121
Nunca coloque a mão de um cadáver na boca (livro), 224, 236
Nxivm, 78-79

O Caso Evandro: Sete acusados, duas polícias, o corpo e uma trama diabólica (livro), 282
O Homem da Máscara de Ferro (1998) (filme), 293
O Inquilino Sinistro (1927) (filme), 330
O Mágico de Oz (1939) (filme), 309
O Massacre da Serra Elétrica (filme), 120
O povo contra O. J. Simpson (livro), 259
O Silêncio dos Inocentes (1991) (filme), 20-22, 118, 155
O Último Narc (2020) (série), 53
O. J. Simpson, 259, 260, 285, 287

Nicole Brown Simpson (vítima), 259, 287
Ronald Goldman (vítima), 259, 287
ocultação de cadáver, 57, 67-68, 229
ocultismo, 103
odontolegista, 34-35, 255
ofensores mistos, 173, 184, 196
operações da Polícia Federal, 30-32
Orange Is The New Black (2013-2019) (série), 318
Organisation Internationale de Police Criminelle, ver Interpol (ICPO)
"Os Assassinatos da Rua Morgue" (conto), 27-28
Osama Bin Laden, 457
Osvaldo Marcineiro, 280, 282
Otto Kirchheimer, 298
Oz (1997-2003) (série), 309, 310

P.O. Box Unabomber (peça de teatro), 197
Pablo Escobar, 52-53
Pacote Anticrime, 303
papiloscopia, 219, 220, 363
Patrick Bateman (personagem), 81-82, 120, 121
Patrick Mullany, 165
Patton Oswalt, 22, 223
Paul A*v*ery, 346
Paul Bettany, 197
Paul Britton, 175
Paul Haynes, 24
Pedro Pascal, 51
pena
    pena de morte, 70-71, 93-95, 107, 128, 150, 196, 206, 210, 240, 274, 295, 296, 361
    pena pecuniária (multa), 263, 287, 301

pena restritiva de direitos, 264, 301
pena privativa de liberdade, 305
    regime fechado, 62, 68, 301-302, 308, 364
    regime semiaberto, 68, 282, 301-303, 305, 364
    regime aberto, 68, 302-303, 305
Penelope Garcia (personagem), 29
penny dreadful, 16
Pennywise (personagem), 131, 256
perfeccionismo, 85
perfil criminal geográfico, 182-184

perfilador (*profiler*), 28, 156, 162, 177, 180-182, 190, 193
perfis criminais (*criminal profiling*), 17, 28, 30, 154-157, 162, 163, 165, 168-170, 173-184, 190-192, 197, 202-204, 207-209, 213, 224, 227, 241, 329, 342, 364
profiling, 156
offender profiling, 156
perito, 34-37, 216-217, 222, 231, 236-237, 246, 262, 271, 278
    perito científico, 216
    perito criminal, 34-35, 37, 183
    perito em balística, 34, 36
    perito forense digital, 34-35
Perry Mason (personagem), 286
Perry Mason (série), 286
Perry Smith, 19
petição inicial, 262-263, 278
Phudit Kittitradilok, 304
pilhagem, 179
Piper Kerman, 318
planejamento, 134, 169-173, 203, 267
police commissioner (comissário de polícia), 42

police officer (policial), 43
Polícia Civil, 30, 33-34, 37, 280
Polícia Federal, 30-33
Polícia Ferroviária, 30
polícia internacional, *ver* Interpol (ICPO)
Polícia Metropolitana de Londres *Metropolitan Police* (MET), *ver* Scotland Yard
Polícia Militar, 38, 280
Polícia Penal, 30
Polícia Rodoviária, 30, 33
Polícia Técnico-Científica, 34, 36-37, 216
Polígrafo (detector de mentiras), 251-252, 355, 364
pornografia, 127, 254
    pornografia infantil, 36, 78
Praia dos Ossos (podcast), 268, 269
Prescrição, 265, 282, 364
Presos que menstruam (2015) (livro), 318
princípio da ampla defesa, 271
Princípio da Troca de Locard, 217
prisão domiciliar, 302
prisão perpétua, 12, 14, 107, 132, 150, 196, 224, 229, 303, 306, 307, 309, 332
prisão preventiva, 54, 266
Prisioneiras (2017) (livro), 310
Prison Break (2005-2009/2017) (série), 314, 316
processo civil, 287
processo criminal, 83, 287
processo judicial, 262, 265-266
progressão do regime, 302, 305, 313, 364
projéteis, 36, 201, 210, 234
Projeto Humanos (podcast), 14, 282
    "Caso Evandro", 14, 262, 280-283, 352

promotor de justiça, 20, 118, 261, 281, 285, 332, 334, 353, 357
prostituição, 65 , 67, 213, 318, 324
prova pericial, 34
psicologia investigativa, 176-180
psicólogos forenses, 180
Psicopata Americano (filme), 81-82, 121
psicopata primário, 88
psicopata secundário, 88
psicopatia, 29, 81-83, 87-89, 121, 133, 139, 171, 364
psicose, 81, 89, 202, 203, 364
Psicose (1960) (filme), 81-82, 120-121
psiquiatra forense, 28, 83, 107, 134, 365
pulp fictions, 16
pulp magazines, 16
punibilidade, 263
Punição e estrutura social (1939) (livro), 298
punições
    apedrejamento (lapidação), 290
    crucificação, 291
    empalação, 291
    esquartejamento, 291
    estiramento, 291
    fogueira, 292
    forca, 291
    fuzilamento, 292
    guilhotina, 292
    máscara da *vergonha*, 290
    pelourinho, 290
    pera, 292
    purificação dos pés, 290
    rato na gaiola ou caixa, 292
Purple Notice, 54
putrefação, 231
    putrefação escura, 231

qualificadoras, 58, 267-269, 272, 286, 362, 364
   motivo torpe, 58, 60, 68, 267, 286
   meio cruel, 35, 58, 286
   impossibilidade de defesa das vítimas, 58
queixa-crime, 263
Quentin Tarantino, 14, 78
químico-legal, 34-35

racismo, 20, 63, 129, 271, 284, 327
racismo estrutural, 296, 333
Ralph D'Agostino, 126
Ratched (série), 112
reconhecimento por fotografia, 333
Recurso, 264, 266, 270
Red Notice, 54
Rede Integrada de Bancos de Perfis Genéticos (RIBPG), 222
redes sociais, 229, 238, 246, 270, 349, 356, 357
registros dentários, 238
regressão do regime, 302
reincidência, 180, 301, 312, 325, 326
remorso, 86, 88, 117, 121, 124
ressocialização, 299, 303-304, 309, 312, 323
restrição de liberdade, 264, 293, 299, 301
Revolta dos Jurados, 276
Richard Hickock, 19
Richard Leo, 249
Richard Nixon, 299
Richard Trenton Chase (Vampiro de Sacramento), 91, 201-207
   Ambrose Griffin (vítima), 206
   Daniel J. Meredith (vítima), 204-205
   Dorothy Polenske (vítima), 206

Evelyn Miroth (vítima), 204
Jason Miroth (vítima), 204
Michael Ferriera (vítima), 204
Teresa "Terry" Wallin (vítima), 201, 204
Rigel Analyst (software), 183
rigidez cadavérica, 159, 230, 365
ripperologia, 330
ritual religioso, 14, 78, 91, 280-282
Robert Alan Durst, 12-14
Robert Bloch, 81, 119
Robert Downey Jr, 349
Robert Graysmith, 349
Robert Hansen (O Padeiro Açougueiro — The Butcher Baker), 207-211
Robert Hare, 87-88
Robert Lee Yates, 128
Robert Napper, 176
   Rachel Jane Nickell (vítima), 174-175
Robert Ressler, 21, 124, 126, 143, 150, 151, 166, 167, 172, 202-207
Robin Williams, 49
Rodrigo Pimentel, 38
Rodrigo Santoro, 310
Roger Shuy, 193
Ronald Reagan, 299
Ronaldo Silva, 316
Rondas Ostensivas Tobias de Aguiar (ROTA), 38
Ross Lynch, 112
Rufus Youngblood, 50
Russ Vorpagel, 202, 204
Ryan Gosling, 13,
Ryan Murphy, 112

S.W.A.T. (2017-hoje) (série), 51
Sam Worthington, 197

Sangue no Gelo (2013) (filme), 211
Sarah Jane Moore, 167
Sarah Koenig, 12
Sarah Turney, 354-357
Scandal (2012-2018) (série), 50
Scotland Yard, 40, 176, 221, 365
Scott Glenn, 22
Scott Walker, 211
Scream Queens (série), 112
sedução, 86, 105, 121, 138
Seduced (série), 79
segregação racial, 297
segregação social, 307
segurança nacional, 46-47, 362
semi-imputável, 278-279
sensacionalismo midiático, 23, 245, 246, 283-287
sentença, 66, 78, 93, 103, 107, 111, 128, 132, 150, 196, 224, 229, 264, 269, 270, 274, 275, 305, 309
sequestros, 38, 46, 62, 68, 118, 155, 210, 245, 246, 287, 337, 365
sergeant (sargento), 42
serial killers, *ver* assassinos em série
Serial Murder Symposium, 76
serial murderer, *ver* assassinos em série
Serial (podcast), 12
Serviço Secreto, 45, 48-49
Sete Inocentes de Guaratuba, 250
Sexual Homicide: Patterns and Motives (livro), 168
Sheriff's Department (Departamento do Xerife), 43
Sherlock Holmes (personagem), 17, 27-28, 165
Síndrome de Munchäusen, 136, 365
Smallville (2001-2011) (série), 78

Snowball, 225
sociopata, 88
sodomia, 15, 253, 322
special agent force, 45
Special Weapons and Tactics (Swat), 52, 365
Spock (personagem), 213
Stacy Galbraith, 67, 243
Star Trek (série), 213
State Patrol (*highway patrol*), 43
Stephen King, 131
Steve Murphy, 53
Steven Avery, 11-12
Steven Brill, 285
suicídio pela polícia, 73, 211
superlotação carcerária, 308-311, 319
surto psicótico, 59, 90-91
Suzane von Richthofen, 58
Sybil (filme), 97
Sybil (livro), 95
Sybil Isabel Dorsett (Shirley Ardell Mason), 95-97

tafonomia forense, 227, 228
taxidermia, 81
Ted Bundy, 21-22, 24, 123-125, 285, 313, 317
Ted Kaczynski (Unabomber), 61, 184-200
    Charles Epstein (vítima), 190, 199
    David Gelernter (vítima), 190, 199
    Diogenes Angelakos (vítima), 199
    Gary Wright (vítima), 189, 199
    Gilbert Brent Murray (vítima), 190, 199
    Hugh Scrutton (vítima), 188, 199
    James V. McConnel (vítima), 199

Janet Smith (vítima), 199
John Harris (vítima), 187, 199
John Hauser (vítima), 199
Nickaus Suino (vítima), 199
Percy Wood (vítima), 188, 199
Terry Marker (vítima), 199
Theodore John Kaczynski, 184-185, 196-197
Thomas J. Mosser (vítima), 190, 192, 194, 199
Teddy Roosevelt, 45
tentativa de homicídio, 11, 157, 269, 272
terrorismo, 30, 38, 40, 46-48, 54, 157, 192, 361
Terry Sullivan, 253
testemunha, 30, 95, 107, 141, 181, 185, 189, 215, 217, 239, 240, 257, 261, 264, 271, 272, 295, 332, 334, 335, 338, 364
The Americans (2013-2018) (série), 48
The Beatles, 11, 20
The Innocence Project (Projeto Inocência), 250, 332
The Jinx: The Life and Deaths of Robert Durst (documentário), 13
The People v. O. J. Simpson: American Crime Story (2016) (série), 259, 275
The Truth About True Crime (podcast), 284
The Vow (série), 79
The West Wing (1999-2006) (série), 49
Theresa Kintz, 197
Thomas Bond, 157, 161-162
Thomas Harris, 21, 118, 155
Thomas Watt Hamilton (Massacre de Dunblane), 211-213
Gwen Mayor (vítima), 213
tiroteio escolar, 73-74

Tom Shachtman, 203
Tommy Lee Jones, 51
Tori Telfer, 138-139
tornozeleira eletrônica, 302
tortura, 14, 16, 34, 58, 62, 99, 123, 126, 135, 138, 150, 250, 268, 281, 283, 289, 293, 295, 319
toxicologista, 34, 36
trabalho forçado, 62, 79, 298, 299
tráfico de pessoas, 64-65
transtorno de personalidade antissocial, 83, 85-87, 107, 121, 133
transtorno de personalidade borderline, 85, 106, 107
transtorno de personalidade dependente, 85
transtorno de personalidade esquizoide, 83, 85
transtorno de personalidade esquizopática, 85
transtorno de personalidade esquizotípica, 90, 106
transtorno de personalidade evitativa, 85
transtorno de personalidade histriônica, 85-87
transtorno de personalidade narcisista, 85-87, 121
transtorno de personalidade obsessivo-compulsiva, 85, 107
transtorno de personalidade paranoide, 85
transtorno delirante, 90, 138
transtorno dissociativo de identidade, 90, 93, 120
transtorno esquizoafetivo, 90
transtorno esquizofreniforme, 90

transtorno psicótico breve, 90
transtorno psicótico devido a outra condição médica, 90
transtorno psicótico induzido por substância/medicamento, 90
transtornos mentais, 81-84, 163, 196, 278, 307
transtornos parafílicos, 92, 93
    masoquismo sexual, 92
    sadismo sexual, 92, 93, 121
    pedofilia, 92, 337
    fetichismo, 92, 127
    voyeurismo, 92, 93, 120, 127
    exibicionismo, 92
Tríade MacDonald ou Tríade Psicopatológica, 134-135, 205, 365
tribunal, 12, 42, 94, 107, 111, 225, 237, 252, 261-265, 269, 284, 331
tribunal do júri, 269-272, 281, 283
troféus dos crimes, 105, 125, 150, 172, 173, 209, 365
Tropa de Elite (2007) (filme), 38
true crime, 11-12, 15, 19, 21, 24-25, 30, 57, 71, 114, 215, 223, 309, 365
True Crime Diary (blog), 23
True Detective (revista), 16
Truman Capote, 19-20, 28
Truque de Mestre (2013) (filme), 55
Tubarão (filme), 206
U.S. Marshals: Os Federais (1998) (filme), 51
Unabomber — Suas Próprias Palavras (2020) (série), 197
Unabomber: The True Story (filme), 197
Unidade de Análise Comportamental do FBI (Behavioral Analysis Unit), 45, 155, 365

Unidade de Ciência Comportamental do FBI, 21, 46, 150, 155, 165, 166, 168, 169, 173, 202, 203
United States Secret Service (USSS), *ver* Serviço Secreto

vadiagem, 299
vampiros, 16, 139, 201, 279
Vanessa Hudgens, 211
Vanja Coelho, 226
*Ve*ra Farmiga, 81
veredito, 263, 273, 275, 285
vestígios, 218, 222, 243, 255, 257
Vicente de Paula, 280, 282
Vincent Bugliosi, 20
vingança, 66, 69, 130, 136, 160, 212, 286, 293, 295
violação de túmulos, 57
violência doméstica, 59, 69, 259, 266, 362
visita íntima (visita conjugal), 309, 320, 321, 323
vitimologia forense, 156, 182, 227
Voices for Justice (podcast), 357

Wagner Moura, 53, 310
Walter White (personagem), 53, 104
Wentworth Miller, 314
Wesley Snipes, 51
Will Hunting (personagem), 49
William Belter, 118
William Herschel, 220-221
William McKinley, 44
WMA (white male adult), 344

Zodíaco (filme), 349
Zodíaco, Assassino do, 133, 337-350

David Faraday (vítima), 338
Betty Lou Jensen (vítima), 338
Darlene Ferrin (vítima), 338
Michael Mageau (vítima), 338
Cecelia Shepard (vítima), 341, 342
Bryan Hartnell (vítima), 341, 342
Paul Stine (vítima), 343, 344
Zodíaco: A história real da caçada ao serial killer mais misterioso dos Estados Unidos (1986), 349
Zorro (personagem), 16